Schlafen und Wachen

Impressum

Dieses Buch basiert auf der 1999 erschienenen revidierten Fassung von „Nighttime Parenting. How to Get Your Baby and Child to Sleep";
von Dr. William Sears.

Aus dem Amerikanischen von Hanna Neuenschwander

1. Ausgabe, 1. bis 6. Auflage (1.–41. Tausend) zwischen 1991 und 2003
2. Ausgabe, 2. Auflage mit Erweiterung (48.–53.Tausend), 2007

Übersetzung: Hanna Neuenschwander
Bearbeitung: Hanna Neuenschwander und Cornelia Weller
Ergänzungen/Anhang: Cornelia Weller
Satz und Layout:
Cover: bild schrift text WERKSTATT
Druck: Ediprim AG, Biel
© Umschlagfoto: Cornelia Weller

Illustrationen:
S. 176, Maurice Wagner
Übrige Reproduktionen und Grafiken:
bild schrift text WERKSTATT

ISBN 3-906675-034-3

Das Leben der Eltern
ist das Buch,
in dem die
Kinder lesen.

Aurelius Augustinus

Inhaltsverzeichnis

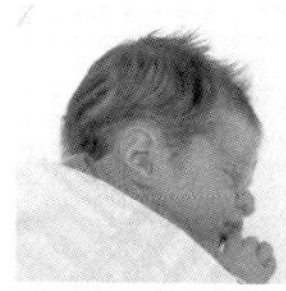

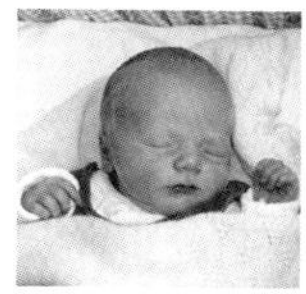

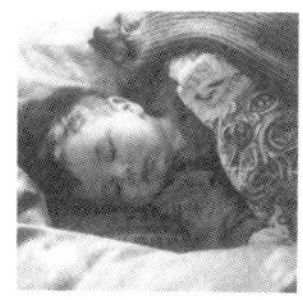

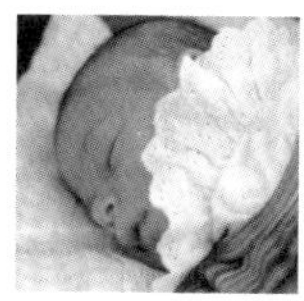

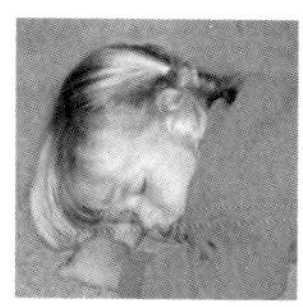

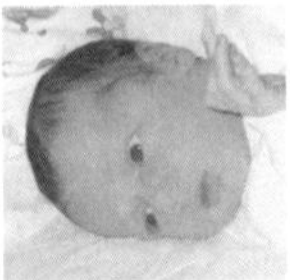

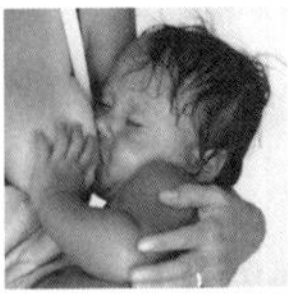

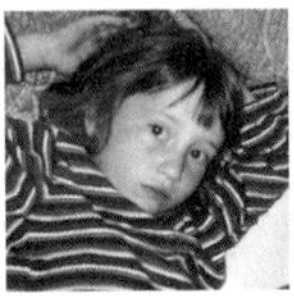

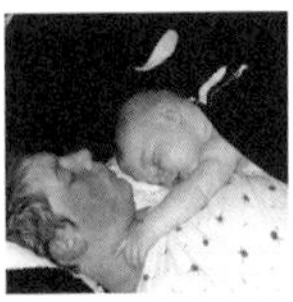

Vorwort

„Ihr Baby schreit nicht; es singt!"
Mit diesen Worten hat vor vielen Jahren mein Lehrer in Kinderheilkunde Eltern begrüsst. Ich habe den Satz nicht verstanden. Sind doch die Eltern verzweifelt mit ihrem Kind ins Spital gekommen, weil es zu Hause stundenlang geschrieen hat. Ich hatte alle erdenklichen Untersuchungen vorgenommen und doch keinen Grund für das Schreien gefunden. Ich erwartete von meinem Lehrer eine gescheite Diagnose. Stattdessen bekam ich diesen lapidaren Satz zu hören.
Jetzt steht derselbe Satz am Anfang des Vorwortes in einem Buch über Kindererziehung. Dank Erfahrungen – wie sie auch in diesem Buch beschrieben werden – habe ich den Sinn des Satzes verstehen gelernt. Er symbolisiert auf einfachste Weise worum es bei der Erziehung von Kindern und im Zusammenleben überhaupt geht: Um das Wahrnehmen und Stillen von gegenseitigen Bedürfnissen.
Dem inneren Drang laut zu Singen, geben wir zu Hause im Badezimmer gerne nach; während des Essens im Restaurant bei Kerzenlicht hingegen singen wir nicht einfach darauf los. Wir haben gelernt, unsere Bedürfnisse gegen jene anderer Menschen abzuwägen und nicht alle jederzeit und überall zu stillen.

Leider gibt es nur all zu viele Beispiele dafür, dass dieses Ziel nicht immer erreicht wird. Fettleibige, welche weiter essen, auch wenn sie schon lange genug haben. Raser, welche mit ihren Autos durch Innenstädte donnern und Raucher, welche ihr Bedürfnis in aller Öffentlichkeit stillen, nehmen in Kauf, dass sie die Gesundheit ihrer Mitmenschen gefährden.

Das Neugeborene hat ein erstaunliches Repertoire an Ausdrucksmöglichkeiten um auf seine Bedürfnisse aufmerksam zu machen. Es lernt vom ersten Tag an, welche seiner Zeichen wann wahrgenommen werden und passt sein weiteres Verhalten entsprechend an. Die Eltern ihrerseits müssen die Signale ihres Kindes und deren Bedeutung erkennen. Eltern und Kind erlernen also gemeinsam eine „Verhaltenssprache". Mit zunehmendem Alter wird diese immer ausgefeilter und differenzierter. Nützen Eltern und Kind das Potential dieser Kommunikationsform nicht aus, kommt es zwangsläufig zu Missverständnissen. Ein Kind, welches immer erst ernährt wird, wenn es 20 Minuten geschrieen hat, wird gar nicht mehr erst versu-

chen, durch subtilere Zeichen auf seinen Hunger aufmerksam zu machen. Es wird auch andere Bedürfnisse – zum Beispiel jenes nach Unterhaltung – mit Schreien kundtun. Dadurch werden wiederum die Eltern Schwierigkeiten haben, das zu Grunde liegende Bedürfnis des Kindes zu erkennen: Es schreit ja, wie wenn es Hunger hat, also wird es gefüttert. Wenn ein Kind auf diese Weise lernt, dass Essen eine Form der Unterhaltung ist, wie soll es dann später wissen, wann es genug gegessen hat?
Im Gegensatz zum Kind, welches zum Erlernen dieser „Verhaltenssprache" Intuition und Gefühl nutzt, müssen wir Erwachsenen auch Vernunft und Logik einsetzen. Die Eltern müssen die Entwicklungsstufen des Kindes kennen, denn seine Bedürfnisse und die Art, wie diese geäussert werden hängen direkt davon ab. Aber auch wir Erwachsenen müssen der Intuition trauen lernen und unsere Gefühle bei den Entscheidungen mit einbeziehen. Nur durch das Zusammenspiel dieser Erkenntnisformen können wir lernen mit unserem Kind differenziert zu kommunizieren. Dann können wir seine Bedürfnisse wahrnehmen, diese gegen unserer eigenen abwägen und jene stillen, welche vorrangig sind.

Dieses Buch vermittelt einerseits für die Kindererziehung wichtiges Wissen, andererseits macht es Mut, Intuition und Gefühle in die Erziehung mit einzubeziehen. Es regt den Leser immer wieder an, Gelerntes, Gehörtes, aber auch Gelesenes zu hinterfragen und zu prüfen ob dieses auf die eigene Situation übertragbar ist. Es zeigt auf, wie die „Verhaltenssprache" zwischen Eltern und Kind erlernt werden kann. Und es fordert dazu auf, die Bedürfnisse aller in der Familie wahrzunehmen und gegeneinander abzuwägen. Ein Kind, das auf diese Weise Zuwendung und Grenzen erlebt, wird später mit sich, aber auch mit seinen Mitmenschen verantwortungsvoll umzugehen wissen.

Ich bin überzeugt, dass dies der Grundstein für ein glückliches, suchtfreies und zufriedenes Leben ist.

Winterthur, März 2005
Urs Zimmermann-Bär,
Leitender Arzt in der Kinderklinik des Kantonspitals Winterthur

Vorwort der Herausgeberinnen

Vor zwanzig Jahre ist dieses Buch in den USA zum ersten Mal erschienen. Unterdessen hat es einige Neuauflagen und Übersetzungen in verschiedene Sprachen hinter sich und gehört neben dem „Handbuch für die stillende Mutter“ zu den Standardwerken der La Leche Liga.
Schlafratgeber für Eltern sind heute gross in Mode – dieses Buch gehört auch dazu und ist doch ganz anders. Dr. William Sears ist ein leidenschaftlicher Anwalt der Kinder mit ihren Bedürfnissen, die sich seit Urzeiten nicht geändert haben. Er sieht aber auch die Seite der Eltern, die in der heutigen Welt mit ihren vielfältigsten Anforderungen leben. Bei Dr. Sears gibt es keine einfachen Antworten, wenn es darum geht, mit den daraus entstehenden Problemen und Konflikten umzugehen. Umso nachhaltiger sind seine Lösungsansätze. Sie helfen Müttern und Vätern dabei, ihre elterliche Intuition und Kompetenz zu verbessern und damit die Beziehung zu ihren Kindern befriedigender zu gestalten – tagsüber und nachts.
Dr. Sears gewährt uns nicht nur Einblick in die Schlaflabors der Forschung, sondern auch in sein eigenes Schlafzimmer, das er und Ehefrau Martha nach und nach mit acht Kindern geteilt haben. Dieser Ansatz mag für Fachleute manchmal irritierend oder zumindest ungewohnt wirken, für Eltern, die dieses Buch lesen, macht es hingegen genau den gewissen Unterschied. Es wird klar: Dieser Mann weiss wovon er spricht! Hier kommt nicht nur der Kinderarzt in seiner Praxis zu Wort, sondern auch der Vater, der über Jahre hinweg immer wieder unruhige Nächte erlebt und weinende Kinder getröstet hat.

Attachment Parenting – was ist das?

Hier möchten wir noch eine Bemerkung zu einem Schlüsselbegriff dieses Buches, dem *Attachment Parenting,* machen. Lange haben wir überlegt und mit Worten jongliert, um diesen vielschichtigen Begriff angemessen zu übersetzen. Wir haben uns schliesslich entschlossen, *Attachment Parenting* als englischen Begriff stehen zu lassen und dafür an dieser Stelle eine Erklärung zu abzugeben.
Parenting könnte mit elterlicher Betreuung oder auch Erziehungsstil übersetzt werden.
Attachment heisst Befestigung, Verbindung, oder auch Anhang.
Attachment Parenting bedeutet deshalb eine Betreuungsform, die auf Nähe

basiert. Einerseits gefühlsmässige Nähe, Liebe, Einfühlung in das Kind, andererseits aber auch ganz konkrete räumliche Nähe. Das heisst beispielweise viel Körperkontakt, Stillen, häufiges Tragen, eventuell gemeinsames Schlafen und keine längeren Trennungen.

Zur Erweiterung dieses Buches

Im Anhang dieses Buches finden Sie einen historisch kulturellen Überblick über die familiären Schlafgewohnheiten im Laufe der Zeit in der westlichen Welt. Wir entsprechen damit dem Wunsch unserer Leserschaft – vor allem, seit das Buch von Tine Thevenin „Das Familienbett" vergriffen ist. Auch eine kritische Besprechung eines der gängigen Schlaftrainings – mit einem entsprechenden Erfahrungsbericht dazu – ist dort zu lesen. Dieser Teil entstand aus der immer wiederkehrenden Frage nach einer Antwort von Seiten der La Leche Liga auf die Praxis von Schlaftrainings. Wir wollen damit betroffene Eltern ermuntern, sich selbst ein Urteil über diese Erziehungsmassnahmen zu bilden.

Dank

Wir danken allen Frauen, die an der Überarbeitung dieses Buches in irgendeiner Form beteiligt waren. Unser Dank gilt ganz speziell auch den vielen Familien, die es uns mit ihren Fotos ermöglichten, das Buch attraktiv zu bebildern.

Wir sind überzeugt, dass auch diese Neuauflage vielen Familien zu einer Hilfe bei der nächtlichen Betreuung ihrer Kinder wird und ihnen erholsame Nächte ermöglicht.

März 2005
Für die La Leche Liga Schweiz
Hanna Neuenschwander und Cornelia Weller

Hinweis:
Das vorliegende Buch ist sorgfältig auf der Grundlage der 1999 revidierten amerikanischen Originalausgabe des Buches „Nighttime Parenting" von Dr. William Sears übersetzt worden. Dennoch erfolgen alle Angaben ohne Gewähr. Die La Leche Liga kann für eventuelle Nachteile oder Schwierigkeiten, die daraus resultieren, keine Haftung übernehmen.

Einleitung

Von Dr. William Sears

„Wenn ich doch nur *eine* Nacht schlafen könnte!" – Dies ist der Stossseufzer von müden Eltern auf der ganzen Welt, die jede Nacht mit dem gleichen Problem kämpfen: einerseits wollen sie auch nachts gute Eltern sein, andererseits sehnen sie sich danach, endlich einmal ungestört schlafen zu können.

Viele Eltern erleben das Dilemma, dass ihre eigenen Gefühle im Widerspruch zu den Ratschlägen von Freunden, Verwandten und Ärzten stehen. Wenn ihr Kind um drei Uhr morgens (zum dritten Mal in dieser Nacht!) aufwacht, so möchten sie eigentlich ihrem Gefühl folgen und das weinende Kind trösten. Aussenstehende raten aber oft das Gegenteil: „Lasst das Kind schreien. Nur so lernt es durchzuschlafen." Wer hat Recht? Ich habe dieses Buch geschrieben, um den Eltern bei der Beantwortung dieser Frage zu helfen.

Als ich meine Praxis als Kinderarzt eröffnete, realisierte ich, dass ausgerechnet die Fragen, welche Eltern am meisten zu schaffen machen, bei der Ausbildung von Ärzten vernachlässigt werden. „Ist es in Ordnung, wenn unser Kind in unserem Bett schläft?" „Verwöhne ich mein Kind, wenn ich es nachts aufnehme und beruhige?" Es waren echte Probleme von Eltern, die durchdachte Antworten erwarteten. Ich hatte aber keine Antworten. In der medizinischen Ausbildung habe ich nichts darüber gelernt, wo Säuglinge schlafen sollten und warum sie überhaupt schreien.

Zur gleichen Zeit waren meine Frau und ich selbst junge Eltern, die an der Entwicklung eines eigenen Betreuungsstils arbeiteten. Wir lasen alle einschlägigen Bücher, aber diese brachten uns nur noch mehr durcheinander. Die Fachleute der Kindererziehung machten es sich leicht. Ihre Ratschläge tönten sehr einfach: „Wenn ihr Kind in der ersten Nacht eine Stunde schreit, in der zweiten noch 45 Minuten, in der dritten 30 Minuten, so wird es in der vierten Nacht überhaupt nicht mehr schreien und sofort einschlafen." Dieser simple Rat gefiel mir nicht, aber ich wusste nicht genau, warum. Ich konnte mich nicht dazu überwinden, ihn bei meinen eigenen Kindern anzuwenden und gab ihn daher natürlich auch nicht an meine Patienten weiter. So lernte ich schon früh in meiner Praxis, dass es für die meisten Probleme der Kindererziehung keine einfachen, allgemeingültigen Lösungen gibt.

Eines Tages nahm mich ein weiser Kollege beiseite und liess mich wissen, dass er auf der Suche nach einer Antwort auf schwierige Erziehungsfragen immer eine erfahrene Mutter zu Rat ziehe. Das war die Lösung! Ich entschloss mich, von diesen Müttern zu lernen. Vor allem suchte ich Antwort auf folgende Fragen:

- Warum gibt es in manchen Familien weniger Schlafprobleme als in anderen?
- Warum schlafen manche Kinder besser?
- Warum können manche Eltern besser mit solchen Problemen umgehen als andere?
- Was hilft den meisten Eltern und warum?

Jedes Mal wenn ich mit Eltern sprach, die Antworten auf diese Fragen hatten, hielt ich diese für mich fest. Als mein Interesse am Thema „Nächtliche Kinderbetreuung“ wuchs, sandte ich einen Fragebogen an 5000 Eltern, deren Einsichten ich vertraute. In diesem Buch habe ich die Ergebnisse daraus zusammengefasst.

Mir wurden von meiner Ehefrau, die eine intuitive Mutter ist, acht Kinder geschenkt. Meine Theorien, wie Babys schlafen sollten, wurden in der Praxis erprobt. Ich habe persönlich damit gearbeitet – und geschlafen. Und sie funktionierten!

Ich habe erfahren, dass Schlafprobleme dann auftreten, wenn Eltern nicht mehr fähig sind, das nächtliche Aufwachen ihres Kindes zu akzeptieren. „Schlafen und Wachen“ geht auf beide Seiten des Problems ein: Sie als Eltern lernen nicht nur, was Sie tun können, damit Ihr Kind seltener aufwacht, sondern auch, wie Sie besser mit dem nächtlichen Aufwachen umgehen können. Ein Grossteil dieses Buches beschäftigt sich damit, aufzuzeigen, dass Säuglinge und Kleinkinder sich deshalb so verhalten, wie sie sich verhalten, weil sie so geschaffen, so „programmiert“ sind. Ich werde Ihnen auch erklären, weshalb Säuglinge nicht dazu geschaffen sind, durchzuschlafen.

Eines der Ziele meines Buches ist es, Eltern und Kinder zur Schlafharmonie zu verhelfen. Ich habe sehr viel Vertrauen in die Intuition der Eltern und in die Fähigkeit von Kindern, ihre Bedürfnisse zu zeigen und glaube, dass sich Schlafharmonie einstellen wird, wenn die Kommunikation zwischen beiden ungestört ist. Hier wird Eltern nicht geraten, wegzuhören, wenn das Baby schreit. Hier lernen sie, zuzuhören und angemessen zu reagieren. Wenn Eltern diese Einfühlung

und Harmonie erreicht haben, werden sie Freude an ihrem Kind erleben und das Kind wird sich sicher und geliebt fühlen.
Kinder, die schlecht schlafen, können eine grosse Belastung für die Ehe ihrer Eltern sein und eine ganze Familie an den Rand der Verzweiflung bringen. Dies ist aber nicht der Fehler des Kindes. Es ist der Fehler einer Gesellschaft, in der es die Unterstützung einer Grossfamilie nicht mehr gibt. Noch nie wurde von einer Mutter so viel erwartet, mit so wenig emotionaler Unterstützung von aussen, wie heute. In diesem Buch werde ich Vorschläge machen, wie ein Burnout der Eltern vermieden werden kann und wie diese zu der Unterstützung kommen können, die sie bei der Betreuung eines Babys brauchen. Hier lernen auch Väter, was sie tun können, um wirklich eine Hilfe zu sein.
Immer wieder weise ich auf Untersuchungen zur Schlaftheorie hin, die für die praktische Bewältigung der nächtlichen Bedürfnisse des Kindes relevant sind. Eingeschlossen sind auch Alltagssituationen mit kreativen Ideen zum Überstehen schwieriger Nächte. Ausserdem komme ich öfters auf meine eigenen Erfahrungen in meiner Familie zurück. Auch Kinderärzte kennen Schlafprobleme in ihren Familien – und ich habe manche nächtliche Stunde damit verbracht, meine Kinder zu betreuen.

Wie dieses Buch zu lesen ist

Um den grössten Gewinn (und den meisten Schlaf) aus diesem Buch zu ziehen, rate ich werdenden und frisch gebackenen Eltern, das ganze Buch zu lesen, um so ernstere Schlafprobleme zu vermeiden. Eltern, deren Kinder bereits Schlafprobleme zeigen, können ihm Hinweise zur Bewältigung ihres speziellen Problems entnehmen. Ich hoffe, dieses Buch hilft auch denjenigen, die als Fachleute Eltern Hinweise für ihr Verhalten in der Nacht geben. Vergessen Sie nicht, dass junge Eltern besonders sensibel sind, wenn es um Ratschläge zur Kinderbetreuung geht, – weil sie das Beste für ihr Kind wollen, aber auch ihre Ratgeber respektieren. Ich bin zuversichtlich, dass dieses Buch den Ratgebern dabei hilft, diesen Respekt auch zu verdienen.
Über viele Jahre hat es sich für meine Familie bestätigt, dass es sich auszahlt, die nächtlichen Bedürfnisse von Kindern zu befriedigen. Unsere Kinder und Enkelkinder haben alle einen gesunden Schlaf und gute Schlafgewohnheiten.

Die Zeit, die unsere Kinder in unseren Armen, an Mamas Brust und in unserem Bett verbringen, ist ein vergleichsweise kurzer Teil ihres Lebens, doch die Erinnerung an unsere Liebe und Verfügbarkeit auch in der Nacht, werden sie ein Leben lang begleiten. Die positiven Auswirkungen davon zeigen sich sogar bis in die nächste Generation.

William Sears, M.D.
(nach der amerikanischen revidierten Fassung 1999 von *Nighttime Parenting*)

Attachment Parenting – ein Erziehungsstil, der sich bewährt

1

Attachment Parenting – ein Erziehungsstil, der sich bewährt

Jeden Tag kommen werdende Eltern mit brennenden Fragen in meine Praxis: „Dies ist unser erstes Kind. Wir möchten ihm wirklich gute Eltern sein. Können Sie uns ein paar Hinweise für einen guten Anfang geben?" Ich schlage diesen Paaren einen Betreuungsstil vor, der sich bei den meisten Familien bewährt – *Attachment Parenting*. (Bitte lesen Sie hierzu die Begriffserklärung im Vorwort der Herausgeberinnen.) Dazu gehört auch die Verfügbarkeit der Eltern in der Nacht.

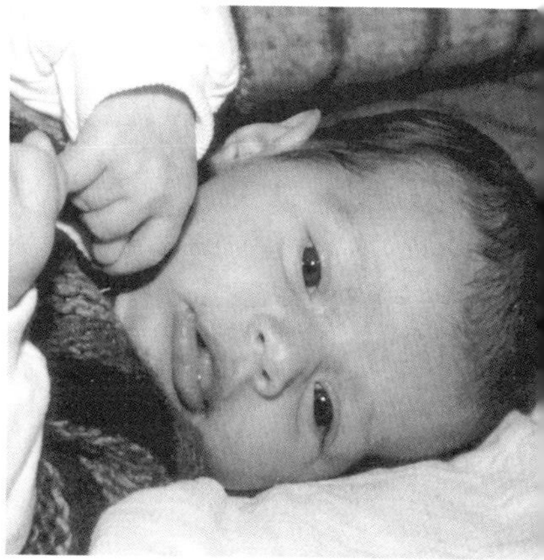

Attachment Parenting hilft einem Elternpaar zwei wichtige Ziele zu erreichen:

- Das Kind kennen zu lernen.
- Dem Kind zu helfen, ein gutes Selbstwertgefühl zu bekommen.

Ein Kind mit einem guten Selbstwertgefühl benimmt sich gut und ist eine Freude für die Eltern. Diese Freude wünsche ich Ihnen allen.

Was ist Attachment Parenting?

Dies kann ich am besten erklären, indem ich Ihnen einige Tipps dazu gebe. Es sind die gleichen Ratschläge, die ich werdenden Eltern in meiner Praxis auf den Weg gebe.

Gehen Sie eine Verpflichtung ein!

Gehen Sie diese Verpflichtung schon ganz am Anfang Ihrer Elternschaft, vor der Geburt Ihres Kindes, ein. Geben Sie sich das gegenseitige Versprechen, sich absolut zuverlässig diesen zwei Beziehungen zu widmen: Ihrer Beziehung als Paar und Ihrer Beziehung als Eltern zu Ihrem Kind. Eines der grössten Geschenke, die Sie Ihrem Kind machen können, ist ein Zuhause, das auf einer stabilen und erfüllten Partnerschaft aufgebaut ist. Um diese Verpflichtung während der Schwangerschaft zu stärken, empfehle ich Elternpaaren ein Ritual, das wir in unserer Familie immer sehr genossen haben: Legen Sie beide jeden Abend vor dem Einschlafen Ihre Hände auf den Bauch der Mutter. Reden Sie zusammen über das Versprechen, das Sie einander als Paar und gegenüber dem winzigen Lebewesen, das hier heranwächst, gegeben haben. Dieses wunderschöne abendliche Ritual wird Ihnen zur Gewohnheit, die Sie wahrscheinlich auch nach der Geburt Ihres Kindes fortsetzen werden. Ich hatte mich nach der Ankunft unserer Kindes so daran gewöhnt, dass ich nicht einschlafen konnte, bevor ich nicht zu unserem kleinen Mädchen gegangen war, meine Hand auf seinen Kopf gelegt und mein früheres Versprechen wiederholt hatte. Ich fühlte mich schon mit meiner Tochter verbunden, bevor sie geboren war.

Friedvolle Schwangerschaft – glückliche Babys

In den letzten zwanzig Jahren wurden neue und spannende Erkenntnisse über die sinnlichen und emotionalen Wahrnehmungen des Fötus gewonnen. Die Mutter und ihr ungeborenes Kind teilen ihre Gefühle. Wenn die Mutter unter Stress leidet, kann dies auch das Baby fühlen. Wenn sie während der Schwangerschaft durch grossen emotionalen Druck belastet ist (besonders während der letzten drei Monate), ist das Risiko höher, dass das Kind ängstlich und verspannt ist. Es wird dadurch wahrscheinlich auch schlechter schlafen. Indem die Mutter ihm – soweit es ihr möglich ist– zu friedlichen Erfahrungen in der Schwangerschaft verhilft, schafft sie Harmonie mit ihrem Baby. Diese Harmonie vor der Geburt kann sich sehr wohl auf die späteren Schlafgewohnheiten auswirken.

Bereiten Sie sich vor

Viele Paare wenden eine Menge Zeit und Geld dafür auf, ein „richtiges Kinderzimmer“ vorzubereiten. Dem Neugeborenen ist es aber völlig egal, wie sein Zimmer aussieht. Es will Sie, und darum sollten Ihre Vorbereitungen Ihrer eigenen Person gelten. Eltern-Selbsthilfegruppen können Sie bei dieser Vorbereitung unterstützen und Ihnen dabei helfen, den Ihrer Situation entsprechenden, für Sie richtigen Erziehungsstil zu finden. Meiner Meinung nach ist die **La Leche Liga** die effizienteste Elternselbsthilfeorganisation, ein weltweites Netz von Gruppen, das auf der Unterstützung von Mutter zu Mutter beruht. Die La Leche Liga fördert das Konzept von *Attachment Parenting* besonders gut, weil sie Informationen und Unterstützung für stillende Mütter anbietet. Ich rate werdenden Müttern, dieser Organisation schon am Anfang der Elternschaft beizutreten, am besten bereits während der Schwangerschaft. Ein wichtiger Teil der persönlichen Vorbereitung ist die Teilnahme an einem guten Geburtsvorbereitungskurs und die sorgfältige Wahl der Geburtsmethode. Wählen Sie für die Geburt eine Umgebung, die Ihnen dabei hilft, die Bedürfnisse und Signale Ihres Körpers wahrzunehmen. Mütter, die darauf vorbereitet sind, die Signale ihres Körpers richtig zu deuten (z.B. das Bedürfnis, sich zu bewegen oder ruhig zu liegen) und die in einer Umgebung gebären, die ihnen ermöglicht, sich demgemäss zu verhalten, werden zu ihrem Baby schneller eine ausgeglichene innige Beziehung bekommen. Mütter, die eine schwierige Geburt erleben, die von Angst und Hilflosigkeit geprägt ist, haben dagegen im Allgemeinen eher Mühe, eine unmittelbare Bindung zu ihrem Kind einzugehen. Eine schwere Geburt kann auch zu Schlafproblemen des Kindes beitragen.

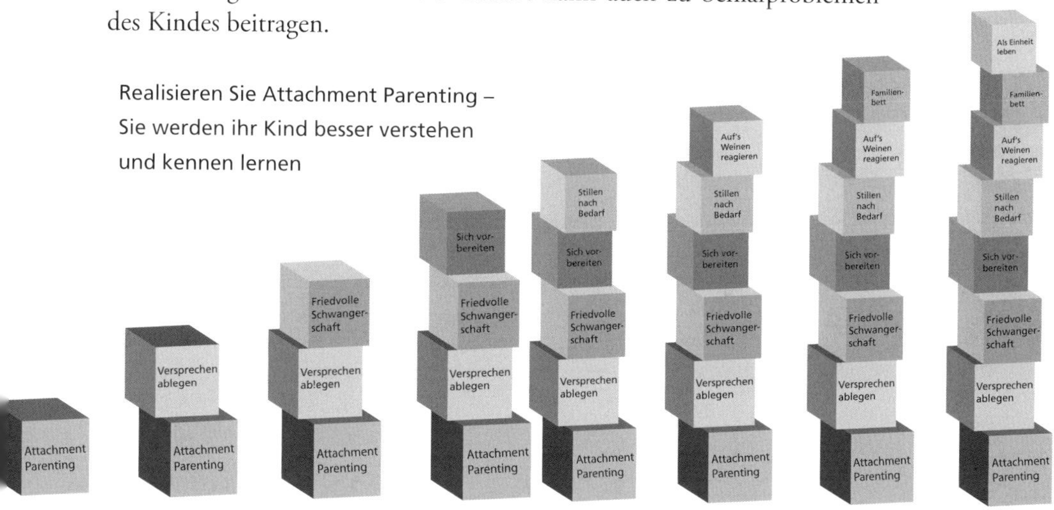

Realisieren Sie Attachment Parenting – Sie werden ihr Kind besser verstehen und kennen lernen

Stillen Sie – und überlassen Sie das Abstillen Ihrem Kind!

Stillen fördert eine innige Beziehung und hilft Ihnen dabei, die Signale Ihres Kindes besser zu verstehen. Statt auf die Uhr oder die Waage zu schauen, werden Sie hellhörig für die Hinweise Ihres Kindes, wenn es Nahrung und Zuwendung braucht. Sie werden einander besser kennen lernen und harmonischer miteinander verbunden sein.

Ich habe ein Plakat in meiner Praxis hängen, auf dem es heisst: „Frühzeitiges Abstillen ist nicht empfehlenswert." Junge Mütter sind empfindlich gegenüber unüberlegten Bemerkungen wohlmeinender Freunde und Verwandter, die erstaunt fragen: „Was, du stillst immer noch?" Will man die

allgemeine Philosophie verstehen, die hinter dem Begriff von *Attachment Parenting* als Erziehungsstil steht, so gehört als wichtiger Teil dazu, die Bedeutung des „Abstillens“ oder „Entwöhnens“ zu begreifen. Eltern halten das Abstillen oft für einen Verlust, für eine zunehmende Distanz zum Kind. Tatsächlich ist aber das Abstillen oder von der Brust Entwöhnen nichts Negatives, sondern kann durchaus etwas Positives sein. In antiken Schriften bedeutete das entsprechende Wort „reif werden“. Das Gefühl der Erfüllung und Bereitschaft für einen nächsten Schritt ist gereift. Das Kind ist bereit, in der Beziehung zu seiner Mutter in eine neue Phase zu treten. Im Laufe unseres Lebens „entwöhnen“ wir uns immer wieder – dem Mutterleib, der Brust, dem Bett der Eltern oder der Wiege, dem Zuhause, der Schule ... Wann immer ein Kind einen dieser sicheren Orte verlässt, ehe es wirklich dazu bereit ist, besteht die Gefahr, dass es ein Verhalten entwickelt, das im Zusammenhang mit einem gefühlsmässigen Verlust steht. Dieses entsteht aus einem grundsätzlichen Gefühl von „Un-Richtigkeit“ und kann sich in Wut, Aggressionen und Stimmungsschwankungen ausdrücken, die einen Menschen manchmal ein Leben lang begleiten.
Beschränken Sie das Stillen daher nicht auf eine im Voraus begrenzte Anzahl von Monaten, praktizieren Sie kein „Stillen nach dem Kalender“. Solange beide Stillpartner ihre Beziehung geniessen, stillen Sie so lange weiter, bis Sie beide „erfüllt“ sind. Stillen nach dem Kalender bewährt sich nicht; ein vermeintlicher kurzfristiger Gewinn kann sehr wohl langfristig zum Verlust werden. Es ist weitaus realistischer, wenn die Eltern ihre Aufgabe unvoreingenommen und ohne bestimmte Erwartungen darüber beginnen, wann ein Kind ein bestimmtes Bedürfnis nicht mehr haben sollte. Das Tempo, mit dem sich Kinder körperlich und seelisch entwickeln, variiert sehr stark. Starre und unrealistische Erwartungen der Eltern führen zu Frustrationen, die ihre Spontaneität im Umgang mit dem Kind hemmen und ihnen die Freude an ihm nehmen. Und was noch entscheidender ist: Die Brust ist eine wichtige Quelle der Sicherheit für das Kind; wenn ihm der Zugang dazu plötzlich vorenthalten oder massiv eingeschränkt wird, so kann dies langfristige Auswirkungen auf sein körperliches und geistiges Wohlbefinden haben.

Reagieren Sie sofort auf das Schreien Ihres Kindes

Jedes Neugeborene ist mit der Fähigkeit ausgestattet, seine Bedürfnisse zu signalisieren: es „schreit“. Jede Mutter kann die Fähigkeit entwickeln, diese

Signale zu verstehen. Dies ist eine ganz besondere Art der Kommunikation, die das Überleben des Kindes sichert und der Mutter hilft, in ihre Rolle hineinzuwachsen. Wenn Sie auf das Schreien Ihres Kindes sofort reagieren, entwickeln Sie Sensibilität für das Erkennen der Bedürfnisse Ihres Kindes und Ihre elterliche Intuition.

Experimentieren Sie beim Schlafen mit Varianten

Säuglinge zeigen ihren Eltern oft deutlich, wo sie schlafen wollen. Manche Kinder schlafen am besten in ihrem eigenen Zimmer, andere im eigenen Bett im Zimmer der Eltern, wieder andere im Elternbett. Auch die Eltern haben Vorlieben. Die Lösung, bei der alle Beteiligten – Mutter, Vater und Kind – am besten schlafen, ist die richtige für diese Familie.

Ihr Baby vertraut darauf, dass Sie aufgeschlossen sind für seine Hinweise darüber, wo es schlafen will. Und Sie trauen sich zu, die für Sie richtige Lösung beim Schlafen zu finden, auch wenn diese nicht den Gewohnheiten Ihrer Umgebung entsprechen sollte.

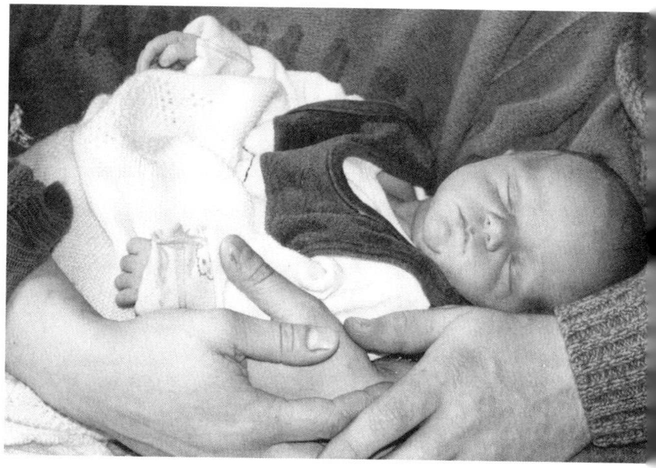

Am besten schlafe ich geborgen und gehalten

Eines der wichtigsten Stücke der Babyausstattung, das ich werdenden Eltern anzuschaffen empfehle, ist ein grosses Doppelbett. Ihr Neugeborenes in Ihrem Bett willkommen zu heissen, ist Teil dieses Betreuungsstils des *Attachment Parenting,* der auf gegenseitigem Vertrauen und Offenheit für wichtige Bedürfnisse aller Beteiligten basiert. Wenn es Ihnen richtig erscheint, mit Ihrem Baby im gleichen Bett zu schlafen und wenn es sich bewährt, dann ist dies in Ordnung. Natürlich gilt dasselbe, wie bei anderen Besonderheiten eines bestimmten Betreuungsstils: Wenn Sie Mühe damit haben und es bei Ihnen nicht funktioniert, dann lassen Sie es sein.

Leben Sie als Vater-Mutter-Kind-Einheit

Während einer Vortragsreise durch Australien lernte ich den Bemutterungsstil der Kängurus schätzen. Deren Junge liegen in einem Beutel auf dem Bauch der Mutter und haben so fast ununterbrochen Kontakt zu ihr. Ich rate Elternpaaren, dem gesellschaftlichen Druck nicht nachzugeben und nicht zu versuchen, „endlich etwas Abstand von ihrem Baby zu bekommen", sondern sich viel eher daran zu gewöhnen, ihr Baby in einer Tragehilfe bei sich zu haben. Wenn Sie sich daran gewöhnen, werden Sie sich „richtig" fühlen, wenn Sie zusammen sind, und unwohl, wenn Sie getrennt sind. Wenn Sie den Tag als Einheit erleben, wird es für Sie einfacher, auch in der Nacht eine Einheit zu sein.

Hüten Sie sich vor einem Erziehungsstil, der auf Distanz geht

Vertreter dieses distanzierten Erziehungsstils warnen die Eltern davor, auf die Signale ihres Kindes einzugehen, weil sie befürchten, das Kind werde sie sonst tyrannisieren:

„Lassen Sie das Kind ruhig schreien. So lernt es allein durchzuschlafen."

„Nimm das Kind nicht jedes Mal auf den Arm, sobald es schreit. Du verwöhnst es nur."

„Gewöhnen Sie Ihr Kind an einen festgelegten Rhythmus. Sie lassen sich sonst von ihm manipulieren."

„Nimm das Kind ja nicht in dein Bett. Es gewöhnt sich daran."

Abgesehen davon, dass dieser Erziehungsstil auf einer negativen Grundhaltung beruht, täuscht er auch allzu rasche und einfache Lösungen für schwierige Probleme vor: „In der ersten Nacht wird das Kind vielleicht eine Stunde schreien, in der nächsten noch 45 Minuten und in der dritten Nacht wird es schon durchschlafen."

Liebe Eltern, ich warne Sie: Auf schwierige Fragen der Kindererziehung kann es keine simplen Antworten geben. Kinder sind viel zu wertvoll und ihre Bedürfnisse zu wichtig, um sie zu Opfern billiger, kurzsichtiger Ratschläge werden zu lassen. Meiner Erfahrung nach ist die Gefahr gross, dass Eltern, die diesen distanzierten Erziehungsstil praktizieren, ihre Intuition und das Vertrauen in ihre eigenen Fähigkeiten verlieren und zwei wichtige Ziele der Erziehung nicht erreichen – ihr Kind wirklich zu kennen und ihm dabei zu helfen, ein gutes Selbstwertgefühl zu entwickeln.

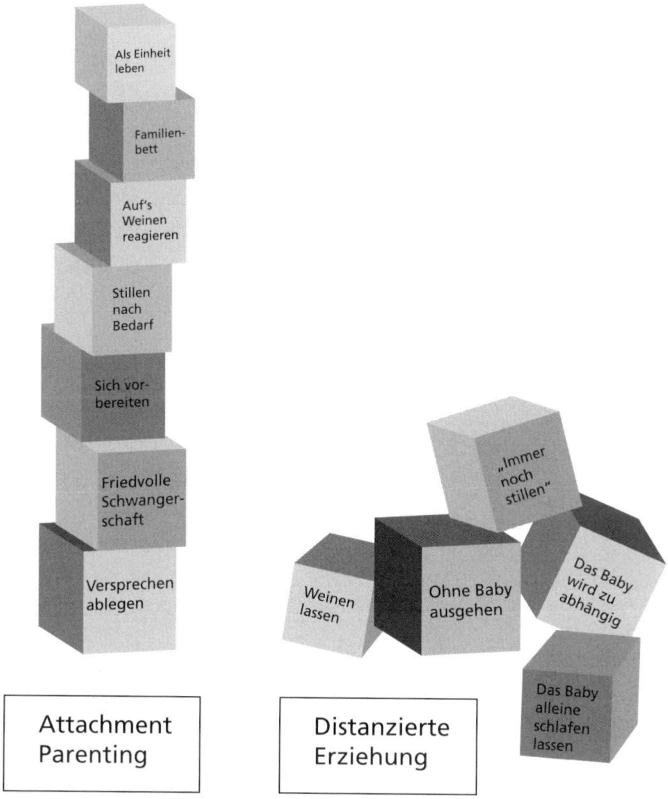

Attachment Parenting führt zu Harmonie

Eine distanzierte Erziehung hingegen führt zu Disharmonie

Was Sie dabei gewinnen

Macht es wirklich einen Unterschied, wenn Sie *Attachment Parenting* praktizieren? Werden Sie dadurch zu besseren Eltern?
Ich habe in den letzten 25 Jahren meinen Patienten die oben beschriebenen Ratschläge gegeben und wir wenden sie auch in unserer eigenen Familie an. Sie machen einen gewaltigen Unterschied! Eltern, die ihr Kind liebevoll und intensiv betreuen, kennen es genau. Sie haben ein Gefühl für die Signale ihres Kindes entwickelt, reagieren intuitiv und vertrauen darauf, dass ihre Reaktionen richtig sind. Sie haben realistische Vorstellungen über das Verhalten ihres Kindes in seinen verschiedenen Entwicklungsstufen und wissen, wie sie ihrem Kind klar machen können, was sie von ihm

erwarten. Ihre Kinder machen ihnen Freude – kurz gesagt, sie haben eine harmonische Beziehung zu ihnen.

Es wird aber nicht nur eine harmonische, sondern auch eine „hormonische" Beziehung gefördert. Mütter, die ihre Kinder nach diesen Ratschlägen betreuen und stillen, erleben chemische Veränderungen. Das Hormon Prolaktin, oft das „Mütterlichkeitshormon" genannt, kann bei einer Frau „mütterliche Verhaltensweisen" fördern und ihr auch in schwierigen Momenten ermöglichen, ruhig und gelassen zu bleiben. In Experimenten wurde dieses Hormon männlichen Vögeln verabreicht, worauf diese das gleiche Brutpflegeverhalten wie Weibchen annahmen. Mütter, die *Attachment Parenting* praktizieren, haben tatsächlich einen höheren Prolaktinspiegel als solche, die sich distanziert und nach einem vorgegebenen Schema verhalten. Warum dies? Unbeschränktes Stillen, das ganz natürlich eine Menge Hautkontakt erfordert und gemeinsames Schlafen mit dem Säugling führen dazu.

Stillen: Eine harmonisch-hormonische Beziehung

Die Wissenschaft bestätigt schliesslich, was intuitive Mütter schon lange wissen: Es ist gut, wenn Mütter und Babys mehr Zeit zusammen verbringen.

Jetzt haben Sie vielleicht den Eindruck gewonnen, ein solcher Betreuungsstil bedeute nur Geben, Geben und nochmals Geben ... Bis zu einem gewissen Grad stimmt dies auch. Mütter geben und Babys nehmen – dies liegt in der Natur der Mutter-Kind-Beziehung. Die Fähigkeit des Kindes, etwas zurückzugeben, entwickelt sich erst später. Wer aber viel bekommen hat, kann später auch besser geben. Man kann sogar sagen, dass Säuglinge schon am Anfang etwas zurückgeben: Durch das häufige Stillen erhöht sich der Prolaktinspiegel der Mutter, was ihr wiederum bei der Entwicklung der mütterlichen Fähigkeiten hilft.

Warum funktioniert Attachment Parenting?

Es funktioniert deshalb, weil es das individuelle Temperament des Kindes respektiert. Das Kind wird geboren mit einem bestimmten Grad an Bedürfnisstärke und der Möglichkeit, diese Bedürfnisse mit bestimmten Signalen auszudrücken. Eltern, die diesen Zeichen gegenüber offen sind, lernen sie zu deuten und darauf zu reagieren. Weil diese Reaktion dem Kind hilft, sich angenommen zu fühlen, lernt es, seine Signale noch genauer zu geben und die Eltern können noch differenzierter darauf antworten. Kurz gesagt, Eltern und Kind helfen einander wichtige Fähigkeiten zu erlernen – so können beide ihr volles Potential ausschöpfen. Eine distanzierte Erziehung, die schematische Antworten auf die Signale des Kindes gibt, erreicht das Gegenteil: Das Schreien des Kindes wird immer störender und die Eltern immer ärgerlicher. Das Kind und die Eltern lernen es nicht, einander zu vertrauen und ihre Sensibilität füreinander geht verloren. Unsensible Eltern aber bekommen Schwierigkeiten.

Attachment Parenting ist speziell wirkungsvoll bei einem Kind mit starken Bedürfnissen. Für diese Kinder gibt es viele Bezeichnungen: das schwierige Baby, das anspruchsvolle Baby, das eigensinnige Kind, das provozierende Kind ...

Ich ziehe vor, es als „Kind mit starken Bedürfnissen" zu bezeichnen. Diese Bezeichnung ist nicht nur positiver, sie beschreibt auch besser das Ausmass an Betreuung, das diese Kinder brauchen. Dies sind die Kinder, die *Attachment Parenting* besonders nötig haben.

Was gewinnt Ihr Kind dabei?

Selbstwertgefühl

Ein Kind, das liebevoll betreut in einer innigen Beziehung zu den Eltern heranwächst, lernt, dass seine Bedürfnisse konsequent und zuverlässig erfüllt werden. Es lernt zu vertrauen und fühlt, dass es für seine Eltern wichtig und besonders ist. Aus diesem Bewusstsein entwickelt sich das Selbstwertgefühl des Kindes, ein Gefühl von „Richtigkeit", das von elementarer Bedeutung für die Entwicklung der Persönlichkeit ist.

Intimität

Das Kind lernt, sich an Menschen zu binden, nicht an Dinge. Der Säugling, der daran gewöhnt ist, in den Armen gehalten zu werden, an der

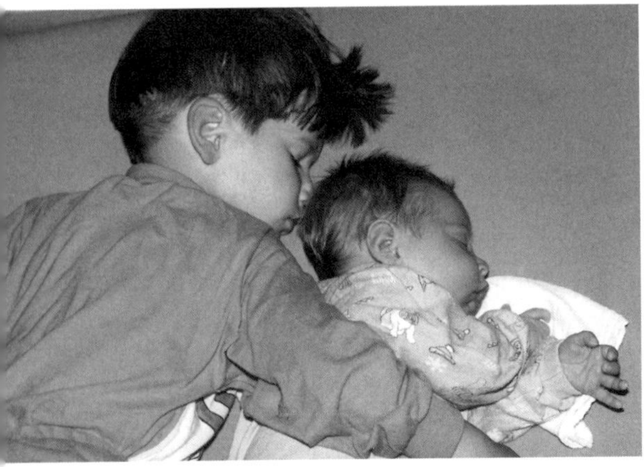

Geschenkte Liebe multipliziert sich

Brust zu liegen und im Bett der Eltern zu schlafen, erfährt, dass persönliche Beziehungen Sicherheit und Erfüllung schenken. Dieser Säugling wird wahrscheinlich zu einem Kind heranwachsen, das sinnvolle Beziehungen zu Gleichaltrigen eingehen und später eine tiefe Vertrautheit mit seinem Partner/seiner Partnerin entwickeln kann. Ein Kind, das oft in Wippen, Kinderbetten und Laufställchen sich selbst überlassen bleibt, ist in Gefahr, eher oberflächliche zwischenmenschliche Beziehungen einzugehen und mehr und mehr durch materielle Ersatzwerte frustriert zu werden.

Fürsorglichkeit

Das Kind lernt Fürsorglichkeit anderen gegenüber. Aufgewachsen mit der liebevollen Zuwendung seiner Eltern, wird es anderen die gleiche Einfühlsamkeit und Grosszügigkeit entgegenbringen, die es von seinen Eltern erfahren hat. (Dies wird heute oft mit Emotionaler Intelligenz bezeichnet.)

Gutes Benehmen

Attachment Parenting macht es leichter, Kinder zu gutem Benehmen zu führen. Weil Sie Ihr Kind besser kennen, können Sie sein Verhalten besser beurteilen und angemessen reagieren. Weil ihr Kind ein gutes Selbstwertgefühl hat, wird es sich eher gut benehmen und wahrscheinlich ein zuverlässiges Gewissen entwickeln. Es fühlt sich „richtig“ wenn es das Richtige tut und ebenso fühlt es sich „falsch“ wenn es etwas Falsches tut. Diese innere Einstellung des Kindes und die häusliche Atmosphäre, die durch diesen Erziehungsstil geschaffen werden, machen Bestrafung weniger notwendig. Ist sie dennoch einmal angebracht, so wird sie auf eine angemessene Art erfolgen. Aufgrund ihrer innigen Beziehung vertrauen Eltern und Kind einander. Vertrauen ist die Grundlage von Autorität und eine vertrauenswürdige Autoritätsperson hat mit Erziehungsmassnahmen sicher mehr Erfolg.

Langfristige Vorteile

Attachment Parenting hat auch langfristige Vorteile. Ein wichtiger Begriff in der Kindererziehung ist das „Vorbild sein“: Sehr wahrscheinlich werden Ihre Kinder später einen ähnlichen Erziehungsstil pflegen, wie sie ihn selbst erlebt haben. Denken Sie daran, dass Sie einen zukünftigen Ehemann oder eine Ehefrau – und den Vater oder die Mutter ihrer eigenen Enkelkinder – aufziehen.

Ich möchte Ihnen die Bedeutung dieses Gedankens an zwei Beispielen zeigen. Eines Tages brachte eine junge Mutter ihr Neugeborenes in meine Praxis zur Untersuchung. Sie nahm auch ihre 22 Monate alte Tochter Tiffany mit. Als das Neugeborene zu schreien begann, rannte Tiffany zu ihrer Mutter und rief: „Mama, Baby weint. Aufheben, schaukeln, stillen!“

Warum reagierte Tiffany so rasch auf das Schreien? Weil sie dies bei ihrer Mutter gesehen hatte. Was wird Tiffany tun, wenn sie einst Mutter ist und ihr Baby schreit? Richtig: Aufheben, schaukeln, stillen.

Die Bedeutung des Vorbildes Sein für Jugendliche wurde meiner Frau und mir eines Tages bewusst, als wir unsere neun Monate alte Tochter Erin im Schlafzimmer schreien hörten. Da wir beide davon überzeugt sind, dass auf das Schreien eines Babys sofort reagiert werden sollte, standen wir beide auf. Doch dann brach das Schreien ab – und als wir ins Zimmer kamen, sahen wir unseren 15-jährigen Sohn Jim neben Erin auf dem Bett liegen. Er streichelte und tröstete sie. Er hatte von uns gelernt, dass man reagiert, wenn Babys weinen. Als Martha und ich diese wunderschöne Szene beobachteten, wussten wir, dass dieses Erlebnis für beide Kinder „richtig“ war und zu ihrem Selbstwertgefühl beitrug.

Babys schlafen anders als Erwachsene

2

Babys schlafen anders als Erwachsene

Eltern, die mit den Schlafgewohnheiten ihres Kindes Mühe haben, sollten sich über den Schlaf im Allgemeinen und den Schlaf von Kindern im Speziellen informieren. Kinder schlafen anders – und um dies zu verstehen, ist es nötig, einige grundlegende Fakten aus der Schlafforschung zu kennen.

Phasen und Stufen des Schlafes

Der Schlaf kann in zwei Hauptphasen unterteilt werden: den aktiven und den ruhigen Schlaf. Weil sich die Augen im aktiven Schlaf rasch bewegen wird dieser auch REM-Schlaf genannt (Rapid Eye Movement – rasche Augenbewegungen). In dieser Phase wird geträumt. Die Phase, in der sich die Augen nicht bewegen, wird Non-REM-Schlaf genannt. Man nennt den REM-Schlaf auch den leichten und den Non-REM-Schlaf den tiefen Schlaf, doch sind aktiver und ruhiger Schlaf die exakteren Begriffe.

Auf den Wachzustand folgen vier Stufen eines immer tiefer werdenden Non-REM-Schlafs. In den Stufen drei und vier ist der Schlaf am tiefsten. Diese erste Periode des Non-REM-Schlafs dauert 90 bis 110 Minuten. Dann gleitet der Schlafende allmählich wieder zurück durch die Stufen des Non-REM-Schlafs und tritt in die erste Periode des REM-Schlafs ein, die etwa 10 Minuten dauert. Darauf folgen wieder die Stufen eines immer tiefer werdenden Non-REM-Schlafes. Diese Zyklen setzen sich die ganze Nacht hindurch fort und ihre Dauer schwankt zwischen 70 und 110 Minuten (durchschnittlich 90 Minuten). Im ersten Teil der Nacht überwiegt der Non-REM-Schlaf. Später werden auch die REM-Perioden länger und erreichen schliesslich eine Dauer von 60 Minuten. Gegen Morgen ist die Dauer von REM-Schlaf und Non-REM-Schlaf nahezu identisch. Während eines durchschnittlichen Nachtschlafs von 8 Stunden verbringen Erwachsene etwa 6 Stunden im Non-REM- oder ruhigen Schlaf und 2 Stunden im REM- oder aktiven Schlaf.

Abb. 1 Während der Nacht durchwandert der Schlafende mehrere Zyklen von REM- und Non-REM-Schlaf

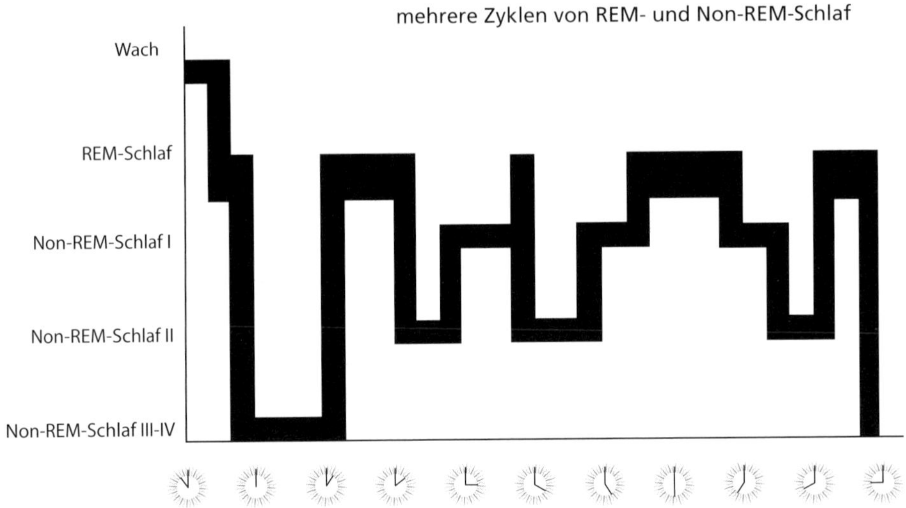

Die Funktion des REM-Schlafs

Ursprünglich meinte man, dass der REM-Schlaf lediglich dazu diene, die Lücken zwischen den Perioden des „wirklichen" (tiefen) oder Non-REM-Schlafs zu füllen. Neuere Forschungen haben jedoch ergeben, dass der REM-Schlaf viel wichtigere Funktionen hat.

Es scheint ein physiologisches Bedürfnis nach REM-Schlaf zu bestehen. Die zwei Arten von Schlaf werden von verschiedenen Gehirnregionen gesteuert. Wird bei Versuchstieren der Gehirnteil, der für den REM-Schlaf zuständig ist, entfernt, werden sie mit der Zeit schlaflos und sterben sogar. Wenn der REM-Schlaf in Experimenten mit neugeborenen Tieren durch Medikamente unterdrückt wird, treten bei den ausgewachsenen Tieren Schlaf- und Hirnstörungen auf (Dement 1972). Wird einem Menschen mehrere Nächte hindurch der Schlaf entzogen, so steigt der Anteil an REM-Schlaf in den darauffolgenden Nächten drastisch an.

Obwohl der Mensch tief zu schlafen scheint, bleibt das Gehirn in der REM-Phase hellwach. Schlafforscher beschreiben den REM-Schlaf als geistiges Training. Das Gehirn ist aktiv mit Träumen beschäftigt und der Schlafende kann sich auch daran erinnern, wenn er unmittelbar darauf aufwacht.

Betrachtet man die Entwicklung der Schlafphasen an Tieren verschiedener Entwicklungsstufen, wird der Nutzen des REM-Schlafes verständlich. Einfache Tiere zeigen vor allem Non-REM-Schlaf. Bei höher entwickelten Tieren ist das Gehirn besser ausgebildet und der Anteil an REM-Schlaf grösser. Ist REM-Schlaf nun die Ursache oder die Folge eines besser entwickelten Gehirns? Es wäre naheliegend letzteres anzunehmen, doch vermuten führende Schlafforscher, dass der Fall umgekehrt liegt: REM-Schlaf ist möglicherweise die Voraussetzung für eine Reifung des Gehirns. Diese Theorie über den Einfluss des REM-Schlafs auf das sich entwickelnde Gehirn führt zu sehr interessanten Folgerungen für das Verständnis des Schlafmusters von Babys.

REM-Schlaf und die Entwicklung des kindlichen Gehirns

In der Gebärmutter erhält der Sehsinn des Kindes viel weniger Stimulierung als die anderen Sinne. Dennoch sind die Sehbahnen des kindlichen Gehirns bei der Geburt gut entwickelt. Beim Fötus ist der Anteil an REM-Schlaf sehr hoch. Einige Forscher glauben, dass der REM-Zustand zur Selbststimulierung des sich entwickelnden Gehirns dient, indem er visuelle Bilder schafft, die die geistige Entwicklung fördern (Roffwarg 1966).

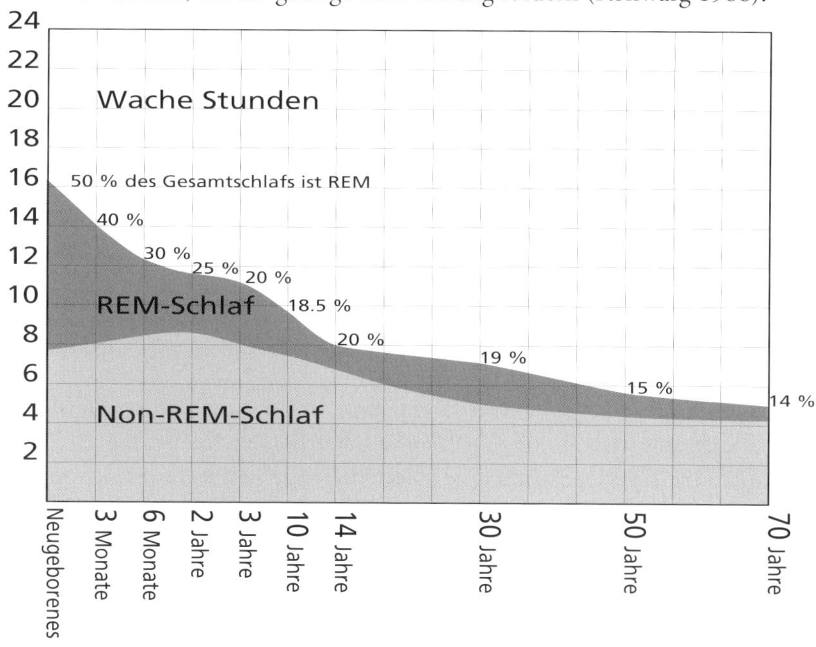

Abb. 2
Mit wachsender Reife sinkt der Bedarf an REM-Schlaf

Die Beobachtung der Schlafmuster in verschiedenen Altersstufen unterstützt diese Theorie. Je jünger das Lebewesen ist, umso höher ist der Anteil an REM-Schlaf. Beim Fötus im Frühstadium kann der REM-Schlaf nahezu 100 % betragen, beim Neugeborenen etwa 50 %, bei Zweijährigen 25 %, bei Jugendlichen und jüngeren Erwachsenen 20 % und bei älteren Personen noch 15 %. (Siehe Abb. 2) Der Lebensabschnitt, in dem der Mensch am meisten schläft und sich das Gehirn sehr rasch entwickelt, ist also auch derjenige, in dem er den grössten Anteil an REM-Schlaf benötigt. Sobald das heranwachsende Kind mehr Sinnesanregungen von aussen erhält, lässt der Bedarf an Stimulierung von innen (Zustand des REM-Schlafs) nach.

„Mein Baby schläft nicht durch!"

Babys schlafen also tatsächlich anders – und müde Eltern sollten realistische Erwartungen haben: Babys schlafen nicht „durch". Sie haben keinen Begriff von Tag und Nacht. Sie erwachen häufig, um zu trinken.
Warum? Weil sie so geschaffen sind! Ich möchte Ihnen einige Erkenntnisse darüber weitergeben, warum Babys so und nicht anders schlafen.

Babys brauchen mehr REM-Schlaf als Erwachsene

Bei Erwachsenen liegt der prozentuale Anteil an REM-Schlaf bei 20 bis 25 %, der Rest des gesamten Schlafes ist Non-REM- oder ruhiger (tiefer) Schlaf. Bei Erwachsenen beträgt der Anteil an Non-REM-Schlaf also beinahe doppelt soviel wie bei Babys. Bei Neugeborenen und bis zu drei Monate alten Kindern sind die verschiedenen Schlafphasen wie folgt aufgeteilt:

- 45 bis 50 % REM-Schlaf,
- 10 bis 15 % Übergangsschlaf,
- 35 bis 45 % Non-REM-Schlaf.

Im Alter von etwa zwei bis drei Jahren sinkt der hohe Anteil an REM-Schlaf nach und nach auf das Niveau von Erwachsenen. (Siehe Abb. 2)
Wenn Sie Ihr Kind beobachten, können Sie feststellen, wann es sich im Zustand des REM-Schlafs befindet. Seine Augen können teilweise geöffnet sein und sich synchron bewegen, der Atem ist unregelmässig. Das Gesicht zuckt, grimassiert, lächelt und sein Körper bewegt sich unruhig hin und her, wenn es seine Lage ändert.

Babys verbringen mehr Zeit im Übergangsschlaf von REM- zu Non-REM-Schlaf

In den ersten Monaten ist der prozentuale Anteil an REM-Schlaf höher, und die vier Stufen des Non-REM-Schlafes sind noch nicht richtig entwickelt. Daher ist ein Grossteil des kindlichen Schlafs Übergangs- oder unbestimmbarer Schlaf. Mit drei Monaten sind die Stufen drei und vier des Non-REM-Schlafs besser ausgebildet.

Babys haben kürzere Schlafzyklen als Erwachsene

Ein Schlafzyklus umfasst die Zeit, die benötigt wird, um einmal eine REM- und Non-REM-Phase zu durchlaufen. Erwachsene erleben pro Nacht etwa vier Schlafzyklen, welche durchschnittlich 90 Minuten dauern. (Siehe Abb. 1)
Bei Säuglingen sind die Schlafzyklen kürzer und REM-Schlaf tritt entsprechend häufiger auf – etwa alle 50 bis 60 Minuten. Ein Baby kann im gleichen Zeitabschnitt fast doppelt so viele REM-Perioden haben wie Erwachsene. Da das Aufwachen meistens während des Übergangs vom Non-REM- in den REM-Schlaf vorkommt, gibt es daher auch mehr störungsanfällige Phasen, in denen das Baby leicht erwacht.

Schläfst du?

Säuglinge schlafen anders ein als Erwachsene

Wenn Erwachsene einschlafen, kommen sie direkt in den Non-REM- oder ruhigen Schlaf, ohne erst durch eine REM-Phase zu gehen – sie können sofort „wegtreten". Säuglinge hingegen durchleben beim Einschlafen immer zuerst eine REM-Phase, die etwa 20 Minuten dauert. Darauf folgt eine Periode von Übergangsschlaf, gefolgt von ruhigem oder Non-REM-Schlaf. Wenn ein Aufwachreiz (wie störender Lärm) in diese erste REM-Phase oder auch in die Übergangsphase fällt, erwacht das Kind leicht, weil es noch nicht den Zustand des tiefen/ruhigen Schlafs erreicht hat. Dies erklärt, weshalb manche Kinder nur schwer zum Ein- und Weiterschlafen zu bringen sind oder man sie erst hinlegen kann, wenn sie tief schlafen.
Mit zunehmendem Alter lernen Kinder, sofort aus dem Wachzustand in den Zustand des ruhigen Schlafs einzutreten, ohne erst durch eine längere

Phase aktiven Schlafs zu gehen. Sie kommen rascher zur Ruhe und man kann sie zum Einschlafen auch hinlegen. Das Alter in dem dies möglich wird, ist unterschiedlich. Studien haben ergeben, dass manche Babys schon im Alter von drei Monaten den Schlaf mit einer Non-REM-Phase beginnen.
Die Tatsache, dass Neugeborene durch eine REM-Phase in den Schlaf eintreten, gibt Eltern einen wichtigen Hinweis für den Umgang mit ihrem Kind. Babys sollten von den Eltern **in den Schlaf begleitet** und nicht einfach hingelegt werden. Weil das Baby leicht aus dem REM-Schlaf hochschreckt, muss es während des ersten REM-Zustandes liebevoll betreut werden, bis es tief schläft. Genauso kann es, wenn es in einer der folgenden REM-Phasen aufwacht, durch diese Phase hindurch begleitet werden, bis es wieder in tiefen Schlaf versinkt.

Säuglinge haben keine Vorstellung von Tag und Nacht

Erwachsene assoziieren den Wachzustand normalerweise mit dem Tag und den Schlaf mit der Nacht. Sie haben dies so gelernt. Bei Säuglingen beginnt dieser Lernprozess erst mit etwa drei Monaten, wenn sie tagsüber häufiger wach sind und sich der Schlaf mehr in die Nacht verlagert. Eltern sollten ihren Lebensstil und ihre Schlafgewohnheiten entsprechend gestalten. Dies kann heissen, dass Mütter sich angewöhnen tagsüber zusammen mit dem Baby etwas Schlaf nachzuholen.

Wie Kinder schlafen lernen

„Schlafen lernen" bedeutet, leicht einzuschlafen und dann weiterzuschlafen – also eine Nacht durchzuschlafen. Das Alter, in dem dies möglich ist und auch die Stunden des ununterbrochenen Schlafes variieren stark. In Schlafstudien wird Durchschlafen als Schlafen von Mitternacht bis 5 Uhr früh definiert. Zu erwarten, dass ein Säugling von 8 Uhr abends bis 8 Uhr morgens durchschläft, ist meist völlig unrealistisch. Wenn Sie ein Kind haben, das nachts mehrere Stunden am Stück schläft, so betrachten Sie dies als Geschenk und nicht als Ihr gutes Recht.
In den ersten Monaten schlafen die meisten Babys 14 bis 18 Stunden täglich, ohne einen Unterschied zwischen Tag und Nacht zu machen. Das Schlafmuster des Babys ähnelt seinem Essensmuster: **kleine häufige Mahlzeiten und kurze häufige Schläfchen**. Die meisten Neugeborenen

schlafen selten mehr als drei bis vier Stunden, ohne für eine Mahlzeit aufzuwachen. Mit vier Monaten verkürzt sich die gesamte Schlafdauer etwas und der verbleibende Schlaf ist besser organisiert: Babys sind längere Zeit wach und die Schlafperioden sind länger und seltener. Während das Gehirn sich entwickelt und dazu fähig wird, Aufwachreize abzublocken, steigt der relative Prozentsatz an tiefem Schlaf allmählich an. Mit vier Monaten haben Kinder üblicherweise etwas Sinn dafür entwickelt, dass die Tage zum Wachen und die Nächte zum Schlafen da sind. Mit drei bis vier Monaten erfreuen manche Babys ihre Eltern damit, dass die längste Schlafperiode nun in die Nacht fällt. In einer grossangelegten Untersuchung schliefen 70 % der Kinder mit 3 Monaten durch (das heisst von Mitternacht bis 5 Uhr morgens), weitere 13 % taten dies mit 6 Monaten (Moore 1957). 10 % der Kinder schliefen während des ersten Jahres nicht durch. Auch bei der Gruppe der Kinder, die mit 6 Monaten normalerweise durchschliefen, kam es bei der Hälfte davon immer wieder vor, dass sie nachts aufwachten.

Wenn Kinder älter werden, erreichen sie eine gewisse Schlafreife. Die Gesamtheit der Schlafstunden und die Menge des aktiven Schlafs verkürzt sich, der ruhige tiefe Schlaf nimmt zu und die Schlafzyklen werden länger. Dies bedeutet weniger empfindliche Phasen, in denen Babys aufwachen können. „Guter Schlaf" kann vom Zufall abhängen: Wenn ein Aufwachreiz in die empfindliche Periode fällt, so wacht das Kind auf. Fällt er in eine Periode tiefen Schlafs, so wacht es wahrscheinlich nicht auf. Manche Babys zeigen kein verbessertes Schlafmuster, weil mit dem Älterwerden auch die Aufwachreize zunehmen können: Zahnen, Erkältungen, Ohreninfektionen und Angst vor Trennungen.

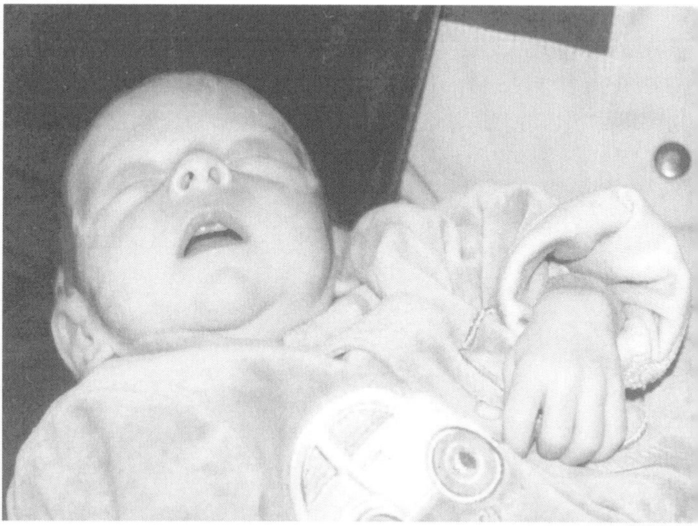

Im Arm, da kann ich schlafen

Vorteile durch das spezielle Schlafmuster

Es gibt wichtige Gründe für die unterschiedlichen Schlafmuster von Säuglingen und Erwachsenen. In den ersten Monaten sind die Bedürfnisse des Babys sehr stark, aber seine Fähigkeit, sie zum Ausdruck zu bringen, begrenzt. Nehmen wir an, das Neugeborene würde so lange im Tiefschlaf bleiben wie Erwachsene: Dann würde es möglicherweise nicht aufwachen, wenn es hungrig ist und Nahrung braucht, auch nicht wenn ihm kalt ist und es Wärme nötig hat. Es würde auch weiterschlafen, wenn seine Nase verstopft und damit seine Atmung behindert ist. Ich bin überzeugt, dass das kindliche Schlafmuster „kindlich" und „unreif" sein muss, damit das Kind das Überlebensnotwendige bekommt.

Neben dem direkten Nutzen für das Überleben eines Kindes, hat der grössere Anteil an leichtem Schlaf auch Vorteile für seine Entwicklung. Ich habe schon früher darauf hingewiesen, dass der REM-Schlaf für die Entwicklung des Gehirns wesentlich ist. Wenn also Ihr Kind nachts erwacht und sie deswegen müde und ärgerlich sind, so denken Sie daran, dass es genau das tut, was es tun muss, um sich optimal zu entwickeln und zu reifen.

Einmal erklärte ich all dies einer Mutter eines „schlecht schlafenden" Babys. Sie hörte mir interessiert zu und meinte schliesslich: „Wenn das so ist, dann muss mein Baby einmal sehr klug werden!"

Selig lächelnd

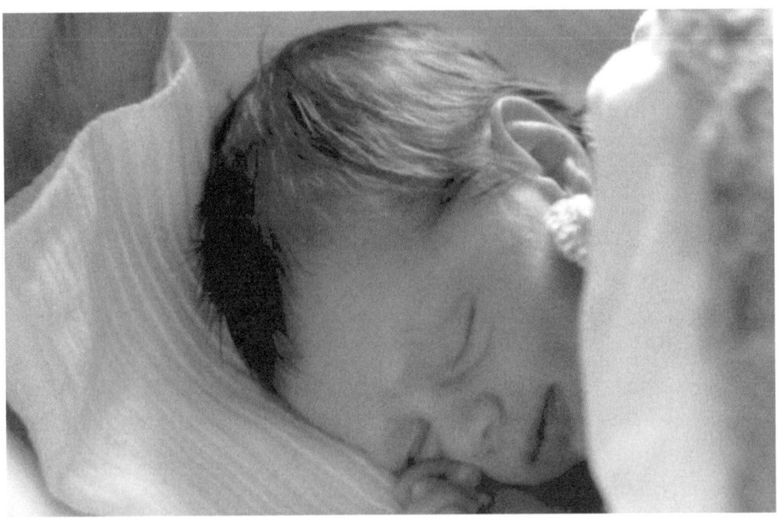

Wo soll das Kind schlafen?

3

Wo soll das Kind schlafen?

„Ist es in Ordnung, wenn das Baby in unserem Bett schläft?"
Diese Frage wird mir von jungen Eltern oft gestellt. Ich möchte gleich hier festhalten: Der „richtige" Schlafplatz für Sie und Ihr Kind ist derjenige, der für Sie richtig ist und an dem Sie alle (Mutter, Vater und Kind) am besten schlafen. Wir haben in unserer eigenen Familie mit unseren Kleinkindern gemeinsam im „Familienbett" geschlafen und ich empfehle dies auch meinen Patienten. In den meisten Familien funktioniert es gut. Für mich ist das Familienbett einer der wichtigsten Punkte in der nächtlichen Kinderbetreuung und der grösste Teil dieses Kapitel wird sich deshalb damit befassen. Eigentlich ziehe ich die Bezeichnung „gemeinsames Schlafen" vor: Während des ersten Lebensjahres teilen Mutter und Kind mehr als nur den Platz im Bett – sie haben auch einen gemeinsamen Schlafrhythmus.

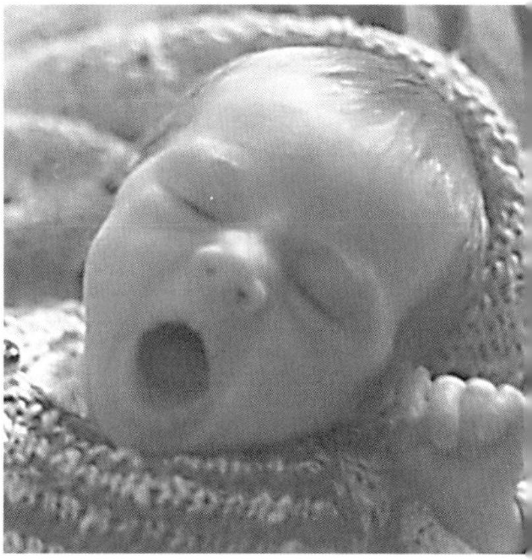

Das gemeinsame Schlafen kann für jede Familie etwas anderes bedeuten: Vielleicht schläft das Baby im selben Bett, oder auch in einem Beistellbettchen, einem direkt an das Elternbett gerückten Gitterbett (Babybalkon). Wenn das Kind schon etwas älter ist, liegt es vielleicht auf einer Matratze neben dem Bett. Für viele Familien bedeutet das gemeinsame Schlafen eine Kombination all dieser Möglichkeiten.
Das gemeinsame Schlafen ist mehr als nur eine von verschiedenen, gleichwertigen Möglichkeiten. Sie zeigen damit, dass Sie Ihr Kind als kleinen Menschen mit eigenen Bedürfnissen ernst nehmen. Ihr Neugeborenes verlässt sich darauf, dass Sie in der Nacht genauso für es da sind wie tagsüber. Das gemeinsame Schlafen setzt weiter voraus, dass Sie sich auf Ihre eigene Intuition verlassen und nicht fraglos die Normen der Gesellschaft übernehmen. Wenn Sie die starken Bedürfnisse Ihres Babys anerkennen, wird es für Sie klar werden, dass es weder mit Verwöhnung, noch mit Manipulation durch das Kind zu tun hat, wenn es bei Ihnen schlafen darf.

Vorteile des gemeinsamen Schlafens

Kinder schlafen besser

Das gemeinsame Schlafen hilft dem Kind, sein Schlafmuster zu finden. Im vorhergehenden Kapitel haben Sie gelesen, dass Babys besonders sensible Phasen haben, in denen sie aus dem ruhigen Schlaf in den aktiven Schlaf gleiten und dabei leicht aufwachen. Dies kann bis zu einmal pro Stunde auftreten. Das gemeinsame Schlafen mit einer vertrauten und verlässlichen Person erleichtert den Übergang von einer Schlafphase zur anderen und gibt dem Kind Sicherheit. Sie kann ihm helfen, sich zu beruhigen, bevor es ganz wach ist. Bei älteren Kindern können vertraute Dinge wie eine Lieblingspuppe, der Teddybär oder die alte Wolldecke den Übergang von einem Schlafzustand in den anderen erleichtern. Ein Neugeborenes braucht dazu jedoch eine **Bezugsperson**, normalerweise die Mutter.

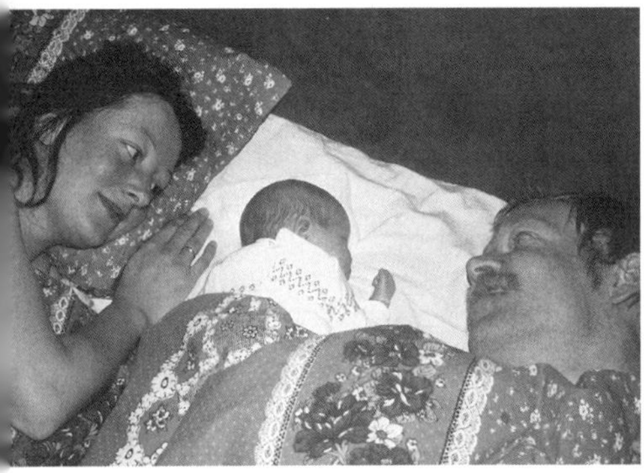

Mittendrin dabei

Für ein kleines Baby existiert die Mutter faktisch nicht mehr, wenn es sie nicht mehr sehen oder fühlen kann. Es hat noch keine „Objektpermanenz" entwickelt, das heisst, es kann sich noch nicht vorstellen, dass die Mutter auch da ist, wenn es sie nicht sieht. Diese Fähigkeit erwerben Kleinkinder meist erst im zweiten Lebensjahr. Gemeinsames Schlafen gibt dem Baby die Gewissheit, dass es von seiner Mutter nicht verlassen worden ist.

Das Neugeborene hat bereits neun Monate vor der Geburt in engstem Kontakt mit seiner Mutter geschlafen. Es hat sich an ihre Atembewegungen, ihren Herzschlag und ihre Wärme gewöhnt. Das sollte sich nicht plötzlich nach der Geburt ändern.

Ich erinnere mich, wie ich jeweils morgens aufwachte und das zufriedene Gesicht unserer neun Monate alten, schlafenden Tochter anschaute. Ich erkannte genau, wann sie vom tiefen Schlaf in den leichten Schlaf wechselte. In dieser Übergangsphase streckte sie häufig eine Hand nach mir oder ihrer Mutter aus. Sobald sie uns spüren konnte, zeigte sich ein seliger „Alles in Ordnung"-Ausdruck auf ihrem Gesicht und sie schlief weiter, ohne die Augen zu öffnen. Sie wurde aber in der gleichen Phase häufig wach, wenn sie niemanden von uns berühren konnte.

Warum schläft mein Kind nicht durch?

Unsere drei Monate alte Tochter schlief noch nie durch. Zuerst machte ich mir noch keine Gedanken, weil ich gelesen hatte, mit drei Monaten würde es besser. Ich bringe sie etwa um acht Uhr zu Bett, dann erwacht sie alle zwei Stunden. Ich gehe in ihr Zimmer, stille sie, lege sie wieder ins Bett und manchmal erwacht sie schon nach ein paar Minuten wieder. Die ganze Nacht geht es bei mir auf und ab, auf und ab ... wie mit einem Jojo. Mein Mann schläft im Nebenzimmer auf dem Sofa und unsere Beziehung ist wirklich belastet, zumindest nachts. Alle meine Freundinnen haben Kinder, die durchschlafen. Mache ich etwas falsch?

Es stimmt, dass das Schlafmuster bei vielen Kindern um den dritten oder vierten Lebensmonat geordneter wird und sie ihren Eltern in der Nacht längere Zeiten ungestörten Schlafes gönnen. Ihr Baby scheint noch nicht so weit zu sein. Das hat nichts damit zu tun, dass Sie etwas falsch machen, wahrscheinlich werden Sie den Grund dafür nie herausfinden. Die wichtige Frage ist hier nicht, warum dieses Problem besteht, sondern wie Sie damit umgehen. Ihr Kind möchte Ihnen sagen: „Ich kann nicht allein schlafen." Nehmen Sie es zu sich ins Bett – entweder gleich von Anfang an oder wenn es zum ersten Mal aufwacht. Indem Sie gemeinsam mit ihm schlafen und ihm so die nötige Sicherheit geben, können sich Ihre beiden Schlafzyklen aufeinander einstellen. Ihre Tochter wird wahrscheinlich seltener aufwachen und dies wird auch vorwiegend dann geschehen, wenn Sie sich ebenfalls im leichten Schlaf befinden. So werden Sie nicht mehr dauernd aus tiefem, ruhigem Schlaf gerissen – was nämlich tatsächlich die Ursache Ihrer Müdigkeit ist! Wenn Ihr Kind weiterhin häufige Stillmahlzeiten in der Nacht nötig hat, werden Sie feststellen, dass Sie mit der Zeit dafür nicht einmal mehr richtig wach werden müssen. Es kann ein paar Wochen dauern, bis sich die ganze Familie an diese neue Art zu schlafen gewöhnt hat.

Das Problem zu lösen ist auch hier schwieriger, als es von vornherein gar nicht entstehen zu lassen.

Mütter schlafen besser

Es mag Sie überraschen, aber nicht nur das Baby schläft im Familienbett besser, sondern auch die Eltern. Dies trifft zumindest fast immer auf die Mutter zu. Es ist nicht nur das Kind, das nachts mit Trennungsangst reagiert, sondern auch die Mutter. Sie liegt häufig wach, ist unruhig und fragt sich, ob mit dem Baby alles in Ordnung ist. Je weiter entfernt sie von ihm ist, desto schwieriger ist es für sie.

Tagsüber in Harmonie mit dem Kind zu leben, ist ein wichtiger Teil des *Attachment Parenting*. Gemeinsames Schlafen macht es möglich, diese Harmonie auch nachts weiter zu führen. Die körperliche Nähe führt zu gemeinsamen Schlafzyklen von Mutter und Kind; ihre inneren Uhren gehen im gleichen Rhythmus. Wenn das Kind während einer anfälligen Übergangsphase aufwacht, ist wahrscheinlich auch die Mutter im leichteren Schlaf. Sie kann das Baby beruhigen, ohne dass ihr eigener Schlafzyklus wesentlich gestört wird. Es mag einige Zeit dauern, bis diese Schlafharmonie hergestellt ist, wenn es aber soweit ist, berichten Mütter, dass sie sich morgens trotz mehrerer nächtlicher Stillmahlzeiten ausgeruht fühlen. Mütter müssen zuerst lernen, wie ihre Neugeborenen zu schlafen, damit diese später von ihnen lernen können, wie Erwachsene zu schlafen.

Das gemeinsame Schlafen trägt dazu bei, die inneren Uhren von Mutter und Kind in einen gleichen Rhythmus zu bringen

Wenn keine Schlafharmonie besteht, wird die nächtliche Kinderbetreuung zur widerwillig ausgeführten Pflicht. Wer regelmässig aus tiefstem Schlaf gerissen wird, um ein hungriges, schreiendes Kind zu versorgen, findet mit Sicherheit nichts Schönes an dieser Situation. Längerfristig führt dies zu erschöpften, frustrierten Eltern und Kindern.

Stillen ist einfacher

Wenn die Schlafzyklen von Mutter und Kind aufeinander abgestimmt sind, ist das nächtliche Stillen weniger ermüdend. Die meisten Mütter finden es viel einfacher, sich im Bett umzudrehen und das Baby anzulegen, als aufzustehen, in ein anderes Zimmer zu gehen, Licht zu machen, das schreiende Kind hochzunehmen, einen Stuhl zu finden und schliesslich das Kind zu stillen. Ausserdem sind nach dieser Prozedur sicher alle Beteiligten hellwach, während beim Stillen im Familienbett niemand ganz wach werden muss.

Die Harmonie, die bei einem gemeinsam schlafenden Stillpaar entsteht, wird deutlich an einer Erfahrung, die viele Mütter machen: Sie stellen fest, dass sie ungefähr 30 Sekunden bevor ihr Kind unruhig wird, aus einem leichten Schlaf aufwachen. So sind sie schon bereit, wenn das Baby die Brust zu suchen beginnt. Es braucht nicht ganz wach zu werden und kann unmittelbar nach dem Stillen wieder in tiefen Schlaf zurück gleiten.

Ich habe es gern bequem

Wir haben drei Kinder und ich brauche in der Nacht meinen Schlaf. Die nächtliche Kinderbetreuung muss also möglichst einfach und bequem sein. Je schneller und sicherer ich die Bedürfnisse meines Kindes befriedigen und selber wieder einschlafen kann, desto besser. Deswegen nahmen wir unseren kleinen Sohn in unser Bett. So war ich sofort bei ihm und konnte ihn stillen, bevor er richtig wach wurde und zu schreien anfing. Auf diese Art beruhigte er sich viel schneller wieder und schlief weiter, genau wie ich auch. Als er älter (und ein richtiger Zappelphilipp) wurde, legten wir eine Matratze neben unser Bett auf den Boden. Ich stillte ihn zum Einschlafen auf dieser Matratze. Wenn er nachts aufwachte, legte ich mich zum Stillen zu ihm hinunter und ging danach wieder in mein Bett.

Der Prolaktinspiegel wird erhöht

Prolaktin wird auch als das „Mütterlichkeitshormon“ bezeichnet und bildet vielleicht die chemische Grundlage für die mütterliche Intuition. Folgende drei Bedingungen lassen den Prolaktinspiegel steigen: Schlafen, Stillen und Körperkontakt oder ganz einfach Zusammensein mit dem Baby (Klaus und Kennell 1976). Beim gemeinsamen Schlafen sind alle drei Bedingun-

gen erfüllt. Die Prolaktinausschüttung wird unabhängig von der Tageszeit beim Schlafen stimuliert, also auch bei einem Mittagsschlaf.
Mütterliches „Brutpflegeverhalten" stimuliert sich selbst – das heisst, je mehr es sich eine Mutter gestattet, ihrer Intuition zu folgen, das Kind zu stillen, Körperkontakt zu haben, gemeinsam zu schlafen, desto leichter und angenehmer wird alles für sie. Ich habe bei Müttern, die gemeinsam mit ihren Babys schlafen – insbesondere bei Müttern von Babys mit starken Bedürfnissen – ein interessantes Phänomen beobachtet. Diese Frauen berichten mir oft, dass sie mit der Zeit weniger Schlaf zu brauchen scheinen und trotzdem ausgeruht sind – und dies obwohl ihre Kinder nicht seltener zum Stillen erwachen. Die Akzeptanz für das Schlafverhalten des Babys wird anscheinend gleichzeitig erhöht. Ich frage mich, ob die grössere Menge an Prolaktin (das ich auch das „Durchhaltehormon" nenne) dafür verantwortlich ist, dass die nächtlichen Bedürfnisse des Kindes besser toleriert werden. Einige Forscher vermuten, dass Prolaktin auch für die Übereinstimmung der Schlafzyklen und der Gehirnwellenmuster bei Müttern und Säuglingen verantwortlich sein könnte (International Childbirth Education Association 1969). Ein höherer Prolaktinspiegel kann also dazu beitragen, Schlafharmonie zu erreichen.

Friedliche Nächte

Ich habe gerade mein drittes Kind bekommen und es wird mir jetzt richtig bewusst, wie wunderbar das Familienbett ist: Es ist für mich so viel leichter zu genügend Schlaf zu kommen, wenn das Baby direkt neben mir liegt. Schon drei Stunden nach der Geburt nahm ich meinen Sohn zu mir ins Bett. Der Körperkontakt entspannte ihn völlig und er schlief fünf Stunden am Stück. Ich schlief nur zwei Stunden, weil ich nach der Geburt richtig euphorisch war und ihn ständig anschauen musste. Jetzt ist er sechs Wochen alt und schläft immer bei mir. Er hat regelmässig eine Phase, in der er fünf bis sechs Stunden am Stück schläft. Er schreit nachts nie, weil ich seine Unruhe sofort bemerke und ihn stille. Manchmal lege ich auch meine Hand auf seinen Bauch, damit er sich entspannt und wieder einschläft.
Meine Grosseltern hatten zehn Kinder und ich habe kürzlich erfahren, dass nach einer Geburt meine Grossmutter jeweils beim Neugeborenen geschlafen hat, während das Zweitjüngste bei meinem Grossvater im Bett schlief.

Mehr Körperkontakt durch gemeinsames Schlafen

Die Haut ist das grösste Organ des menschlichen Körpers und die Stimulation durch ausreichenden Körperkontakt oder auch ein Mangel daran, ist für die Entwicklung des Babys von grösster Bedeutung. In seinem Buch *Körperkontakt* (1978) beschreibt Dr. Ashley Montagu überzeugend, wie eminent wichtig die taktile Stimulation für den Säugling in jeder Hinsicht ist – körperlich, seelisch und geistig. Durch das gemeinsame Schlafen mit ihren Eltern bekommen Säuglinge eine Extraportion an Körperkontakt. Ich vermute, dass diese Kinder langfristig besser gedeihen. Müttern von schlecht zunehmenden Kindern wurde schon von jeher empfohlen, zusammen mit dem Baby ins Bett zu liegen und zu stillen. Was die grössere Rolle spielt – die zusätzliche Nahrung oder der zusätzliche Körperkontakt – lässt sich schwer feststellen. Ich vermute, dass die Kombination beider Faktoren wichtig ist!

Auch ältere Kinder schlafen besser

In meiner Umfrage über Schlafprobleme berichteten die meisten Eltern, dass ihre Kinder im Familienbett besser schlafen. Sie erwachen seltener, haben weniger Albträume oder andere nächtliche Probleme. Das gemeinsame Schlafen hilft Kindern, eine gesunde Einstellung zum Schlaf zu entwickeln. Sie lernen, dass der Schlaf angenehm und mit Nähe und Körperkontakt verbunden ist. Es gibt ihnen Sicherheit und Stärke, dass die Liebe und Nähe, die sie tagsüber von den Eltern erfahren, auch in der Nacht spürbar ist. Kinder, die allein schlafen müssen (wenn sie dies eigentlich nicht wollen), wachsen oft mit dem Gefühl auf, dass der Schlaf etwas Unangenehmes, eine Zeit der Angst und Trennung ist. Eine Mutter erzählte mir, sie habe heute noch häufig Albträume und erinnere sich immer noch an die Angst, die sie als Kind vor dem Schlafen hatte. Aus diesem Grund nehme sie ihre eigene Tochter gerne zu sich ins Bett, um ihr diese Ängste zu ersparen.

So macht Schlafen Spass

Es ist weder abnormal noch ungewöhnlich, wenn ältere Kinder bei ihren Eltern schlafen, es ist nur in unserer Kultur nicht üblich. Eine Mutter erzählte mir: „Wenn unser fünfjähriges Kind die Nacht bei uns verbringen will, nehmen wir an, dass es durch irgendetwas beunruhigt ist und lassen es in unser Bett schlüpfen." Es kommt häufig vor und ist ganz normal, wenn Kinder immer wieder einmal im Elternschlafzimmer auftauchen, um Geborgenheit und Nähe zu suchen und zu tanken.
Wenn Sie Ihr Kind *gerne* im Familienbett aufnehmen (anstatt es ihm lediglich zu „erlauben"), zeigt ihm dies, dass es für Sie etwas Besonderes ist und dass Sie es nachts genauso lieb haben wie tagsüber. Deshalb trägt das gemeinsame Schlafen dazu bei, dass Ihr Kind sich geschätzt und innerlich „richtig" fühlt. Es wird sich in der Regel auch gegen aussen dementsprechend verhalten. Das gemeinsame Schlafen ist besonders wohltuend, wenn Sie und Ihr Kind einen dieser Tage erlebt haben, wo alles schief läuft und Sie einander nicht nahe kommen konnten. Ein friedliches Gute-Nacht-Ritual und gemeinsames Schlafen hilft Ihnen beiden wieder ins Lot zu kommen.

Am Gitter rütteln

Mehrmals pro Nacht weckt uns unser zweijähriger Sohn. Wenn ich zu ihm ins Zimmer komme, steht er in seinem Gitterbett und rüttelt an den Gitterstäben. Manchmal schafft er es sogar, darüber zu klettern und auf dem Boden zu landen. Er lässt sich nicht ohne heftigen Protest wieder in sein Bett bringen. In dieser Situation werden wir beide wütend und natürlich hellwach.

Wenn Sie für die Signale Ihres Sohnes hellhörig sind, so wird es Ihnen bestimmt klar, dass er an seinem Gitterbett rüttelt, weil er nicht eingesperrt sein möchte. Er will nicht in einem Käfig sein oder zumindest nicht allein. Es mag lächerlich klingen – aber Sie haben in dieser Situation zwei Möglichkeiten: Entweder schlafen Sie mit ihm im Gitterbett (aber meines Wissens werden solche nicht in entsprechender Grösse hergestellt!) oder Sie nehmen ihn aus seinem Gitterbett heraus.
Manche Zweijährige sind schon so weit, dass sie in einem eigenen Bett schlafen können. Falls Ihr Sohn unruhig schläft und Sie befürchten, dass er aus dem Bett fallen könnte, legen Sie einfach eine Matratze auf den Boden, damit er sich nicht verletzen kann. Falls diese Änderung nicht

hilft, könnte das eigentliche Anliegen Ihres Sohnes sein, nicht allein schlafen zu müssen. In diesem Fall nehmen Sie ihn zu sich ins Bett, oder bringen Sie seine Matratze oder sein Gitterbett in Ihr Zimmer. Finden Sie selbst heraus, welche Lösung für Sie richtig ist und Ihnen allen zu gutem Schlaf verhilft.

Rütteln macht Spass!

Manche Ratgeber werden Ihnen vielleicht empfehlen, ein Netz über das Gitterbett zu spannen oder das Kind in eine spezielle Decke zu stecken, damit es nicht herausklettern kann. Tun Sie dies nicht! Dadurch wird das Gitterbett noch viel Angst erregender und das Problem nicht gelöst.

Wenn Sie darauf bestehen, dass Ihr Kind im Gitterbett bleibt, auch wenn es Ihnen deutlich mitteilt, dass es nicht allein dort schlafen kann, führt dies meistens zu einem endlosen nächtlichen Machtkampf, bei dem niemand gewinnen kann. Versetzen Sie sich für einen Augenblick an seine Stelle: Möchten Sie wirklich in einem dunklen, einsamen Zimmer aufwachen, eingesperrt hinter Gitterstäben oder in einer Decke, die ein Entkommen unmöglich macht?

Auch Väter schlafen besser

Es klingt vielleicht überraschend, aber auch für Väter hat das Familienbett Vorteile. Nachdem sie sich daran gewöhnt haben, berichten viele Väter, dass sie sich mit ihren Babys inniger verbunden fühlen. (Vatergefühle in Bezug auf die nächtliche Kinderbetreuung werden in Kapitel 6 ausführlich besprochen.)

Familienplanung – ganz natürlich

Ich erwähnte einmal dem Vater einer grossen Familie gegenüber, dass der Abstand zwischen den Geburten normalerweise grösser ist, wenn Mütter und Babys gemeinsam schlafen. „Natürlich," meinte er, „die Mutter ist zu müde, um noch etwas anderes zu tun, als zu schlafen." Dies ist aber nicht der wirkliche Grund dafür. Die meisten Studien zeigen, dass das Stillen bei etwa 98 % aller Frauen in den ersten sechs Monaten eine Empfängnis verhindert – vorausgesetzt, dass man sich an die Spielregeln hält! Diese lauten so:

Stillen verhütet mit hoher Zuverlässigkeit eine Empfängnis, wenn eine Frau die folgenden drei Fragen mit Nein beantworten kann:

1. Hat die Menstruation bereits wieder eingesetzt?
2. Wird bereits zugefüttert oder gibt es längere Stillpausen tagsüber (mehr als vier Stunden) oder nachts (mehr als sechs Stunden)?
3. Ist das Kind älter als sechs Monate?

Beachten Sie die Bedeutung des nächtlichen Stillens. Als empfängnisverhütende Massnahme ist es am wirksamsten, wenn Mutter und Kind gemeinsam schlafen. In diesem Fall und bei häufigem nächtlichem Stillen dauert die unfruchtbare Phase normalerweise länger als sechs Monate. (Mehr zu diesem Thema finden Sie in Kapitel 10.)

Das gemeinsame Schlafen hat langfristige Wirkung

Trägt das gemeinsame Schlafen mit dem Baby dazu bei, aus ihm ein aufgeweckteres und glücklicheres Kind zu machen? Natürlich gibt es im Leben eines Kindes viele Faktoren, die eine Rolle spielen. Psychologen sind sich darüber einig, dass Quantität und Qualität der mütterlichen Betreuung einen wesentlichen Einfluss auf die emotionale und intellektuelle Entwicklung des Kindes haben. Also wirkt es sich aus, wenn *Attachment Parenting* nicht nur am Tag, sondern auch in der Nacht gelebt wird.

Eine direkte Folge davon ist die Qualität von menschlichen Beziehungen und Bindungen. Psychologinnen und Eheberater berichten, dass eines der häufigsten Probleme der heutigen Jugendlichen und Erwachsenen darin besteht, dass sie Schwierigkeiten damit haben, eine wirklich dauerhafte, enge Beziehung zu einem anderen Menschen einzugehen: Teddybären, Babyfläschchen und andere Ersatzprodukte haben dazu beigetragen, eine Generation von Menschen heranzuziehen, die vor allem an Materielles gebunden ist. Durch gemeinsames Schlafen lernt ein Kind, sich im Kontakt mit Menschen wohl zu fühlen; es werden nicht Menschen durch Dinge ersetzt. Wenn das Bedürfnis nach Vertrautheit und Nähe zu einem Menschen in der Kindheit nicht befriedigt wird, verschwindet es nicht einfach. Es wird später in irgendeiner Form wieder auftauchen. Fachleute führen auch gewisse Ängste und Schlafprobleme bei Erwachsenen auf unbefriedigend gelöste Schlafprobleme während der Kindheit zurück.

Schlafend vor der Tür

Manchmal finden wir morgens unser Zweijähriges schlafend vor unserer Schlafzimmertür auf dem Fussboden.

Die Lösung ist sehr einfach: Öffnen Sie die Tür und lassen Sie Ihr Kind herein. Normalerweise erlangen Kinder mit etwas 18 Monaten die so genannte „Objektpermanenz“: Auch wenn sie bekannte Dinge (hier ihre Eltern) nicht sehen können, wissen sie, dass es sie gibt und wo sie zu finden sind. In dieser Situation teilt Ihnen Ihr Kind deutlich mit, dass es nicht allein schlafen kann oder will; es ist aber nicht hartnäckig genug, um mitten in der Nacht bei Ihnen herein zu platzen. Zeigen Sie Verständnis für diesen ziemlich eindeutigen Hinweis Ihres Kindes.

Ein Dankeschön für die Erinnerungen

Eines der wertvollsten Geschenke, das Sie Ihrem Kind machen können, ist die lebendige Erinnerung an glückliche Beziehungen in seiner Kindheit. Wie schön ist es für ein Kind, sich daran zu erinnern, wie es in den Armen seines Vaters oder seiner Mutter einschlief oder wie es morgens beim Aufwachen umgeben war von Menschen, die es liebte, anstatt in einem einsamen Zimmer alleine aufwachen zu müssen. Ich werde immer daran denken, wie glücklich unsere Kinder beim Aufwachen waren – dieser Ausdruck auf dem Gesicht eines Babys, der ohne Worte seine Dankbarkeit dafür zeigt, dass es bei seinen Eltern sein darf! Kindheitserinnerungen halten ein ganzes Leben lang.

Erinnerungen an eine Kindheit

Ein achtzigjähriger Stammeshäuptling aus Ostafrika erzählte Folgendes: „Die Erinnerungen an meine ersten Lebensjahre hängen untrennbar mit meiner Mutter zusammen. Am Anfang war sie immer da; ich erinnere mich an das tröstliche Gefühl ihrer körperlichen Nähe, wenn sie mich auf dem Rücken trug und an den Geruch ihrer Haut in der Sommerhitze. Alles kam von ihr. Wenn ich hungrig oder durstig war, hob sie mich nach vorne zu ihren vollen Brüsten. Wenn ich die Augen schliesse, kann ich noch jetzt mit Dankbarkeit das Wohlbehagen fühlen, das mich durchdrang, wenn ich meinen Kopf an ihrer weichen Fülle barg und ihre süsse Milch trank. Nachts, wenn die Sonne nicht mehr da war, wärmte sie mich mit ihren Armen und ihrem Körper. Als ich älter wurde und ich mich für meine Umgebung zu interessieren begann, konnte ich dies ohne Angst von meinem sicheren Platz an ihrem Rücken aus tun. Wenn ich müde wurde, brauchte ich nur die Augen zu schliessen." (Montagu 1978)

Warum Eltern zögern

Trotz der vielen Vorteile sind manche Eltern unsicher, ob sie wirklich das gemeinsame Schlafen zu einem Teil ihres Erziehungsstils machen wollen. Wenn Sie immer noch Zweifel haben, können Ihnen die folgenden Informationen vielleicht helfen.

Kulturell bedingte Vorurteile

Ist das gemeinsame Schlafen mit Kindern nicht ein ganz ungewöhnlicher Brauch? Was werden die Leute sagen?

In den meisten Kulturen der Welt ist das gemeinsame Schlafen von Eltern und Kindern üblich. Es war auch in der westlichen Welt ganz normal – bis im 20. Jahrhundert die Mütter das Vertrauen in ihre eigene Intuition verloren haben und den Ratschlägen einflussreicher, aber irregeleiteter „Experten" zu folgen begannen. (Lesen Sie hierzu auch den Anhang.)

Möglichst nahe sein

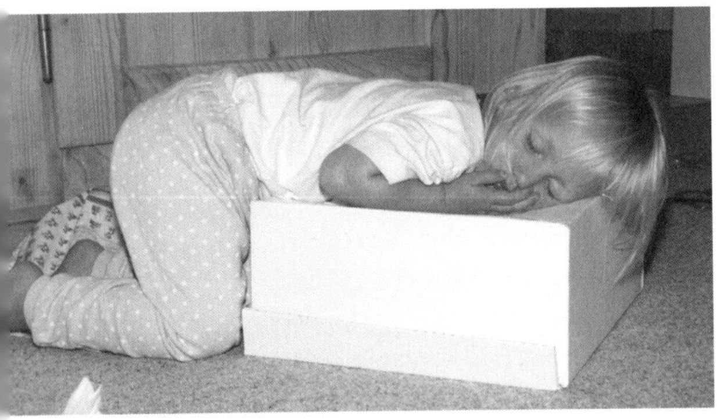

Selbst heute noch schlafen manche Mütter zwar bei ihren Babys, wagen es aber nicht, dies ihrem Arzt/ihrer Ärztin oder den Grosseltern zu sagen.

Wenn Sie wissen wollen, wie verbreitet das gemeinsame Schlafen immer noch ist, machen Sie folgenden Versuch: Vertrauen Sie in einer Gruppe von jungen Müttern einer davon an, dass Ihr Baby bei Ihnen schläft. Mit grosser Wahrscheinlichkeit wird sich diese zuerst vergewissern, dass niemand zuhört und Ihnen dann ebenso vertraulich zuflüstern: „Mein Baby auch, aber sagen Sie es bitte niemandem."

Diese Mütter folgen zwar ihrer Intuition, müssen sich aber wegen lächerlicher gesellschaftlicher Tabus dabei gehemmt und unwohl fühlen. In einer

Umfrage versuchte ich die wirklichen Gefühle von Müttern, die in Bezug auf das gemeinsame Schlafen hin- und hergerissen waren, herauszufinden. Die meisten Mütter gestehen: „In meinem Innersten fühle ich, dass das gemeinsame Schlafen richtig ist, aber es sind so viele Leute dagegen, dass es mir dabei einfach trotzdem nicht wohl ist."

Liebe Mütter, Sie brauchen sich keine Sorgen mehr zu machen. Sie sind in der Überzahl! Meiner eigenen Umfrage gemäss schlafen drei von vier Müttern lieber gemeinsam mit ihren Babys. Seit dem ersten Erscheinen dieses Buches ist das gemeinsame Schlafen wieder populärer geworden. (Vielleicht ist es aber auch so, dass Eltern heute eher zuzugeben wagen, dass ihre Babys bei ihnen schlafen?!) In einer Studie über zwei- und dreijährige Kinder, gaben die meisten Eltern an, dass ihre Kinder häufig oder zumindest gelegentlich einen Teil der Nacht oder die ganze Nacht bei ihnen schlafen (Madansky und Edelbrock 1990). Es stimmt also nicht, dass das gemeinsame Schlafen nur von einer Randgruppe oder von Fanatikern praktiziert wird. Studien zeigen vielmehr, dass bis zu 80 % der Mütter mit höherem Bildungsniveau und aus guten ökonomischen Verhältnissen ihre Kinder stillen – und stillende Mütter sind wiederum diejenigen, die am ehesten geneigt sind, gemeinsam mit ihren Kindern zu schlafen.

Ratschläge von Fachleuten

Ein weiteres Hindernis für das gemeinsame Schlafen sind Ratschläge von Fachleuten: „Mein Arzt sagt mir, ich solle unser Baby nicht in unserem Bett schlafen lassen." Eltern sollten ihren Arzt nicht um Erlaubnis bitten müssen, bevor sie ihr Kind zu sich ins Bett nehmen und der Arzt sollte auf eine entsprechende Frage auch kein einfaches „Ja" oder „Nein" als Antwort geben. Diese Art von Ratschlägen ist ein Überbleibsel aus der Zeit als einer Expertenmeinung grundsätzlich mehr Gewicht gegeben wurde, als der eigenen Intuition. Mütter bringen ihren Arzt/ihre Ärztin in Verlegenheit, wenn sie ihn/sie danach fragen, wo ihr Baby schlafen soll. Ärzte werden in der Diagnose und Behandlung von Krankheiten ausgebildet und nicht in der Beurteilung verschiedener Erziehungsstile. **Die Frage, wo ein Baby schlafen sollte, ist nicht medizinischer Art und es gibt darauf keine medizinische Antwort.** Glücklicherweise sind Ärzte heute meist flexibler und weniger autoritär. Es ist wichtig, dass Sie bei der Wahl eines Arztes/einer Ärztin Gewicht darauf legen, dass er/sie ihre Art von Erziehungsstil

unterstützt oder zumindest nicht dagegen ist. Wenn es um die Beziehung zu Ihrem Kind geht, ist Ihre Intuition auf jeden Fall stärker zu gewichten als die Meinung irgendeiner anderen Person. Diese hat schliesslich keine biologische Bindung an Ihr Kind.
Viele neue Mütter fühlen sich unsicher, wenn es darum geht, ihrer Intuition zu folgen; sie glauben, überhaupt keine zu haben. Ein Grund für das mangelnde Selbstvertrauen in der heutigen Zeit ist bestimmt, dass es häufig keine diesbezüglichen Rollenvorbilder mehr gibt – weder in der älteren Generation noch bei gleichaltrigen Eltern. Fragen Sie eine erfahrene Mutter, wenn Sie einen guten Rat brauchen. Meiner Meinung nach am besten eine Mutter aus der La Leche Liga.

Wird das Kind „abhängig"?

Bestimmt haben Sie folgende Bedenken schon oft gehört: „Aber dem Kind wird dies gefallen, es wird sich daran gewöhnen, abhängig davon werden und Ihr Bett nie mehr verlassen wollen." Ja, natürlich wird es dem Kind gefallen! Steht irgendwo geschrieben, dass der Schlafplatz einem Kind nicht gefallen darf? Ja, es wird vielleicht vorübergehend „abhängig" werden und Ihr Bett nicht verlassen wollen. Dies ist nichts als natürlich – warum sollte es den Platz neben einer geliebten Person, den Platz, der seinem Alter und seiner Entwicklung entspricht, freiwillig aufgeben wollen?
Sie fördern aber nicht „Abhängigkeit" wenn Sie gemeinsam mit Ihrem Kind schlafen. Sie antworten lediglich auf ein elementares Bedürfnis und lehren es Vertrauen zu haben. Ihr Kind wird später nicht weniger unabhängig sein, wenn es jetzt bei Ihnen schlafen darf – im Gegenteil: Meiner Erfahrung nach werden Kinder, die im Familienbett willkommen waren, später unabhängiger und selbstbewusster. Sie werden *dann* unabhängig, wenn sie die entsprechende Reife haben. Unabhängigkeit ist nicht an und für

Beides ist möglich

sich ein Ziel der Kindererziehung in diesem Alter. Eltern können ihren Kindern nicht Unabhängigkeit antrainieren, vielmehr sollten sie ihnen eine sichere und liebevolle Umgebung bieten, die ihnen erlaubt ein gutes Selbstwertgefühl zu entwickeln, um damit auf ganz natürliche Art zur richtigen Zeit unabhängig zu werden.

Dies führt uns zurück zum schon erwähnten Begriff des Entwöhnens. Wenn ein Kind erst dann entwöhnt wird – von der Brust oder auch vom Elternbett – wenn dies seiner Reifung entspricht, führt dies nicht zu ungesunder Abhängigkeit, sondern zur nötigen Befriedigung elementarer Bedürfnisse und damit zu einem natürlichen Abschluss eines wichtigen Entwicklungsschrittes. Bei den Eltern zu schlafen ist Teil einer natürlichen Abfolge – vom Mutterbauch zur Mutterbrust und zu Mutters Bett. Ein Kind, das einen dieser sicheren Orte verlassen muss, bevor es dafür reif ist, kann Probleme bekommen. Dazu gehören aggressives Verhalten, Zorn, Wutanfälle, bis zu Depressionen und einer negativen Grundeinstellung. Es ist wichtig, dass Sie Ihr Kind unter Bedingungen heranwachsen lassen, die für Sie beide richtig sind und sich nicht von vorgegebenen Zeitplänen von „Experten" der Kindererziehung unter Druck setzen lassen.

Am Abend, an dem ich aus dem Krankenhaus entlassen wurde, brachte ich es einfach nicht fertig, meine winzige, hilflose Tochter in ihr neues Gitterbett schlafen zu legen. Stattdessen nahmen wir sie zu uns in die Geborgenheit und Wärme des Elternbettes. Sobald sie weinte, nahm ich sie und stillte sie. Mit der Zeit war sie so zu sagen Tag und Nacht an meiner Brust, aber dies störte mich nicht; es machte mir Freude, sie ständig bei mir zu haben und damit jedes Bedürfnis dieses hilflosen Geschöpfes befriedigen zu können. Viele Leute bemerken, wie glücklich und zufrieden unser Baby wirkt. Ich bin überzeugt, dass dies zwei wichtige Gründe hat: das Stillen nach Bedarf und das gemeinsame Schlafen.

Ich hatte zwiespältige Gefühle gehabt, ob das Baby bei uns schlafen sollte, bis mein Kinderarzt sagte: „Tun Sie, was Ihnen richtig scheint." Dies entlastete mich und ich konnte das gemeinsame Schlafen mit dem Baby geniessen.

„Wann wird es unser Bett wieder verlassen?"

Die Beziehung zu Ihrem Kind ist so wichtig, dass Uhr und Kalender hier nichts verloren haben. Setzen Sie keine zeitlichen Grenzen für diese wunderschöne Phase. Die Hauptfrage ist nicht, *wann* Ihr Kind Ihr Bett verlässt, sondern *wie*. Wenn Sie dafür keinen Termin festsetzen, werden Sie auch keine enttäuschten Erwartungen haben. Sowohl in meiner Praxis als auch in meiner eigenen Familie habe ich die Erfahrung gemacht, dass die meisten Kinder, die als Säuglinge im Familienbett willkommen sind, dieses im zweiten oder dritten Lebensjahr freiwillig wieder verlassen. Es ist möglich, dass sie hin und wieder zurückkommen, etwa wenn irgendetwas sie plagt oder wenn sie besondere Bedürfnisse haben. Denken Sie daran, dass ein befriedigtes Bedürfnis vergeht. Vielleicht dauert es etwas länger, als Sie erwartet haben, aber irgendwann ist es tatsächlich verschwunden. Unter Umständen ist eine allmähliche Entwöhnungsphase nötig: Das Kind könnte eine Zeit lang auf einer Matratze oder in einem Schlafsack neben Ihrem Bett oder im Zimmer eines Geschwisters schlafen, anstatt direkt vom Elternbett in sein eigenes Zimmer zu wechseln.

Das Alter, in dem Kinder dem Familienbett entwachsen, hängt von verschiedenen Faktoren ab. Es spielt eine Rolle, wie stark der Wunsch der Eltern ist, sie „hinauszubefördern" und natürlich auch, wie intensiv ihr eigenes Bedürfnis nach elterlicher Nähe noch immer ist. Manche Kinder mit sehr starken Bedürfnissen sind sehr empfindlich in Bezug auf Trennungen und geben die Sicherheit des Familienbettes nur langsam auf. Ich erinnere mich an ein solches Mädchen aus meiner Praxis, das sich von Brust und Familienbett erst mit vier Jahren entwöhnte, aber mit sechs ein sehr selbstsicheres, unabhängiges und grosszügiges Kind war.

Der plötzliche Kindstod oder Erdrücken im Schlaf

Manche Mütter befürchten, sie könnten sich auf ihr Baby legen und es ersticken. Früher wurde der Tod eines Kindes im Schlaf oft darauf zurückgeführt. Experten für den plötzlichen Kindstod (Sudden Infant Death Syndrome SIDS) halten dies heute für unwahrscheinlich. Mütter, die ich zu diesem Thema befragte, gaben an, dass ihnen die Anwesenheit des Kindes auch im Schlaf geistig und körperlich so stark bewusst sei, dass sie sich nicht vorstellen könnten, es zu erdrücken.

Manche Eltern befürchten auch, der Vater könnte das Kind erdrücken oder es durch eine unvorsichtige Bewegung verletzen. Väter sind sich der

Anwesenheit des Kindes normalerweise weniger bewusst. Solche Ängste können behoben werden, indem man das Baby nicht in die Mitte zwischen die Eltern legt, sondern neben die Mutter an den Rand. In diesem Fall muss natürlich das Bett an die Wand geschoben oder auf eine andere Art verhindert werden, dass das Baby hinausfallen kann.

Noch immer gibt es gelegentlich Berichte über angebliches Ersticken von Babys durch Erdrücken, aber sie sind meist sehr schwierig nachzuweisen. Während einer Vortragsreise besuchte ich vor einigen Jahren Neuseeland, wo die Behörden durch die Art der medizinischen Berichterstattung Zugang zu sehr genauen Daten über die Todesursachen bei Kindern haben. Ich hatte Gelegenheit mit einem dort ansässigen Kinderarzt über Todesfälle von Kindern zu sprechen, bei denen Erdrücken als Todesursache galt. In all diesen Fällen war die Schlafsituation der Familie ungewöhnlich gewesen. Die Eltern waren betrunken oder viele Kinder lagen zusammen in einem kleinen Bett und ein älteres Kind hatte sich auf das Neugeborene gelegt. Erdrücken eines kleinen Babys ist prinzipiell möglich, es geschieht aber sehr selten und fast nur im Zusammenhang mit ungewöhnlichen, potenziell gefährlichen Praktiken. Ich schliesse daraus, dass die Angst vor dem Erdrücken im Normalfall unbegründet ist und eine Familie nicht vom Familienbett abhalten sollte. Selbstverständlich ist es nicht ratsam, gemeinsam mit dem Baby zu schlafen, wenn die Mutter oder der Vater unter Alkohol- oder Drogeneinfluss stehen. (Weitere Informationen zur Sicherheit im Familienbett finden Sie im nächsten Abschnitt.)

Gerade die Furcht vor dem plötzlichen Kindstod (SIDS) wird gelegentlich als Grund *für* das gemeinsame Schlafen angeführt. Eine Mutter, die sich für das gemeinsame Schlafen entschieden hatte, sagte mir, sie möchte bei ihrem Kind sein, sollte es jemals nach Atem ringen müssen. Wenn es wirklich neben ihr sterben sollte, dann hätte sie die Gewissheit alles zu seiner Rettung getan zu haben. Würde es aber allein im Nebenzimmer sterben, so würde sie sich immer Vorwürfe machen.

Das gemeinsame Schlafen kann unter Umständen das SIDS-Risiko sogar verringern. (Näheres darüber finden Sie in Kapitel 12.)

Wie im Nest geborgen

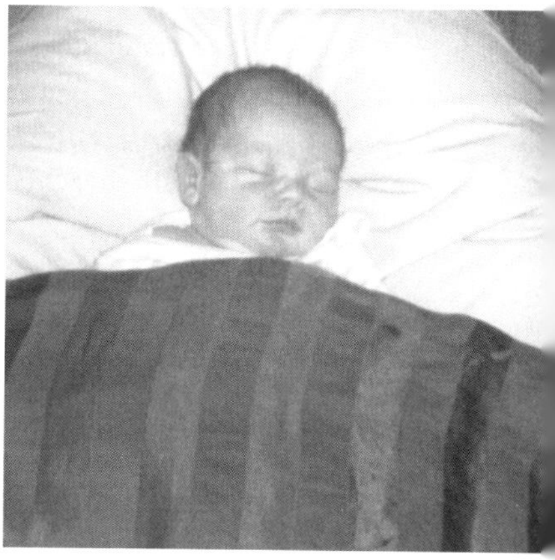

Tipps für einen sicheren Schlafplatz

Einige Vorsichtsmassnahmen beim gemeinsamen Schlafen:

- Verwenden Sie ein Sicherheitsgitter oder stossen Sie das Bett an die Wand. Platzieren Sie das Baby eher zwischen Mutter und Wand als zwischen den Eltern. Mütter sind sich im Schlaf der Anwesenheit des Babys eher bewusst als Väter.
- Wenn Sie ein Sicherheitsgitter verwenden, achten Sie darauf, dass es bündig zur Matratze ist, sodass es keine Lücke gibt, in die das Baby rutschen könnte. Ein Netz aus Plastikmaschen ist sicherer, als Gitterstäbe, wo das Baby Arme, Beine oder gar den Kopf einklemmen kann.
- Schlafen Sie in einem genügend grossen Bett. Es ist gefährlich für Babys in einem kleinen Bett mit zu vielen Personen zu schlafen. Lassen Sie nicht ältere Geschwister alleine mit einem Neugeborenen schlafen. Kinder sind sich im Schlaf nicht bewusst, dass noch ein Baby da ist.
- Schlafen Sie nicht mit dem Baby auf einem Sofa ein. Das Baby könnte sich zwischen Ihnen und der Rücklehne einklemmen oder unter Kissen ersticken.
- Schlafen Sie nicht mit einem Baby auf einem Wasserbett ohne innere Zwischenkammern. Es könnte in der Mulde, die durch sein Körpergewicht oder das der Eltern entsteht, ersticken. Seine Nackenmuskeln sind noch nicht stark genug, um den Kopf ausreichend daraus zu heben. Auch Zwischenräume zwischen Rahmen und Matratze können eine Gefahr sein, wenn das Wasserbett nicht sehr gut gefüllt ist.
- Schlafen Sie nicht gemeinsam, wenn Sie unter dem Einfluss von Alkohol oder betäubenden Medikamenten (zum Beispiel Beruhigungsmitteln) stehen. Alkohol und einige Medikamente können Ihren Schlafzyklus durcheinanderbringen und verhindern, dass Sie rechtzeitig aufwachen.
- Tragen Sie keine Nachtwäsche mit Bändern, die lose und länger als 17 cm sind. Babys könnten sich damit strangulieren. Vermeiden Sie auch herabhängenden Schmuck.
- Achten Sie darauf, dass Sie das Baby nicht allzu warm anziehen und es dadurch überhitzt wird. Im Elternbett ist es wärmer, als allein in einem Kinderbett.

Diese Tipps zur Sicherheit Ihres Babys sollen Ihnen nicht Angst machen oder den Eindruck erwecken, dass gemeinsames Schlafen gefährlich und schwierig sei. Es geht nur darum, dass Ihre Umgebung auch nachts sicher, problemlos und angenehm für alle ist.

Verhinderte Sexualität?

„Es könnte unser Sexualleben ruinieren, wenn wir das Baby zu uns ins Bett nehmen." Solche Ängste sind unbegründet. Ich glaube nicht, dass die Liebe zwischen den Eltern ihre Kinder – die Frucht ihrer Liebe – nachteilig beeinflussen kann. Es ist für Kinder jeden Alters gesund, wenn sich ihre Eltern vor ihnen umarmen und einander ihre Zuneigung zeigen.

Was eindeutig sexuelle Aktivitäten betrifft, so stellt dies im Familienbett selten ein Problem dar, solange Ihr Kind erst ein paar Monate alt ist. Kleine Babys haben in jeder Beziehung ein sehr begrenztes Bewusstsein und Verständnis davon, was vor sich geht. Mit zunehmendem Alter des Kindes fühlen sich die Eltern jedoch selten wohl dabei, sich in Anwesenheit eines schlafenden Kindes zu lieben. Viele Paare, die das Familienbett pflegen, haben entdeckt, dass jedes Zimmer der Wohnung zu einem potenziellen Liebesnest werden kann. Dies kann tatsächlich zu einer grösseren Kreativität in der sexuellen Beziehung führen. Natürlich ist es auch möglich, das schlafende Kind für diese Zeit in ein anderes Zimmer zu legen.

Zweisamkeit ist möglich

Es wird häufig gesagt, dass „das Baby nicht zwischen Mann und Frau kommen darf, weder im Bett noch sonst." Als Vater von acht Kindern, der immer gemeinsam mit den Kindern geschlafen hat, kann ich aber bestätigen, dass unsere Babys trotz Familienbett keineswegs zwischen meine Frau und mich gekommen sind. *Attachment Parenting* funktioniert am Besten im Rahmen einer erfüllten Ehe. Natürlich ist es dafür notwendig, dass Eltern Zeit für ihr eigenes Privatleben finden. Es ist gut für Kinder, wenn sie zwei Dinge begreifen: Die Tür des Elternschlafzimmers ist für mich offen, wenn ich das starke Bedürfnis habe, bei meinen Eltern zu sein, aber es gibt auch Zeiten, in denen Mama und Papa allein sein wollen.

Sie können freundlich, aber entschieden bitten, dass ein älteres, bereits sprechendes Kind das Schlafzimmer verlässt und für sich spielt, weil Mama und Papa sich lieben wollen. Ein Kind, das damit nicht fertig werden kann, hat wahrscheinlich eine Vergangenheit hinter sich, in der es oft ausgesperrt, hingehalten oder abgelehnt wurde – Probleme, die viel weiter gehen, als die aktuelle Situation.
Welcher Meinung Sie auch sind, wie viel Zuneigung vor Ihrem Kind gezeigt werden darf, bedenken Sie, dass aus irgendeinem Grund das gegenwärtige System jedenfalls nicht funktioniert. Viele Jugendliche und junge Erwachsene haben Probleme mit ihrer sexuellen Identität. Viele junge Paare haben Schwierigkeiten mit wirklicher Intimität und brauchen immer häufiger Beratung. Ich frage mich, wie viele der sexuellen Probleme der heutigen Zeit von einem zunehmenden Mangel an wirklichen familiären Bindungen herrühren. Wird die kommende Generation weniger sexuelle Probleme haben, da das gemeinsame Schlafen in der Familie immer verbreiteter wird?

Nächtliche Elternbedürfnisse

„Das Familienbett war die einzige Möglichkeit für mein Baby und mich gut zu schlafen. Ich stillte es, ohne dass wir beide ganz wach wurden. Mein Mann hingegen nahm jeden Laut des Kindes wahr und konnte nicht schlafen, wenn es in unserem Bett lag. Er schlief deshalb auf dem Wohnzimmersofa. Wir hatten aber auch unsere nächtlichen Bedürfnisse. Sehr oft, wenn ich wach wurde, ging ich zu meinem Mann ins Wohnzimmer, damit wir zusammen eine schöne Stunde verbringen konnten."
Ich frage mich, was dieser Mann wohl gefühlt haben mag, als ihm seine Frau zum ersten Mal diese nächtliche Überraschung bereitete. Es ist ziemlich ungewöhnlich, dass eine junge Mutter hier die Initiative ergreift und ich bin überzeugt, dass der Vater dadurch das Wohnzimmersofa leichter akzeptieren konnte.

Gründe gegen das Familienbett?

Meiner Erfahrung nach bewährt sich das gemeinsame Schlafen fast immer und in den meisten Familien, wenn die Einstellung dazu positiv ist. Es gibt aber auch Situationen und Konstellationen, in denen es nicht zu funktionieren scheint. Viele dieser Probleme können jedoch gelöst oder ganz vermieden werden.

Gemeinsames Schlafen als „letzter Ausweg"

Eltern machen häufig erst dann einen Versuch mit dem Familienbett, wenn bereits Schlafprobleme vorhanden sind. Vielleicht haben sie bereits alles Mögliche versucht, geben sich schliesslich geschlagen und nehmen das Baby nun eher widerwillig zu sich ins Bett. Weder sie noch das Kind sind an das Familienbett gewöhnt und es besteht auch noch keine Harmonie der Schlafzyklen. Kinder reagieren sehr sensibel auf solche unterschwelligen negativen Gefühle und so kommt niemand der Beteiligten wirklich zur Ruhe. Was eine schöne, bereichernde Erfahrung sein könnte, wird als unbefriedigend erlebt.
Im Allgemeinen ist es wesentlich schwieriger, ein Problem zu lösen, als es gar nicht erst aufkommen zu lassen. Familien, die das Familienbett erst einführen wenn Probleme auftreten, brauchen deshalb meistens länger, bis sich Schlafharmonie einstellt. Darum empfehle ich Eltern, das Kind schon sehr früh, am Besten schon als Neugeborenes zu sich ins Bett zu nehmen. Dadurch können sich die Schlafzyklen von Mutter und Kind aufeinander einstellen, sodass spätere Schlafprobleme entweder verhindert oder auf ein Minimum reduziert werden können.

Das Baby schläft zu unruhig

„Unsere kleine Tochter ist eine richtige Zappelliese. Sie beansprucht das ganze Bett und keiner von uns kann schlafen."
„Ich habe versucht, gemeinsam mit meinem Baby zu schlafen, aber ich höre jeden Laut und spüre jede seiner Bewegungen – ich kann so nicht schlafen."
Auch hier wurde womöglich erst relativ spät mit dem gemeinsamen Schlafen begonnen und es konnte sich nicht von Geburt an Schlafharmonie entwickeln. Geben Sie sich für den Versuch ein paar Wochen Zeit – Sie werden dann wahrscheinlich nicht mehr durch jeden Laut und jede Bewegung geweckt. Ältere Babys akzeptieren meist rasch, dass andere Familienmitglieder auch

Platz da!

ihren Platz brauchen. Wenn Ihr Kind sehr unruhig schläft – häufig wenn es sich noch nicht ans gemeinsame Schlafen gewöhnt hat – könnten Sie vielleicht auch Ihr Bett mit einer Matratze erweitern, sodass sein Strampeln niemanden mehr stört.
Ein sehr verständnisvoller Vater erzählte mir, dass er häufig morgens beim Aufwachen feststellt, dass sein einjähriges Kind mit dem Kopf auf der Mutter und mit den Füssen auf ihm liegt. Anscheinend muss dieses Baby seine beiden wichtigsten Menschen spüren können, um sich wohl zu fühlen.

Was tun wir mit unserem Zappelphilipp?

„Wir möchten unseren Zweijährigen gerne in unserem Bett haben, aber er strampelt so wild, dass niemand von uns schlafen kann."

Ein Kind, das nicht gewöhnt ist, neben einer anderen Person im gemeinsamen Bett zu schlafen, muss noch lernen, das Platzbedürfnis anderer zu respektieren. Versuchen Sie zu schlafen, indem Sie das Kind wie einen Teddybären an sich drücken; die Berührung könnte ihm helfen, zur Ruhe zu kommen. Oder legen Sie Ihre Hände fest auf das strampelnde, schlafende Kind und lassen Sie sie dort, bis es verstanden hat und zur Ruhe kommt.
Sie können Ihren Zappelphilipp auch auf eine Matratze in die Nähe Ihres Bettes legen, so dass Sie, wenn er Sie braucht, sofort bei ihm sind.

Vater kann im gemeinsamen Bett nicht schlafen

Tatsächlich werden die meisten Väter nachts weniger gestört als die Mütter, die schliesslich die Nahrungsquelle bilden. Andererseits existiert bei ihnen keine entsprechende Harmonie der Schlafzyklen, wie zwischen Mutter und Säugling, sodass sie eher aus dem Tiefschlaf gerissen werden. Die Störung kann so gering wie möglich gehalten werden, wenn das Kind zwischen der Mutter und der Wand oder einem Sicherheitspolster liegt und nicht zwischen den Eltern.

Das Bett ist zu klein

Gemeinsames Schlafen funktioniert selten in einem zu schmalen Bett. Jedes Familienmitglied braucht genügend Platz. Ein grosses Doppelbett ist deshalb wahrscheinlich die nützlichste Anschaffung. Falls Ihr bestehendes Bett zu schmal ist und Sie kein grösseres kaufen können oder wollen, könnten Sie es auch durch eines der im Abschnitt „Andere Schlafmöglichkeiten“ (siehe Seite 52) beschriebenen Arrangements vergrössern.

Ich habe gelernt, das Ganze etwas gelassener zu nehmen

Ein Familienbett – da sträubte im mich dagegen! Nachdem ich jeweils endlich mein Baby zu Bett gebracht hatte, brauchte ich einfach meinen eigenen Platz, insbesondere im Sommer, wo ich es nicht aushalte allzu nahe neben jemand anderem zu liegen. Als letzte Möglichkeit versuchte ich es trotzdem. Ich legte das Baby in die Mitte und mich selbst an den äussersten Rand des Bettes; meinen Nachttisch und einen Sessel mit vielen Kissen stellte ich strategisch günstig daneben, um nicht herauszufallen. Meinen Mann wies ich an, auf seiner Seite ebenfalls möglichst weit aussen zu schlafen, damit das Baby wegen seines zusätzlichen Gewichts nicht zu nahe zu ihm rollen würde. Ich bedachte bei diesen Vorkehrungen nicht, dass auch das Kind viel Platz benötigt. Es bewegte sich viel mehr als ich und jedes Mal wenn es an einen von uns stiess, wachte es auf. Es war schlimmer als vorher und nach einer Woche waren wir soweit wie am Anfang. Nun, durch Schaden wird man klug – und so fand ich meine Lösung für das Problem: Ich akzeptierte ganz einfach, dass es keine Lösung gibt! Unser Baby ist nicht programmierbar, so wenig wie wir auch. Ich plane jetzt nicht mehr jeden Abend meine Strategie für die Nacht. Jede Nacht ist wieder anders. Manchmal stehe ich auf, setze mich in den Schaukelstuhl und döse, während ich mein Baby stille bis es schläft. Manchmal bin ich zu müde zum Sitzen und nehme es zu mir ins Bett, wo es den Rest der Nacht verbringt. Ich plage mich nicht mehr mit ausgeklügelten Positionen. Mein Baby darf zu meinem Mann rollen. Ich habe dadurch mehr Platz für mich und ihm gefällt es, wenn er morgens aufwacht und ein Kind in seinem Arm vorfindet.

Die Eltern möchten das Bett für sich allein haben

Eine sehr liebevolle und engagierte Mutter einer grossen Familie sagte zu mir: „Ich habe die Kinder den ganzen Tag um mich – wenn Schlafenszeit ist, habe ich genug. Dann beginnt meine private Zeit mit meinem Mann und ich will ganz einfach das Baby nicht auch noch in unserem Bett haben.“ Selbstverständlich habe ich diese Mutter in ihren Gefühlen unterstützt. Sie wusste, dass es für sie notwendig war, die Nachtzeit ungestört mit ihrem Mann zu verbringen – um ihre Ehe zu pflegen und auch um ihre eigenen Batterien aufzuladen, damit sie tagsüber wieder eine gute Mutter sein konnte. Dies war keine egoistische Einstellung, sondern eine realistische Beurteilung der Lage – ihre Familie schien einfach besser zu funktionieren, wenn Eltern und Kinder getrennt schliefen. Diese Mutter kann ihre eigene Belastungsgrenze einschätzen und sie hat glücklicherweise Kinder, die nicht besonders stark auf Trennungen reagieren.

Platz für das Neugeborene machen

„Ich erwarte in einem Monat ein Baby und unser Dreijähriger schläft noch bei uns. Ich möchte ihn nicht aus unserem Bett verbannen, habe aber ehrlich das Gefühl, dass ich in der Nacht mit zwei Kindern nicht fertig werde."

Es kann tatsächlich schwierig werden, mehrere Kinder im Familienbett zu haben – es sei denn, Sie richten sich Ihren Schlafplatz mit Matratzen von Wand zu Wand ein. Wenn Sie sich nicht dafür begeistern können, den Dreijährigen und das Neugeborene in Ihrem Bett zu haben, gibt es verschiedene Möglichkeiten. Die Hauptsache ist es, Ihren Grossen dazu zu bringen einen anderen Platz zu akzeptieren, ohne dass er das Gefühl hat, er werde nun aus dem sicheren Nest gestossen. Denken Sie daran: Das Kind von Ihrem Bett zu entwöhnen, bevor es dies von sich aus will, bedeutet, dass Sie ihm Geborgenheit und Zuwendung in anderer Form geben müssen. Während Sie sich nachts um Ihr Neugeborenes kümmern, bitten Sie Ihren Mann, für das grössere Kind da zu sein. Stellen Sie es als etwas Besonderes dar: „Papa und du, ihr werdet gemeinsam auf der grossen Matratze (oder in deinem eigenen Zimmer) schlafen." Das Kind wird wahrscheinlich das Gefühl haben, dass es zwar etwas von Mama verloren hat, dafür aber mehr von Papa bekommt – im gesamten gesehen also keinen Verlust erleidet.

Uneinigkeit in Bezug auf das Familienbett

Gelegentlich beklagt sich eine Mutter: „Ich möchte gerne, dass meine Baby bei mir schläft, aber mein Mann ist damit nicht einverstanden."
Das Familienbett funktioniert meiner Erfahrung gemäss selten, wenn sich die Eltern darüber nicht einig sind. Viele junge Väter haben zwiespältige Gefühle dem gemeinsamen Schlafen gegenüber. Sie sind unsicher, ob es das Richtige ist und ob sie es überhaupt möchten. Ich rate solchen Männern als erstes, der Intuition Ihrer Partnerin zu trauen, wenn es um das

Wohlergehen ihres Kindes geht. Väter, die sich darauf einlassen, stellen meistens mit der Zeit fest, dass sie das gemeinsame Schlafen auch schön finden.

Das Stillen unseres Sohnes führte ganz natürlich dazu, dass wir einen Versuch mit dem Familienbett machten. Es ist für mich praktisch, nachts nicht mehrmals dafür aufstehen zu müssen. Wir sind mittlerweile so gut eingespielt, dass weder ich, noch mein Sohn zum Stillen ganz aufwachen.
Ich wollte aber auch die Gefühle meines Mannes respektieren, deshalb vereinbarten wir, dass wir ein Kinderbett anschaffen könnten, wenn sich das Familienbett nicht bewähren würde. Bis jetzt haben wir keines – wir geniessen alle drei die Nähe und fühlen uns sicher in der Gewissheit, dass das Baby bei uns alles hat, was es braucht.
Leider ist unser Bett nicht sehr gross – das ist das einzige was uns manchmal stört. Da wir noch mehr Kinder möchten, planen wir, uns gelegentlich ein grösseres anzuschaffen.
Nur selten wacht unser Sohn morgens schreiend auf. Normalerweise sind wir ja gleich neben ihm und er ist zufrieden und glücklich. Es ist schön, den neuen Tag so zu beginnen!

Ich selbst habe dieselben Erfahrungen gemacht: Am Anfang war ich dem gemeinsamen Schlafen gegenüber skeptisch. Ich fügte mich der Überzeugung meiner Frau, die behauptete, Babys seien so geschaffen, dass sie auch beim Schlafen ihre Mütter brauchen und wartete vorläufig ab. Schon bald begann auch ich das gemeinsame Schlafen – die Nähe zu meinem Kind – zu geniessen. Da ich tagsüber nie so viel Zeit mit meinen Kindern verbringen konnte, wie ich das eigentlich gerne gehabt hätte, empfand ich das nächtliche Zusammensein als gewissen Ausgleich, der uns einander näher brachte. Es waren für mich wunderbare Momente, wenn ich jeweils morgens erwachte und in meiner nächsten Nähe das zufriedene, glückliche Gesicht meines Kindes sah. Ich hätte diese Augenblicke nicht mehr missen mögen.
Als Kinderarzt war ich immer der Meinung, dass der Übergang zwischen Wachsein und Schlafen bei Kindern möglichst ruhig vor sich gehen sollte, d.h. sie sollten in der Anwesenheit ihrer Eltern einschlafen und aufwachen dürfen. Als Vater bin ich noch mehr davon überzeugt, dass dieses Ineinan-

dergehen von Aufwachen, Einschlafen und Wiederaufwachen so sanft wie möglich erfolgen sollte. Unsere Kinder erwachten glücklich, weil ihr erster Blick auf ihre Eltern fiel. Ich empfand ihre Anwesenheit in unserem Bett nicht als Störung, sondern als natürlicher Ausdruck unserer Einheit. Es ist wunderbar, eine solche Bindung zu seinem Kind zu geniessen, bei der Sie nicht das Gefühl haben, dass das Kind zwischen Ihnen steht, sondern vielmehr, dass Sie eine Vater-Mutter-Kind-Einheit bilden. Dieses Gefühl der Einheit bei Nacht überträgt sich mit Sicherheit auch auf Ihr Verhalten als Eltern am Tag. Wenn Sie also als Vater unentschlossen sind, ob das Familienbett wirklich etwas für Sie ist, rate ich Ihnen, diese Möglichkeit erst auszuschliessen, wenn Sie es eine gewisse Zeit ausprobiert haben. Sie werden möglicherweise überrascht realisieren, dass Sie auch als Vater eine natürliche Intuition für die Bedürfnisse Ihres Kindes haben und dass Sie die Idee der Einheit der Familie plötzlich aus einer ganz anderen Perspektive sehen.

Andere Schlafmöglichkeiten

Beistellbettchen oder Babybalkon

Eltern, die sich nicht dafür entscheiden, ihr Baby zu sich ins Bett zu nehmen, es aber trotzdem ganz in der Nähe haben möchten, können das Kinderbett wie einen „Seitenwagen" an ihr Bett schieben. Entfernen Sie dafür eine Wand des Kinderbettes und schieben Sie dieses mit der wandlosen Seite an Ihr Bett. Verwenden Sie Klammern (Schraubzwingen o.ä.), um zu verhindern, dass es wegrutscht. Stellen Sie die Matratzenhöhe des Beistellbettes genau auf die Höhe Ihrer eigenen Matratze ein. Vergewissern Sie sich, dass es keine Spalte zwischen den Matratzen gibt. Diese Möglichkeit funktioniert gut bei Familien, die das Familienbett ausprobieren wollen, aber kein genügend grosses Bett besitzen. Sie kann auch nützlich sein, wenn das Baby nachts so sehr zappelt, dass es seinen eigenen Platz braucht.

Mein Babybalkon

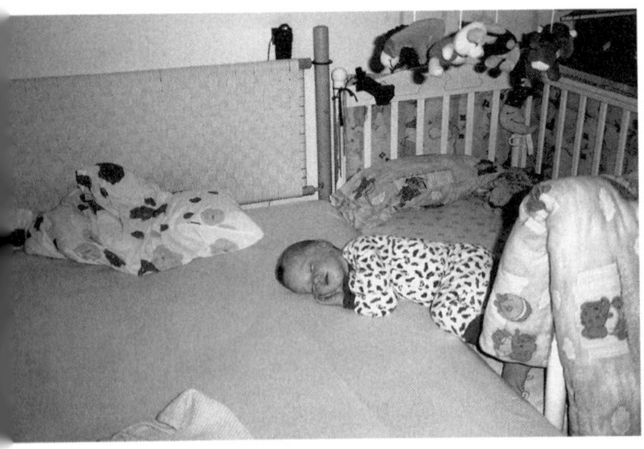

Das vergrösserte Bett

Wenn Ihr Kind für das Beistellbettchen zu gross wird oder einem Neugeborenen Platz machen muss, gibt es weitere Möglichkeiten.

1. Stellen Sie ein passendes Einzelbett neben Ihr Bett.
2. Legen Sie eine Matratze, einen Schlafsack oder einen Futon auf den Boden neben Ihr Bett. Dies ist besonders geeignet für ältere Kinder, die hin und wieder in besonderen Situationen (Krankheit, Umzug, Schulprobleme usw.) gerne die beruhigende Nähe der Eltern aufsuchen.
3. Das „Wand-zu-Wand-Matratzenlager". Dies ist in unserer Gesellschaft eher ungewöhnlich, aber in vielen anderen Ländern, wie z.B. in Japan, besteht das Schlafzimmer aus einer grossen Schlafmatte oder Matratze.

Eine geniale Lösung: Ein Bett von Wand zu Wand

Das gemeinsame Schlafen mit Geschwistern

Oft schläft ein Kind in den ersten Jahren bei den Eltern, zieht dann in das Zimmer seiner Geschwister und anschliessend in sein eigenes Zimmer. Studien haben gezeigt, dass Kinder unter drei Jahren besser schlafen, wenn sie ein Schlafzimmer teilen, als wenn sie allein in einem Zimmer schlafen. Eltern berichten oft, dass Geschwister, die gemeinsam schlafen weniger miteinander streiten.

Das eigene Kinderzimmer

Mit drei Jahren und älter wünschen sich die meisten Kinder einen eigenen Platz für ihre persönlichen Besitztümer. Eigene Regale, Fächer für Spielsachen, Haken zum Aufhängen sind wichtig; das Kind bekommt dadurch Sinn für Ordnung und fühlt sich selbst verantwortlich für die eigenen Dinge. Wenn die Kinder anfangs Pubertät mehr Privatsphäre möchten, wächst meist der Wunsch nach einem eigenen Zimmer. Obwohl dies sicher Vorteile hat, denke ich nicht, dass ein eigenes Zimmer für jedes Kind so wichtig ist, dass eine Familie sich deshalb finanziell übernehmen sollte. Die Eltern sollten keine Überstunden arbeiten und sich länger von ihren Kindern trennen müssen, nur damit die Kinder voneinander getrennt werden können.

Geschwisterschlaf

Die Auswirkung des Familienbettes auf Selbstwertgefühl und gutes Benehmen

Das gemeinsame Schlafen mit Ihrem Kind wirkt sich positiv auf sein Selbstwertgefühl und sein Benehmen aus. Das Kind im Familienbett willkommen zu heissen (nicht nur zu „dulden"), vermittelt dem Kind die Botschaft „Du bist eine wichtige Person für uns. Wir sorgen für dich in der Nacht genauso wie am Tag." Die nächtliche Betreuung wirkt sich deshalb auch auf das Benehmen des Kindes tagsüber aus. Eines der Merkmale eines gut erzogenen Kindes ist seine innere Sicherheit, dass es „in Ordnung" ist. Ein Kind, das ein gutes Selbstwertgefühl hat, wird sich mit grosser Wahrscheinlichkeit auch gut benehmen.

Gemeinsames Schlafen gibt der Zeit, die Sie schlafend verbringen – immerhin ungefähr ein Drittel von 24 Stunden – eine weitere Dimension. Es ist Zeit, die für die Erziehung nicht verloren geht, sondern gut investiert ist. Unzählige Male geben Sie dabei Ihrem Kind ohne Worte zu verstehen, wie lieb Sie es haben.

Das Baby zum Ein- und Weiterschlafen bringen

4

Das Baby zum Ein- und Weiterschlafen bringen

„Wenn ich bloss wieder einmal eine ganze Nacht durchschlafen könnte.“ So tönt der Stossseufzer vieler frisch gebackener Eltern.
Zu den wichtigsten Prinzipien von *Attachment Parenting* gehört es, sich an seinem Kind zu freuen. Es ist jedoch eine Tatsache, dass übermüdete Eltern und quengelige Kinder einander nicht so geniessen können, wie wenn sie ausgeruht sind. Schlafprobleme können ganz unterschiedlicher Art sein: manche Kinder haben Mühe mit dem Einschlafen, andere schlafen zwar leicht ein, wachen aber bald wieder auf, und noch andere, sehr anstrengende Kinder schlafen weder leicht ein noch durch. Über jedes dieser Probleme werden Sie etwas in diesem Kapitel finden.

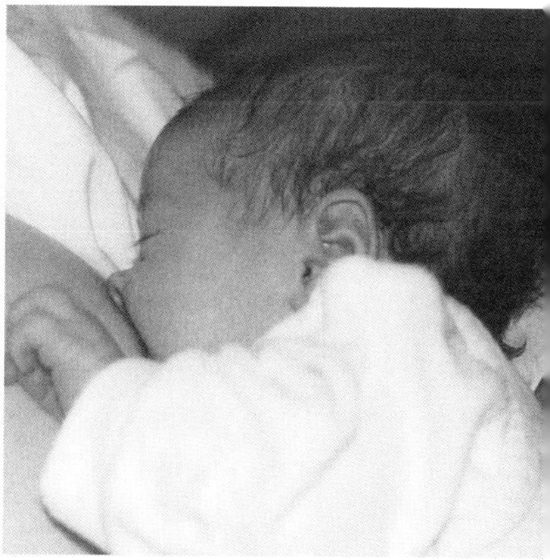

Attachment Parenting hilft Babys besser zu schlafen

Dem Kind helfen, sich tagsüber zu entspannen

Es ist unmöglich, die Kinderbetreuung bei Tag und bei Nacht unabhängig voneinander zu betrachten. Die Betreuung am Tag beeinflusst den Nachtschlaf, genauso wie sich das Temperament des wachen Kindes auch in seinem Schlafverhalten zeigt. Säuglinge und Kleinkinder, die sich abends nur schwer beruhigen und einschlafen können, brauchen schon tagsüber Entspannung. Dies gilt vor allem für Säuglinge mit starken Bedürfnissen, die oft verspannt sind und sich nur schwer auf das Leben ausserhalb des Mutterleibs einstellen können. Ein sanfter, beruhigender Umgang mit dem Kind untertags hilft ihm, sein Schlafmuster in der Nacht besser zu regeln. Mit zunehmendem Geschick bekommt die Mutter mehr Selbstvertrauen, was ihr wiederum bei der nächtlichen Betreuung hilft.
Sie finden durch dieses ganze Buch hindurch Tipps, wie Sie Ihr Kind möglichst beruhigend und sanft betreuen können (vor allem im 1. Kapitel).

Dazu gehört häufiges Stillen, Tragen des Babys, sofortiges Reagieren, wenn das Kind schreit, gemeinsames Schlafen, viel Körperkontakt und ein grosses Engagement des Vaters bei der Betreuung.

Gute Schlafgewohnheiten erreichen

Nehmen Sie das Baby schon von Anfang an in Ihr Bett – also schon bevor das übliche Schreien in der Nacht beginnt – oder nehmen Sie es zumindest dann sofort in Ihr Bett, wenn es Ihnen zeigt, dass es nicht allein schlafen will. Die meisten Schlafprobleme können verhindert oder zumindest gemildert werden. Schlafharmonie stellt sich so schon in den ersten Monaten ein und Sie entwickeln Selbstvertrauen und werden immer sicherer in der nächtlichen Betreuung Ihres Kindes. Die Voraussetzungen sind weniger gut, wenn Sie das Kind erst zu sich ins Bett holen, wenn alles andere versagt hat. Es ist viel schwieriger, Probleme lösen zu müssen, anstatt sie von Anfang an zu vermeiden. Sie hinken dabei sozusagen dem Geschehen immer einen Schritt hinterher. Versuchen Sie im Gegenteil Ihrem Kind immer einen Schritt voraus zu sein. Sie fördern bei ihm auf diese Weise gute Gewohnheiten.
Kinder zeigen oft sehr deutlich, dass sie nachts die Nähe ihre Eltern brauchen. Es kommt vor, dass die Eltern morgens aufwachen und ihr Zweijähriges schlafend vor der geschlossenen Schlafzimmertür finden. Wenn Ihnen die Idee des Familienbetts nicht zusagt, überlegen Sie andere Schlafmöglichkeiten: ein angehängtes Beistellbett, eine Matratze oder einen Schlafsack auf dem Boden neben Ihrem Bett oder auch das gemeinsame Schlafen mit Geschwistern.

Wie Sie Ihr Kind auf das Schlafen vorbereiten

Ich halte zwar nicht viel von strengen Zeitplänen und reglementierter nächtlicher Kinderbetreuung – es stimmt aber, dass gewisse Schlafgewohnheiten von Babys erlernt werden und es sinnvoll sein kann, ihnen beizubringen, dass auf bestimmte Abläufe Schlaf folgen soll. Immer gleiche Einschlafrituale sind dabei hilfreich. Es könnte auch zweckmässig sein, darauf zu bestehen, dass ein Bett zum Schlafen oder ruhigen Gespräch dient und nicht zum Raufen und Spielen.

Schlafenszeit

Wie gesagt, Zeitpläne passen nicht ins allgemeine Konzept dieses Buches. Es scheint jedoch für manche Kinder hilfreich zu sein, wenn für den Mittags- und Nachtschlaf feste Zeiten gelten. Wenn dies in Ihrer Familie funktioniert, halten Sie sich an ein zeitlich festgelegtes, immer gleiches Einschlafritual. Ältere Kinder (ab drei oder vier Jahren) und ganz sicher Schulkinder *brauchen* eine festgelegte Schlafenszeit.

Manche Kleinkinder, insbesondere solche mit starken Bedürfnissen, wehren sich dagegen, sich ihre Schlaf- und Wachzeiten vorschreiben zu lassen. Für sie bedeutet Bettzeit noch lange nicht Schlafenszeit. Der Schlaf ist kein Zustand, in den man Kinder zwingen kann – sie müssen vom Schlaf überwältigt werden. Die Rolle der Eltern besteht darin, eine möglichst Schlaf fördernde Umgebung zu schaffen.

Nähe zwischen Geschwistern

Manche Eltern haben sehr rigide und unrealistische Vorstellungen über die Schlafenszeit: „Kinder haben um sieben Uhr im Bett zu sein." Ein anderes Extrem bilden diejenigen, für welche die richtige Schlafenszeit ganz einfach dann ist, wenn das Kind von sich aus einschläft. Es gibt heute so viele verschiedene Lebensstile und Familiensituationen, dass es kaum mehr sinnvoll oder realistisch ist, allgemein gültige Schlafenszeiten für Kinder festzulegen. Das Baby, das von 7 Uhr abends bis 8 Uhr früh schläft (es existiert allerdings nur im Lehrbuch), würde viele wichtige Stunden versäumen, die es sonst mit den Eltern, insbesondere mit dem Vater, verbringen könnte.

Warum streben Eltern frühe Schlafenszeiten an? Einerseits ist die Mutter von einem langen Tag mit ihrem Kind erschöpft, andererseits macht es keinem Vater Spass, den Abend mit einem müden, schlecht gelaunten Kind zu verbringen. Hier gibt es Alternativen: Versuchen Sie Bedingungen zu schaffen, die es Ihnen ermöglichen, die Abendzeit mit Ihrem Kind anders zu gestalten. Gewöhnen Sie das Kind an ein Schläfchen am späteren Nachmittag, so dass es ausgeruht ist, wenn der Vater nach Hause kommt. So können beide diese wichtige Zeit zusammen geniessen, während die Mutter entlastet wird und sich vom Tag erholen kann. Es ist nichts Schlimmes dabei, wenn Ihr Baby erst um 21 Uhr oder 22 Uhr oder sogar erst mit Ihnen zusammen schlafen geht. Diese unkonventionelle Schlafenszeit kann besonders in grossen und viel beschäftigten Familien praktisch sein oder auch wenn der Vater erst spät von der Arbeit nach Hause kommt. Babys gelangen oft von allein zu dem Schlaf-Wach-Rhythmus, der ihren Bedürfnissen innerhalb der jeweiligen Familiensituation am besten entspricht.

Wir erlebten dies in unserer eigenen Familie mit unserer Tochter Erin. Morgens war es jeweils sehr turbulent, wenn ihre vier älteren Geschwister aufstanden und aus dem Haus gingen. Erin gewöhnte sich daran, dies alles zu verschlafen und wachte erst um etwa 9.30 Uhr auf. Die Kinder kamen um ca. 15.30 Uhr wieder zurück, gerade wenn Erins Nachmittagsschläfchen begann, das bis um 17.30 Uhr dauerte. Um die Essenszeit hatte sich das allgemeine Chaos etwas beruhigt und der Vater kam nach Hause. Unterdessen war Erin wieder wach und ausgeruht und in der Lage, einen ganzen Abend mit ihrer Familie zu verbringen. Sie schlief dann etwa um 22 Uhr bereitwillig wieder ein oder war manchmal auch wach bis wir Eltern zu Bett gingen. Für die meisten Kinder ist es wichtiger, *wie* sie zu Bett gehen, als *wann*.

Selbstverständlich haben alle Eltern gelegentlich das Bedürfnis nach ein paar ruhigen ungestörten Abendstunden für sich allein. Ich betrachte es aber als ein erstes Warnsignal für mögliche familiäre Schwierigkeiten, wenn mir eine Mutter erzählt, dass ihr Mann verlangt, das Kind früh ins Bett zu bringen. Es zeigt mir einen fundamentalen Mangel an Verständnis für den nächtlichen Umgang mit dem Kind und auch für die Möglichkeit, sein Kind wirklich zu geniessen.

In unserer eigenen Familie gewöhnten wir uns daran, einmal pro Woche ein „Dinner for Two“ zu Hause zu veranstalten. Die älteren Kinder betreuten die jüngeren und meine Frau Martha und ich genossen es, Zeit für uns allein zu haben. Die Kinder lernten, unsere private Zeit zu respektieren – obwohl sich während der Zeiten, in denen wir ein Stillkind hatten, dann oft ein Abend zu dritt ergab ...

Einschlafhilfen für Babys

Sehr selten gibt es Säuglinge, die alleine einschlafen. Babys sind nicht in der Lage, aus dem Wachzustand direkt in tiefen Schlaf zu fallen. Sie gehen zuerst durch eine Phase des REM- oder aktiven Schlafs. Die Begleitung der Eltern beim Einschlafen dient grundsätzlich dazu, dem Kind durch diese Phase zu helfen. Wenn Sie versuchen Ihr Baby hinzulegen, bevor es die REM-Phase (die im Durchschnitt ca. 20 Minuten dauert) beendet hat und in tiefen Schlaf gesunken ist, wird es wahrscheinlich wieder aufwachen, sobald Sie sich aus dem Zimmer schleichen wollen. Sie können sehr viel Energie sparen, wenn Sie warten, bis Ihr Baby in Ihren Armen oder an der Brust in Tiefschlaf gesunken ist, bevor Sie es ins Bett legen.
Sie können Gewohnheiten entwickeln, die bei Ihrem Baby den Schlaf auslösen. Stillen im Schaukelstuhl bringt ein müdes Kind mit ziemlicher Sicherheit zum Schlafen. Gewöhnen Sie sich an den Gedanken, dass Sie der Schlafplatz Ihres Kindes sind – ein Bett, das ständig in Bewegung ist. Eine frisch gebackene Mutter erkennen Sie oft daran, dass sie ständig leichte Schaukelbewegungen macht – sie wiederholt automatisch die Bewegungen, an die sich das Baby während neun Monaten in ihrem Bauch gewöhnt hat. Es gibt noch andere Aktivitäten, die das Kind an die Behaglichkeit des Mutterleibs erinnern und bei der Kunst der nächtlichen Kinderbetreuung hilfreich sein können.

Baden

Ein warmes Bad vor dem Schlafengehen und eine sanfte Massage helfen zum Entspannen. Baden Sie zusammen mit dem Baby in der Badewanne. Der Körperkontakt ist beruhigend und das Kind wird es leicht akzeptieren, dass nun das Schlafen folgt.

Einwickeln

Hier haben nicht alle Babys die gleichen Vorlieben. Manche haben auch beim Einschlafen lieber Bewegungsfreiheit, andere mögen es, wenn sie in einem Tuch oder einer Wolldecke fest eingewickelt sind (sog. Puken). Eine Mutter sagte mir, dass sie ihr Kind jeweils tagsüber so ankleidete,

Manchen Kinder hilft das „Puken"

dass es viel Bewegungsfreiheit hatte, während sie es in der Nacht fest einwickelte. So begann es das Eingewickelt-Sein automatisch mit Schlafen in Verbindung zu bringen.

Sich mit dem Baby hinlegen

Ihr Kind ist vielleicht bereit einzuschlafen, will aber nicht alleine ins Bett gelegt werden. Schaukeln und stillen Sie es in Ihren Armen – im Gehen oder in einem Schaukelstuhl – solange bis es schläft. Legen Sie sich dann mit Ihrem Kind auf Ihr Bett und bleiben Sie noch etwas bei ihm bis es (oder Sie!) fest schläft. Sie merken, dass es fest schläft, wenn es zu saugen aufhört, der Kiefer locker wird und es die Brust loslässt, bzw. Sie die Brustwarze ganz sanft aus seinem Mund nehmen können. Die Brust ist immer noch das bewährteste, sicherste (und bestimmt das am schönsten verpackte!) Schlafmittel. Dieser allmähliche Übergang von einem warmen Bad in warme Arme, an eine warme Brust und in ein warmes Bett führt meistens den Schlaf bei einem (oder beiden) von Ihnen herbei.

Wiegen und andere bewegliche Betten

Auch eine Methode des Wiegens

Manche Babys lassen sich in den Armen der Eltern schaukeln bis zum Einschlafen und dann in die Wiege oder ins Kinderbett legen. Es ist empfehlenswert, das Bett vorzuwärmen, damit das Kind nicht der kalten Leintücher wegen gleich wieder aufwacht. Schaukeln Sie das Baby sanft weiter, sobald Sie es in die Wiege gelegt haben, bis es tief und ruhig schläft. Der Schaukelrhythmus – ob in Ihrem Arm oder in der Wiege – sollte ungefähr Ihrem Herzschlag entsprechen, also etwa 60 Schlägen pro Minute. Das Baby hat sich im Mutterleib an diesen Rhythmus gewöhnt. Wenn Sie keine Wiege besitzen, können Sie auch Rollen am Bettchen anbringen und dieses im gleichen Rhythmus leicht hin- und herschieben. Dies wird oft im Krankenhaus gemacht, wo alle Bettchen mit Rollen ausgerüstet sind.

Die Hände auf das Kind legen

Unmittelbar nach dem Hinlegen beginnen sich manche Babys wieder zu bewegen. Dies ist ein Zeichen, dass das Kind noch nicht tief genug schläft, um allein bleiben zu können. In diesem Fall kann der Vater (er hat meistens die grössere Hand) seine Hand auf den Rücken oder Kopf des Babys legen, bzw. eine Hand auf den Rücken, eine auf den Kopf. Die Wärme und Sicherheit der Hand ist vielleicht genau das, was das Kind noch braucht, um seinen lautlosen Protest aufzugeben und in den Schlaf zu sinken.

Auch sanftes rhythmisches Klopfen auf den Rücken oder Po des Kindes (auch etwa 60-mal pro Minute) kann helfen. Nehmen Sie Ihre Hände anschliessend sehr langsam weg, zuerst die eine, dann die andere, sodass der Druck nur langsam nachlässt und das Baby nicht wieder aufschreckt. Seine Wahrnehmung für Ihre Berührung ist sehr empfindlich. Es ist sehr interessant zu beobachten, das es oftmals sogar nötig ist, die berührende Hand noch etwas über der Haut des Babys schweben zu lassen, bevor man sie ganz wegnehmen kann.

Die Schlafstellung

Legen Sie Ihr Kind zum Schlafen auf den Rücken. Studien haben gezeigt, dass das Risiko für den plötzlichen Kindstod (SIDS) in dieser Position geringer ist. Die Anzahl der Fälle von SIDS konnte durch diese Massnahme in vielen Ländern deutlich reduziert werden. Warum dies so ist, konnte aber bisher nicht gezeigt werden. Einige mögliche Erklärungen finden Sie in Kapitel 12.

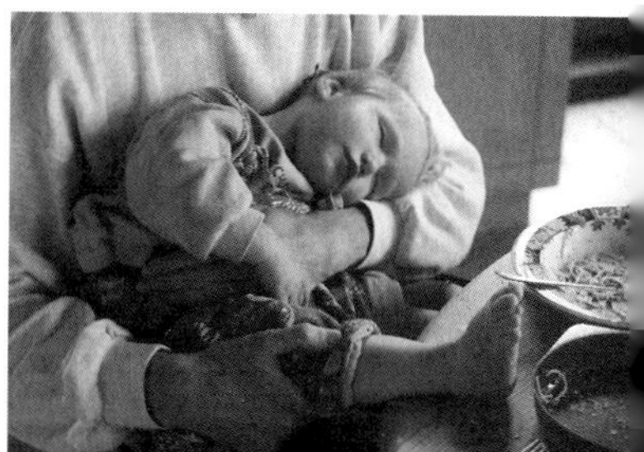

Gehalten in den Schlaf finden

Es gibt einige medizinische Situationen, in denen Ihnen der Arzt/die Ärztin empfiehlt, das Baby auf den Bauch zu legen. Dazu gehören Frühgeburt und gastroösophagaler Reflux. Klären Sie es mit Ihrem Arzt ab, wenn Sie denken, dass Ihr Kind besser auf dem Bauch schlafen würde.

Manche Säuglinge mögen es nicht, wenn man sie auf den Rücken legt, wenn sie müde sind. Auch hier ist das Problem gelöst, wenn Sie das Kind auf Ihren Armen einschlafen lassen. Es wird nichts dagegen haben, auf den Rücken gelegt zu werden, wenn es einmal tief schläft.

Auch in Seitenlage ist das SIDS-Risiko geringer, obwohl hier die Gefahr besteht, dass das Baby aus dieser Lage auf den Bauch rollen könnte. Wenn

Ihr Kind lieber auf der Seite schläft, so strecken Sie in dieser Position sanft seinen unteren Arm in einem rechten Winkel vor seinem Körper aus. Dies macht es ihm schwieriger, sich auf den Bauch zu drehen.
Der Zusammenhang von SIDS-Risiko und Bauchlage ist statistisch erwiesen. Das heisst, er gilt, wenn eine sehr grosse Anzahl von Kindern betrachtet wird. Er muss allerdings im Einzelfall relativiert werden. Ihr Baby ist ein Individuum. Wenn Sie es immer wieder in Rückenlage hingelegt haben und es Ihnen trotz allem deutlich macht, dass es auf dem Bauch schlafen will, dann lassen Sie es und machen Sie sich keine Sorgen. Für das SIDS-Risiko ist die Schlafposition nur ein Faktor von vielen, auch andere, wie beispielsweise das Rauchen der Eltern oder auch das Nicht-Stillen spielen eine Rolle.

Machen Sie Ihrem Baby ein „Nest"

Anstatt das Baby mitten in die Wiege oder ins Bettchen zu platzieren, legen Sie es so, dass es eine Seite des Bettchens oder ein Kissen berührt. Kleine Kinder scheinen die Sicherheit zu mögen, die das Schlafen direkt an einem Objekt oder einer Person gibt. Dies erklärt auch, warum sich Babys oft so lange bewegen, bis sie eine Ecke ihres Bettchens, die Seitenwand oder – falls sie im Familienbett liegen – Mama oder Papa fühlen können.

Geräusche der Gebärmutter

Geräusche können dabei helfen, den Schlaf herbeizuführen und tragen insbesondere dazu bei, dass das Baby weiterschläft. Babys beruhigen sich oft am besten bei „Weissem Rauschen", d.h. Geräuschen, die alle für das menschliche Ohr hörbaren Frequenzen umfassen. Dies können das Gebläse einer Klimaanlage, ein Geschirrspüler oder ein Staubsauger sein. Diese Geräusche sind eintönig und ohne Bedeutung und führen bei Müdigkeit gerne zum Dösen. Am wirksamsten fördern solche Geräusche den Schlaf, die an den Zustand in der Gebärmutter erinnern: fliessendes Wasser aus einem Wasserhahn oder einer Brause, ein auf 60 Schläge pro Minute eingestelltes Metronom, das Ticken einer Uhr, das Sprudeln eines Aquariums, das Tosen eines Wasserfalls, Meeresgeräusche oder auch eine Tonbandaufnahme von Gebärmuttergeräuschen. Nehmen Sie die Geräusche, die bei Ihrem Baby am besten wirken, auf Tonband auf und stellen Sie das Gerät auf Repeat, sodass es immer weiter spielt.

Klassische Musik

Zur Beruhigung eignet sich auch klassische Musik. Wählen Sie Musik mit einfach und gleichmässig klingenden Instrumenten, wie Flöte oder klassische Gitarre. In Studien wurde gezeigt, dass sogar schon Babys im Mutterleib durch Musik von Mozart und Vivaldi beruhigt werden – im Gegensatz zu Rockmusik oder anderen „harten" Klängen, die sie nervös machen (Verny 1981).

Ein Vater, dem ich in meiner Praxis begegnete, war Professor für Musik. Er stellte folgendes Schlaf förderndes Musikprogramm zur Entspannung für sein anspruchsvolles Baby und seine erschöpfte Frau zusammen:

Antonin Dvořák, Serenade für Streicher, Opus 22, 2. Satz
Claude Debussy: Prélude à l Après-midi d'un Faune
Claude Debussy: Clair de Lune
Maurice Ravel: Pavane pour une Infante Défunte
Wolfgang Amadeus Mozart: Symphonie Nr.17 in G-Dur, KV 129,1. Satz
Weitere ausgewählte besänftigende Werke:
Johann Sebastian Bach: 3. Brandenburgisches Konzert
Johann Sebastian Bach: Das Wohltemperierte Klavier
Joseph Haydn: Streichquartette
Maurice Ravel: Klavierwerke
Wolfgang Amadeus Mozart: Divertimenti für Streicher, frühe Symphonien
Claude Debussy: Danses Sacrées et Profanes, Präludien für Klavier

Ein kuschelig warmer Platz

Papas Brust ist ein kuscheliger warmer Platz, der bei einem Neugeborenen, das sich noch nicht so leicht fortbewegen kann, oft den Schlaf herbeiführt.

Mein Fell kommt überallhin mit

Auch ein Lammfell kann helfen. In Australien und Neuseeland berichten Eltern, dass ihre Babys besser schlafen, wenn sie auf ein Lammfell gelegt werden. Lammfelle für Babys sind speziell gegerbt, damit sie sicher und bequem sind und in der Waschmaschine gewaschen werden können. Sollte Ihr Kind auf die Wollfasern mit einer verstopften Nase reagieren, bedecken Sie das Fell mit einem Tuch. Vergewissern Sie sich, dass das Kind nicht allergisch auf Wolle ist (dies kann sich in andauerndem Schnupfen und Hautausschlägen zeigen).

Babys können lernen, dass Schlafen angesagt ist, wenn sie auf ihr Lammfell gelegt werden. Manche Mütter nehmen aus diesem Grund ihr Lammfell überallhin mit und legen das Kind darauf, wenn Schlafenszeit ist. Als ich in Australien Vorträge hielt, fand ich es sehr eindrücklich, im Publikum all die Babys zu sehen, die zu Füssen der Eltern behaglich auf ihren Fellen schliefen und sich ganz daheim fühlten.

Schlafen im Auto

Manchmal ist Ihr Baby vielleicht ganz besonders quengelig. Sie wissen, dass es müde ist und dringend Schlaf braucht – und ganz bestimmt brauchen auch Sie etwas Ruhe ... Sie haben es mit allen möglichen Schlaf fördernden Massnahmen versucht, aber nichts funktioniert. Machen Sie Folgendes als allerletzten Ausweg: Setzen Sie Ihr Baby in seinen Autositz und fahren Sie mit ihm spazieren. Wählen Sie eine Strasse ohne Hindernisse, auf der Sie möglichst gleichmässig fahren können und nicht anhalten müssen. Wenn das Kind tief schläft, kehren Sie zurück und stellen es samt Autositz ins Schlafzimmer. Versuchen Sie nicht, es aus dem Sitz herauszunehmen, es erwacht wahrscheinlich gleich wieder. Eine Spazierfahrt mit dem Baby kann auch hilfreich sein, wenn Papa und Mama einmal ungestört zusammen reden wollen.

Das Baby zum Weiterschlafen bringen

Sorgen Sie für eine ruhige Umgebung

Eltern haben nicht nur Probleme wenn das Kind nicht einschlafen will, sondern auch wenn es zwar einschläft, aber nach kurzer Zeit wieder aufwacht. Normalerweise ist es unnötig, dass Sie nur noch auf Zehenspitzen gehen oder jedes Geräusch vermeiden. Babys wachen eher durch plötzlichen Lärm, helles Licht oder Hunger auf und wenn Sie sich einsam oder unbehaglich fühlen. So können Sie vorbeugen:

1. Sorgen Sie für körperliche Wärme durch gemeinsames Schlafen.
2. Vermeiden Sie unnötige Geräusche im Schlafzimmer. Schmieren Sie quietschende Federn, Verbindungsstücke des Kinderbetts oder der Tür. Legen Sie einen Teppich auf den knarrenden Fussboden. Bringen Sie den Hund in die Garage – bevor er gebellt hat! Schalten Sie das Telefon aus.

3. Wenn Ihr Kind krank ist und Schmerzen hat, oder wenn es zahnt, fragen Sie Ihren Arzt/Ihre Ärztin, ob er/sie ihm ein schmerzlinderndes Medikament verschreiben kann.
4. Verdunkeln Sie das Zimmer bevor es einschläft.

Reagieren sie sofort, wenn das Baby am Aufwachen ist

Die anfälligste Phase ist der Moment, in dem das Baby aus einem tiefen in einen leichteren Schlaf übergeht. Zu diesem Zeitpunkt jammert es manchmal leise und dreht sich hin und her, bis es sich dann ohne Hilfe beruhigt und weiterschläft. Sollte es dennoch aufwachen, gehen Sie schnell zu ihm und beruhigen Sie es durch Stillen oder indem Sie Ihre warme Hand auf das Baby legen. Sie können so verhindern, dass es ganz wach wird. Meine eigenen Kinder wollten während dieser Phase am liebsten gestillt werden, je schneller und einfacher dies möglich war, desto grösser war die Wahrscheinlichkeit, dass sie wieder in den Schlaf fanden.

Schlaftraining um Mitternacht

Manche Kinder wachen mitten in der Nacht auf, sind ausgeschlafen und wollen spielen.

In diesem Fall muss das Kind lernen, dass die Nacht zum Schlafen da ist – die Eltern können sonst auf die Länge tagsüber nicht mehr funktionieren. Wenn die zuvor erwähnten Schlaf fördernden Ratschläge nicht helfen, lassen Sie das Baby in Ihrem Bett sitzen (ohne Licht zu machen!) und schlafen weiter (mindestens können Sie so tun als ob). Sie vermitteln ihm damit die unumstössliche Tatsache, dass in Ihrem Bett zu dieser Nachtstunde geschlafen und nicht gespielt wird.

Jetzt wird geschlafen

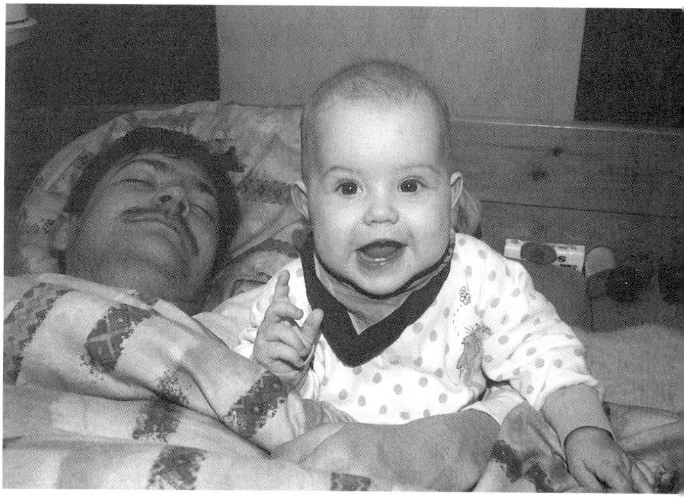

Eine Spielrunde um vier Uhr früh

Unser jähriges Kind wacht gegen drei oder vier Uhr früh ganz glücklich und munter auf und möchte spielen. Ich möchte dies aber sicher nicht.

Bis zum Alter von 15 Monaten kann man kaum einem Kind mit Worten verständlich machen, wann es Zeit zum Spielen ist und wann nicht. Dies ist meistens erst zwischen 18 Monaten und zwei Jahren möglich. Sie können aber zum Beispiel das Kind später zu Bett bringen oder das Nachmittagsschläfchen etwas abkürzen, sodass es morgens länger schläft. Kinder, die schon um 19 Uhr zu Bett gehen, sind häufig morgens um vier Uhr ausgeschlafen und voller Energie. Neun Stunden Nachtschlaf und eine Stunde am Tag reichen für manche Babys aus.
Kinder, die oft nachts aufwachen und spielen wollen, müssen lernen, dass im Schlafzimmer und im Bett nur geschlafen und nicht gespielt wird. Halten Sie sich in diesem Fall auch tagsüber an diese Regel und machen Sie keine Ausnahmen, zumindest nicht, bis dieses Problem nicht mehr auftaucht.

Satt, aber nicht überfüllt

Ein zu voller oder ein leerer Magen sind beide nicht Schlaf förderlich. Das Stillen vor dem Schlafengehen genügt für das kleine Baby meistens. Es hilft normalerweise nichts und kann die Verdauung belasten, wenn Eltern versuchen, das Kind voll zu stopfen, damit es eher durchschläft. Ein Glas Milch und ein nahrhafter Keks, etwas Getreidebrei oder etwas Obst sind eine gute Zwischenverpflegung für das ältere Kind bevor es zu Bett geht.

Wickeltipps

Falls Sie mit Stoffwindeln wickeln, verhindert ein extra dickes Windelpaket das Gefühl von Nässe in der Nacht. Wickeln Sie nachts grundsätzlich nur vor dem Stillen (wenn überhaupt notwendig) und nicht nachher (auch wenn Sie vielleicht dann trotzdem müssen). Halten Sie Windeln und Feuchttücher in Reichweite, wenn das Kind in Ihrem Bett schläft. Ein Nachtlämpchen mit einer schwachen Glühbirne hilft Ihnen, das Kind nachts zu umsorgen, ohne den Raum hell erleuchten zu müssen. Eine Gummiunterlage schützt Ihre Matratze vor nächtlichen Zwischenfällen.

Lassen Sie etwas von der Mama zurück

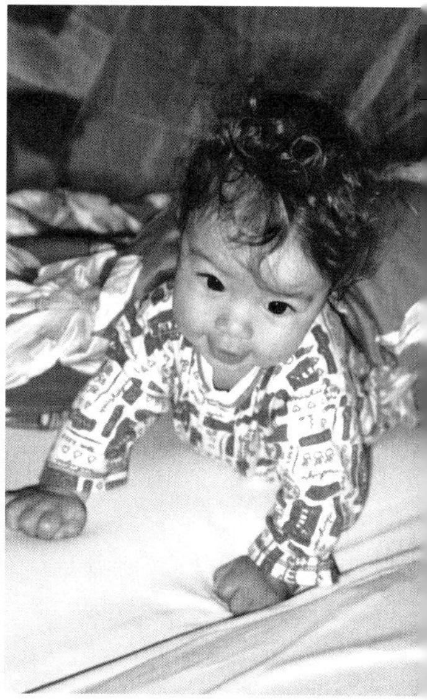

Jetzt wird aufgestanden!

Wenn Ihr Baby sehr sensibel reagiert, wenn es ohne Sie schlafen sollte, hilft es vielleicht, wenn Sie ein Kleidungsstück von sich zurücklassen – eine Mutter erzählte, dass ihr Baby besser schlief, wenn Ihr Still-BH in der Wiege lag. Sie könnten ihm auch ein Tonband mit einem Schlaflied – von Ihnen gesungen – abspielen.

Mit Gegenständen, die die Mutter ersetzen sollen, werden grosse Geschäfte gemacht. Eine Zeitung berichtete, dass Forscher an der Universität von Kalifornien einen Teddybären entwickelten, der mit einem synchronisierbaren Atmungsmechanismus ausgestattet ist. Das Baby kann sich beruhigen, indem es sich an den atmenden Teddybären anschmiegt. In einem Leserbrief fragte eine Mutter: „Warum können wir dafür nicht die wirkliche Mutter benutzen?"

Frühaufsteher zum länger Schlafen bringen

Ein Kind, das um fünf Uhr früh in Ihrem Schlafzimmer steht und spielen will, ist für müde Eltern eine echte Herausforderung. Es gibt allerdings Leute, die der Meinung sind, dass Kinder beim Aufwachen ihrem eigenen Biorhythmus folgen sollten – solange es nicht die eigenen Kinder sind, lässt sich dies leicht sagen ... Mit etwas Vorausplanung können Sie Ihr Kind vielleicht dazu verleiten, noch etwas länger zu schlafen oder zumindest noch einige Zeit ruhig in seinem Zimmer zu bleiben.

1. Vereinbaren Sie mit den älteren Geschwistern Ihres Frühaufstehers, dass sie sich beim Aufstehen möglichst leise verhalten.
2. Dunkle, dichte Vorhänge können die Nacht verlängern.
3. Geben Sie dem Kind einen Wecker, „genau wie der von Papa". Wenn der Wecker läutet, darf das Kind aufstehen, wie Papa dies auch tut.
4. Lassen Sie eine Spielzeugkiste neben dem Bett des Kindes stehen, um es zu motivieren, sich noch einige Zeit allein zu beschäftigen.
5. Stellen Sie ihm etwas zum Essen auf seinen Nachttisch, um den grossen Hunger bis zum Frühstück zu überbrücken.

Einschlafrituale für Kleinkinder

An manchen Abenden wissen Sie genau, dass Ihr Kind müde ist, aber es will einfach nicht nachgeben und zu Bett gehen. Das Problem ist nicht eigentlich das Schlafen, sondern es protestiert dagegen, dass es sich von Ihnen trennen muss. Etwas Kreativität und Intuition ist nötig. Ältere Babys und Kleinkinder brauchen oft etwas Zeit und Gelegenheit, um sich zu entspannen. Das kann mit einem warmen Bad geschehen, mit einer beruhigenden Geschichte, Rückenmassage, allmählich gedämpftem Licht (ein Dimmer im Kinderzimmer ist eine kluge Investition) und einem Abendgebet. Die Trennungsangst – meist der Hauptgrund für Einschlafprobleme bei Kindern – kann oft vermieden werden, wenn Sie sich mit dem Kind hinlegen, bis es einschläft. Vermeiden Sie auch aufregende Aktivitäten, wie Raufereien vor dem Schlafengehen. Da das Kind schon Mühe hat, sich zu entspannen, sollte es nicht noch zusätzlich stimuliert werden.

Erzähl noch eine Geschichte, Mama

Es gibt Situationen, wo Kinder aus besonderen Gründen ein sehr langes und aufwändiges Einschlafritual brauchen. Darüber lesen Sie mehr in Kapitel 9.

Kreative Eltern gaben mir folgende Tipps zu ihrem Einschlafritualen:

1. Ein Wecker signalisiert: „Zeit zum Schlafengehen in fünf Minuten." Sie können einen Machtkampf vermeiden, wenn die Uhr die Schlafenszeit ankündigt und nicht Sie.
2. Wer zuerst im Bett ist, darf die Gutenachtgeschichte auswählen.
3. Massagespiel: „Augen zu. Nicht schauen! Wo massiere ich jetzt?"
4. Rückenmassage: Legen Sie einen „Garten" auf dem Rücken des Kindes an. Verschiedene Gemüse, die das Kind aussuchen darf, werden „gepflanzt", wobei natürlich auch der Boden bearbeitet werden muss. Ihre Massage wird immer sanfter, wenn Sie am Schluss den „Gartenboden" glätten.

5. Benützen Sie eine Sanduhr: „Das Licht wird ausgemacht, sobald der ganze Sand unten ist.“ Wahrscheinlich wird das Kind müde beim Beobachten des rieselnden Sandes.

Gute-Nacht-Geschichten

Das Kind im Mutterleib kennt die Stimme seiner Mutter (und die des Vaters, wenn darauf geachtet wird, dass sie ganz nahe auf den Bauch der Mutter gerichtet wird). Studien haben gezeigt, dass das Ungeborene auf die Stimme seiner Mutter mit synchronisierten Bewegungen reagiert (Verny 1981). Es ist wichtig, dass das Kind unmittelbar nach der Geburt wieder diese vertraute Stimme sprechen, singen und summen hört, damit es sich ebenso sicher fühlen kann, wie vor der Geburt. In einer anderen an der Universität von North Carolina durchgeführten Studie wurde bewiesen, dass Kinder sich daran erinnern können, was ihnen ihre Mutter während der Schwangerschaft vorgelesen hat. Die im Rahmen dieser Studie untersuchten Babys reagierten nach der Geburt stärker auf die Geschichten, die sie schon im Mutterleib gehört hatten als auf andere Geschichten des gleichen Autors.

Ihr Baby kann natürlich die meiste Zeit Ihre Stimme auch spontan hören, ohne dass ihm vorgelesen wird, aber Sie können ihm zu bestimmten Tageszeiten ein Schlaflied oder anderes Kinderlied vorsingen, einen Kinderreim oder ein Gedicht aufsagen. Wenn Sie Zeit, Lust und Gelegenheit haben, fangen Sie an, Kinderbücher zu sammeln, die Ihnen gefallen und die auch Ihr Baby lieben wird. Achten Sie auf Geräusche, die sich wiederholen, die sich vielleicht reimen, die tröstlich und beruhigend wirken. Wenn ein Buch auch Ihnen Spass macht, wird es Ihnen auch nichts ausmachen, wenn Sie es immer und immer wieder vorlesen müssen. Bücher können Ihnen genau den kreativen Anstoss geben, der Ihnen fehlt – besonders an den Tagen, wo Sie sich müde und ohne jedes poetische Flair fühlen. Das Baby reagiert auf die Wärme in Ihrer Stimme und auf die Begeisterung und die Liebe, die sie ausstrahlt. Es fühlt sich im Klang Ihrer Stimme genauso geborgen, wie später in Ihren Armen. Dies kann der Anfang einer langen und glücklichen Tradition sein, wo Sie zu bestimmten Tageszeiten vorlesen, um Ihrem Kind dabei zu helfen, sich zu entspannen.

Die Schlafenszeit ist die beliebteste Zeit für Geschichten und bis weit in die Schulzeit hinein, wird Ihr Kind diese Gewohnheit nicht missen wollen. Auch unsere älteren Kinder kamen immer wieder einmal, um sich die

Geschichten anzuhören, die wir den jüngeren vorlasen. Eine Gute-Nacht-Geschichte, vielleicht gefolgt von einem Abendgebet, ist ein besonders schöner Übergang in die Schlafenszeit.

Nachstehend einige bewährte Lieblingsgeschichten:

Bilderbücher:

Camp, Lindsay: **Das grösste Bett der Welt**
Lindgren, Astrid: Wiberg, Harald: **Tomte Tummetott**
Waddell, Martin: Firth Barbara: **Kannst du nicht schlafen, kleiner Bär?**
Schubert, Dieter: **Murkel ist wieder da!**
Schubert, Dieter; Schubert, Ingrid: **Ein Krokodil unterm Bett!**
Bardill, Linard; Monnier, Miriam: **Beltrametti kann nicht schlafen.** Aus dem blauen Wunderland.

Vorlesebücher:

Bassewitz, Gerst von: **Peterchens Mondfahrt**; ab 4 J.
Pauli, Lorenz: **I kenne öpper, wo...** ; (Lokwort-Verlag) ab 4 J.
Meier-Nobs, Ursula: **Ds Müüsli Surimuri mit em Örgeli**; ab 4 J.
Janosch: **Das grosse freche Kasperbuch**; ab 5 J.
Janosch: **Das grosse Schnuddel-Buch.**
Inhalt: Schnuddelbuddel sagt Gutnacht; Schnuddelbuddel baut ein Haus und ein Wandertag nach Paderborn; Schnuddelbuddel fängt einen Hasen und ein Kanarienvogelfederbaum; ab 5 J.
Moser, Erwin: **Manuel & Didi**, Das grosse Buch der kleinen Mäuseabenteuer; ab 5 J.
Janosch: **Emil Grünbär und seine Bande**; ab 6 J.
Maar, Paul: **Alles vom Sams**
Inhalt: Eine Woche voller Samstage; Am Samstag kam das Sams zurück; Neue Punkte für das Sams; Ein Sams für Martin Taschenbier; Sams in Gefahr; ab 6 J.
Preussler, Otfried: **Die kleine Hexe**; ab 6 J.
Preussler, Otfried: **Der kleine Wassermann**; ab 6 J.
Lindgren, Astrid: **Immer dieser Michel**; Gesamtausgabe; ab 6 J.
Lindgren, Astrid: **Ronja Räubertochter**; ab 8 J.
Johansen, Hanna: **Die Geschichte von der kleinen Gans, die nicht schnell genug war**; ab 8 J.

Ende, Michael: **Jim Knopf und die ‹Wilde Dreizehn›**; ab 8 J.
Ende, Michael: **Jim Knopf und Lukas, der Lokomotivführer**; ab 8 J.
(Liste zusammengestellt von Cornelia Hebeisen-Weller)

Ein Wort zu Schlafmitteln

Im Allgemeinen sind sowohl Eltern als auch Ärzte/Ärztinnen zurückhaltend mit Schlafmitteln bei Kindern. Ich teile diese Abneigung und verschreibe keine Schlafmittel für Babys unter neun Monaten. Es gibt jedoch sehr schwierige Situationen, in denen die Verwendung von Schlafmitteln berechtigt sein kann. Wenn Sie erfolglos alle natürlichen Methoden der nächtlichen Kinderbetreuung versucht haben und Ihre Familie durch Stress und Müdigkeit auseinander zu fallen droht, dann haben Sie nicht nur nachts ein Problem, sondern Sie werden auch tagsüber als Eltern nicht mehr richtig funktionieren können. Sie haben in diesem Fall weder Freude an Ihrem Baby noch an der Elternrolle überhaupt. In so extremen Fällen – hier droht auch eine Misshandlung des Kindes – ist die Verabreichung eines Schlafmittels während ein bis drei Nächten angemessen. Wenn die Anweisungen des Arztes/der Ärztin befolgt werden, sind Schlafmittel ein wirksames Mittel, um den Schlaf bei einem Baby herbeizuführen. Man sollte aber mit grosser Vorsicht vorgehen, wenn man Schlafmittel über einen Zeitraum von mehr als ein paar Nächten verabreicht, da sich Kinder ziemlich schnell daran gewöhnen und leicht süchtig werden können. Schlafmittel können auch zur Abhängigkeit der Mutter führen, da sie diese davon abhalten, auf ihre eigene Intuition bei der Betreuung des Schlaf bedürftigen Kindes zu vertrauen. Fast alle Schlafmittel führen ausserdem keinen gewöhnlichen Schlaf herbei, sondern stören die normalen Schlafphasen und können das Funktionieren am nächsten Tag beeinträchtigen.

Ältere Geschwister lernen, dass Kinder beim Einschlafen begleitet werden

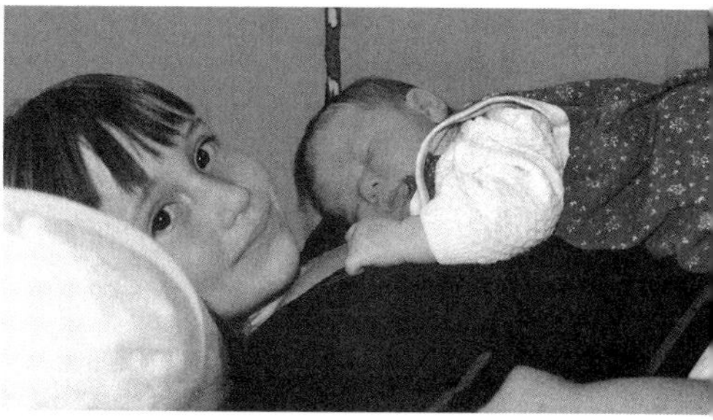

Vorbild sein

Wie bei anderem Verhalten, sind wir unseren Kindern auch beim Schlafen legen eines Babys ein Vorbild. Eines Tages spielte unsere damals sechsjährige Tochter Hayden mit ihren Freundinnen „Erin schlafen legen". Hayden legte sich neben Erin, hielt sie fest und „stillte" sie, während die anderen Schlaflieder sangen. Diese Kinder hatten gelernt, dass Babys nicht allein einschlafen.

Ein glücklicher Tagesanfang, ein liebevolles Ende

Die letzten Worte, die Sie abends zu Ihrem Kind sagen und wiederum die ersten am Morgen sollten warmherzig und persönlich sein und bei ihm ein innerliches Gefühl von „ich bin in Ordnung" hinterlassen. In unserer Familie haben wir die Tradition, unseren Kindern beim Schlafen gehen und beim Aufstehen eine ganz persönliche „Liebeserklärung" mitzugeben. Jeden Abend sage ich meinen Kindern, wie lieb ich sie habe. Ich versuche, dies immer wieder anders auszudrücken und meine Kinder freuen sich von Mal zu Mal auf diese einfachen, aber ehrlich gemeinten Worte. Eltern können die Träume ihrer Kinder positiv beeinflussen, wenn es als letztes vor dem Einschlafen ihre Gesichter sieht und die Worte hört: „Ich habe dich lieb".

Soll man das Baby schreien lassen?

5

Soll man das Baby schreien lassen?

Um Informationen für dieses Buch zu bekommen, habe ich Fragebogen an Hunderte von Eltern gesandt. Eine der Fragen lautete: „Was raten Ihnen Freunde und Verwandte, wenn Ihr Baby nachts aufwacht und schreit?“ Die häufigste Antwort war, das Baby schreien zu lassen. Ich erkundigte mich auch, wie sich die Eltern bei diesem Rat fühlten. 95 % der Mütter hatten kein gutes Gefühl dabei. Es wird zu einem echten Dilemma, zu entscheiden, ob den Ratschlägen von aussen oder dem eigenen Gefühl vertraut werden soll. Ich bin überzeugt, dass sich nicht 95 % aller Mütter irren können. Dieses Kapitel habe ich geschrieben, um Eltern dabei zu helfen in dieser allgemeinen Verunsicherung über die Frage nach dem „Schreien lassen“ oder „Nicht schreien lassen“ eine praktikable Antwort für ihre individuelle Situation zu finden.

Während meiner Jahre als Kinderarzt habe ich gelernt, dass es in der Kindererziehung für schwierige Probleme keine einfachen Lösungen gibt. Wie man auf das Schreien eines Babys reagieren sollte, ist eine dieser komplexen Fragen, bei denen eine allzu einfache Antwort anmassend ist und weder dem Baby noch den Eltern gerecht wird. Dieses Buch empfiehlt nicht, Kinder schreien zu lassen – es will den Eltern helfen, ruhig und mit Selbstvertrauen auf das Weinen ihrer Kinder zu reagieren.

Die Entwicklung der Kommunikation zwischen Mutter und Kind

Eine Mutter meinte einmal zu mir: „Es wäre so viel einfacher, wenn es mir sagen könnte, was ihm fehlt.“ Das stimmt, aber ich sagte ihr auch: „Ihr Baby *kann* sich mitteilen, Sie müssen nur noch lernen, es zu verstehen.“
Das Weinen eines Babys ist mehr als nur ein Geräusch. Es ist ein Signal, das dazu dienen soll, das Verhalten anderer Menschen zu beeinflussen. Es löst bei der Mutter etwas aus und genau dies macht das Schreien

als Kommunikationsmittel so besonders. Als Reaktion auf das Schreien des Kindes finden chemische Veränderungen im Körper der Mutter statt. Wenn eine Mutter ihr Baby schreien hört oder sieht, steigt der Hormonspiegel in ihrem Körper an, das Blut fliesst vermehrt zu ihrer Brust und dies löst bei ihr das Bedürfnis aus, das Kind aufzunehmen und zu stillen. In diesem Kommunikationskreis gibt es zwei Partner: den Sender (das Baby) und die Empfängerin (die Mutter). Ob die Verständigung funktioniert, hängt von beiden ab: vom Baby, das sich richtig „ausdrücken" und von der Mutter, die das Schreien richtig interpretieren muss. Wird auf das nächtliche Schreien eines Babys angemessen reagiert, so lernt das Kind darauf zu vertrauen, dass es mit seinen Handlungen bei anderen etwas bewirken kann. Es lernt, dass es mit seinen Bedürfnissen wahrgenommen und geschätzt wird. Damit beginnt sich sein Selbstwertgefühl zu entwickeln. Eine Mutter, die ihrem instinktiven Gefühl nachgibt, auf das Schreien des Kindes sofort zu reagieren, entwickelt dadurch ihr eigenes Einfühlungsvermögen. Je mehr sie sich auf das Kind einlässt, desto sensibler wird sie für die „Sprache" des Babys. Diese Kombination von kindlichem Vertrauen und mütterlicher Einfühlung ist die Basis für eine befriedigende nächtliche Kinderbetreuung.

Was das Schreien lassen bei Müttern auslöst

Empfehlungen, das Baby ruhig schreien zu lassen, bringen eine unerfahrene Mutter durcheinander. Ihre eigene körperliche Reaktion löst das Bedürfnis aus, das Kind aufzunehmen und zu umsorgen. Dies ist ein deutlicher Hinweis dafür, dass Mütter weder dafür geschaffen sind, ihre eigenen Kinder schreien zu lassen, noch Babys dafür, mit ihrem Schreien allein gelassen zu werden. Meint nun eine Mutter diesem Bedürfnis nicht nachgeben zu dürfen, so entsteht Disharmonie und ein kleines rotes Lämpchen in ihrem Inneren bedeutet ihr, dass irgendetwas nicht stimmt.

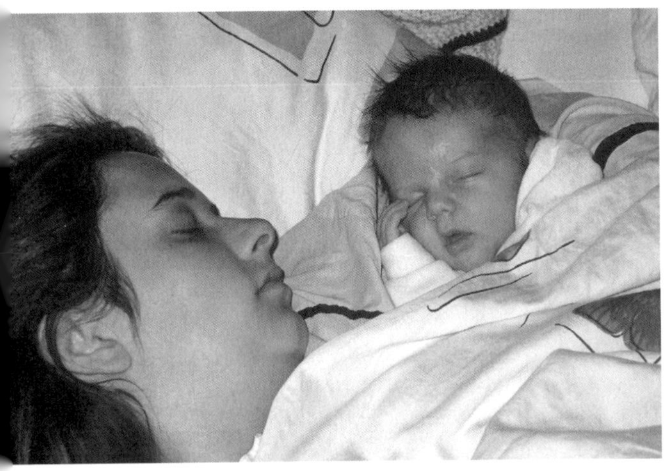

Jetzt ist die Welt in Ordnung

Dem Baby fehlt etwas. Die Mutter reagiert darauf. Diese spezielle Kommunikation zwischen Mutter und Kind ist darauf angelegt, das Überleben des Kindes zu sichern und die Entwicklung der mütterlichen Kompetenz zu fördern. Jeder Rat, der diesem Kreis entgegenläuft, löst bei der Mutter einen inneren Konflikt aus. Diese automatische körperliche Reaktion auf das Weinen des Kindes ist gesund und richtig – es ist die von der Natur vorgesehene Garantie dafür, dass das Baby bekommt was es braucht. Verlassen Sie sich auf Ihre Gefühle, sie täuschen nicht.

Eine verunsicherte Mutter erzählte mir von einer Nacht, in der sie den Rat ihrer Mutter, das Baby schreien zu lassen, befolgt hatte. „Und, hat es genützt?", fragte ich. „Nein, überhaupt nicht", gab sie zu, „und ausserdem fühlte ich mich so schuldig." Ich musste lächeln. „Gut, das bedeutet, dass Sie auf dem besten Weg sind, eine einfühlsame Mutter zu werden."

Nie wieder

Wohlmeinende Freunde und Verwandte rieten uns: „Lasst das Baby schreien. Nach einer halben Stunde wird es einschlafen und danach nachts nie wieder aufwachen." Wir versuchten es einmal, hielten es aber nicht länger als zehn Minuten aus, bis wir beide ins Kinderzimmer rannten um unser schluchzendes, zitterndes und verängstigtes Baby zu trösten. Wir versuchten es nie wieder.

Wenn Sie sofort auf das Weinen Ihres Kindes reagieren, entwickeln Sie Einfühlungsvermögen. Wenn Sie sich nicht gestatten, auf die Signale Ihres Kindes einzugehen, werden Sie mit der Zeit unsensibel dafür und dies wird Probleme verursachen. Schuldgefühle sind eine gesunde Reaktion darauf, dass Sie Ihrer Intuition oder Ihrem inneren Bedürfnis nicht gefolgt sind. Genau dies passierte der Mutter, die erzählte, dass sie sich schuldig gefühlt hatte, als sie ihr Kind schreien liess. Sie hatte sich dazu gezwungen, etwas zu tun, das gegen ihr mütterliches intuitives Gefühl verstiess und natürlich fühlte sie sich dabei nicht wohl. Die meisten Schuldgefühle entstehen, wenn Mütter Ratschläge von Aussenstehenden befolgen, die im Widerspruch zu ihrer eigenen Intuition stehen.

Gemeinsames Schlafen entwickelt die mütterliche Intuition

Nach der Geburt meines ersten Babys erlebte ich etwas, worauf ich in keiner Weise vorbereitet war: eine postnatale Depression. Die Anspan-

nung und der Stress, denen ich als junge Mutter plötzlich ausgesetzt war, brachten mich soweit, dass ich manchmal sogar Angst vor meinem Baby hatte. Was diese Anspannung zusätzlich erhöhte, war der Gedanke, dass ich bald wieder arbeiten gehen würde. Ich hatte das Gefühl, mein Baby im Stich zu lassen.
All diese Zweifel und Unsicherheiten führten zu einer Schlaflosigkeit, die vier Tage lang dauerte. Ich legte mein Baby abends jeweils in sein Bett, ging dann in mein Schlafzimmer und betete darum, wenigstens etwas schlafen zu können, bis es wieder aufwachte. Das war ein Fehler. Während ich mich zum Schlafen zu zwingen versuchte, hörte ich jedes Geräusch und jeden Atemzug im Kinderzimmer.
Als ich Sie anrief, war ich schon nahe daran zu verzweifeln. Sie schlugen mir vor, das Baby in mein Bett zu nehmen. Ich versuchte es und obwohl ich anfangs ziemlich nervös war aus Angst, das Baby zu erdrücken, stellte ich bald fest, dass ich schlafen und mich entspannen konnte, wenn es bei mir lag.
Ich bin überzeugt, dass uns das Familienbett einander näher gebracht hat. Nachts neben meiner Tochter zu schlafen, sie zu halten und zu stillen, wenn sie aufwacht, gibt mir das nötige Selbstvertrauen für meine Rolle als Mutter auch tagsüber. Übrigens sagte mein Mann: „Was könnte es für einen schöneren Beginn des Tages geben, als neben meiner geliebten Partnerin und meinem Kind aufzuwachen!"

Das Baby schreien zu lassen, untergräbt das Selbstvertrauen und die Intuition einer Mutter. Sie muss dabei ihre eigenen Gefühle ignorieren und sich den Signalen ihres Kindes verschliessen. Je weniger intuitiv sie reagieren darf, desto weniger Vertrauen hat sie in die Richtigkeit ihrer eigenen Reaktion. Je weniger Selbstvertrauen sie hat, desto geringer ist die Wahrscheinlichkeit, dass sie richtig reagiert und desto weniger wird sie in der Folge das Muttersein geniessen. Dies ist der Teufelskreis eines distanzierten Erziehungsstils, vor dem ich Mütter eindringlich warne: Wenn Sie es Aussenstehenden gestatten, durch ihre Ratschläge Ihre mütterliche Intuition zu untergraben, laufen Sie Gefahr, dass Sie sich von Ihrem Kind entfernen.
Manche junge Mutter zweifelt daran, diese mütterliche Intuition zu besitzen. Sie ist unsicher, ob es wirklich richtig ist, morgens um drei Uhr ihr schreiendes Kind aufzunehmen.

Attachment Parenting ist der massgeschneiderte Betreuungsstil für Mütter, die sich unsicher fühlen, wenn es um ihre Intuition geht. Wenn sie sich gestatten, ihrem Gefühl gemäss zu handeln, hilft ihnen ihr schreiendes Baby dabei, ihre Intuition zu entwickeln. Ein distanzierter Betreuungsstil, der die Reaktion auf das schreiende Baby reglementiert, verhindert hingegen diese Entwicklung.

Was das Schreien lassen beim Baby auslöst

Eine reglementierte, distanzierte Reaktion auf das schreiende Kind untergräbt dessen Grundvertrauen. Immer wieder betone ich in diesem Buch, dass gegenseitiges Vertrauen zwischen Eltern und Kind unabdingbar für eine gute Erziehung ist. Wissenschaftler, die sich mit der Persönlichkeitsentwicklung des Kindes beschäftigen, bezeichnen das Mass an Vertrauen als einen der wesentlichen Faktoren für die Entwicklung dieser Persönlichkeit. Wenn einem Kind vertraut wird, lernt es zu vertrauen. Vertrauen Sie Ihrem Kind – vertrauen Sie darauf, dass es schreit, weil es ein Bedürfnis hat. Vertrauen Sie sich selbst, wenn Sie fühlen, dass Sie auf das Schreien eingehen müssen. Je mehr Sie den Signalen Ihres Kindes vertrauen, desto mehr Vertrauen in sich selbst entwickelt Ihr Kind. Vergessen Sie nicht, dass es *eine Person* ist, die weint. Gestehen Sie dem Ungeborenen, dem Neugeborenen, dem Säugling und dem Kleinkind diese Persönlichkeit zu. Sie alle fühlen und weinen wie jeder andere Mensch. Reagieren Sie darauf. Vertrauen beginnt damit, dass Ihr Baby das sichere Gefühl entwickelt, dass auf sein Unbehagen oder seinen Kummer zuverlässig mit tröstlicher Zuwendung reagiert wird.

Erreicht man etwas mit dem Schreien lassen?

Wenn ich Eltern befrage, die ihr Baby nachts schreien liessen, berichten sie mir, dass es nicht funktionierte. Gelegentlich höre ich auch, dass das Baby zwar zu schreien aufhörte, aber mit sehr unerwünschten Nebenerscheinungen reagierte.

Lori, eine erschöpfte Mutter eines Buben, der nachts sehr häufig aufwachte, war so verzweifelt, dass sie den Ratschlag, ihn schreien zu lassen schliesslich befolgte: „Ich hielt mir die Ohren zu und liess ihn schreien. Mein Mann musste mich zurückhalten – mein Drang ihn aufzunehmen war so stark. Schliesslich wurden seine Schreie immer lauter und lauter, bis

ich es nicht mehr aushielt und zu ihm ging. Er war völlig aufgelöst – ich werde so etwas nie wieder tun!"
Einer anderen Mutter war von ihrem Arzt geraten worden, das Kind schreien zu lassen: „Ich konnte es nicht länger ertragen und ging schliesslich doch zu ihm, um ihn zurück in den Schlaf zu stillen. Wir sassen zusammen auf dem Schaukelstuhl und weinten beide. Es dauerte doppelt so lange bis er wieder schlief, als wenn ich sofort zu ihm gegangen wäre. Am Tag darauf war er überaus anhänglich und liess mich nicht aus den Augen."
Diese Mutter hatte eine wichtige Tatsache erfahren: Je schneller auf das Schreien reagiert wird, desto einfacher kann es gestoppt werden. Das Anklammern des Babys am nächsten Tag war eine emotionale Reaktion auf die zeitweise Erschütterung seines Vertrauens.

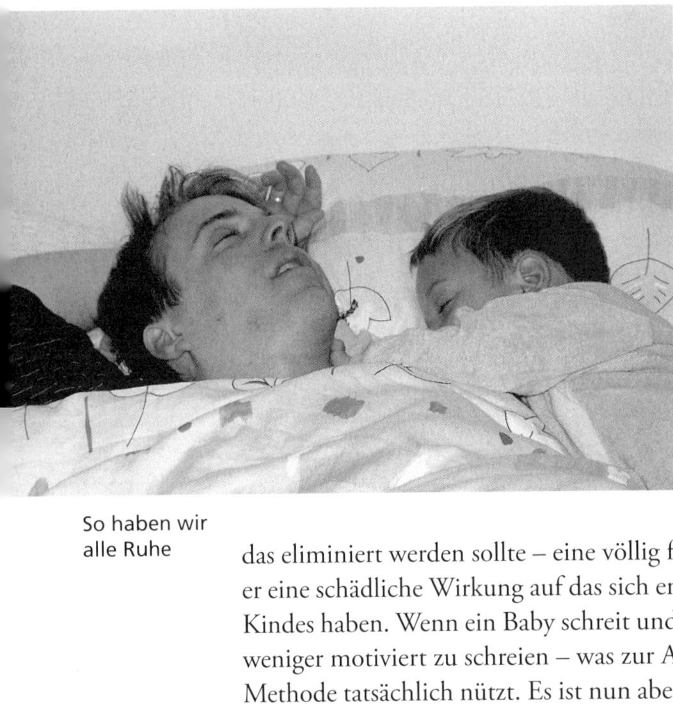

So haben wir alle Ruhe

Wenn Sie auf das Schreien des Kindes nicht reagieren, wenden Sie folgendes Prinzip aus der Lerntheorie an: Ein Verhalten, das nicht verstärkt wird, hört bald auf. Diesen Ansatz finde ich aus zwei Gründen problematisch: Erstens geht er davon aus, dass das Schreien des Kindes ein negatives Verhalten ist, das eliminiert werden sollte – eine völlig falsche Annahme. Zweitens kann er eine schädliche Wirkung auf das sich entwickelnde Selbstwertgefühl des Kindes haben. Wenn ein Baby schreit und niemand hört darauf, so wird es weniger motiviert zu schreien – was zur Annahme führen kann, dass diese Methode tatsächlich nützt. Es ist nun aber ein Grundprinzip der Entwicklung kleiner Kinder, dass eine angemessene Reaktion auf eine Handlung oder Fähigkeit dazu führt, dass diese Handlung oder Fähigkeit weiter entwickelt und perfektioniert wird. Das Weinen des kleinen Kindes ist seine Sprache und so primitiv sie sein mag, seine einzige Möglichkeit mit seiner Umwelt zu kommunizieren. Nimmt man ihm diese Möglichkeit, kann sich dies sehr wohl auch auf sein Bedürfnis nach Kommunikation überhaupt auswirken. Mütter berichten manchmal, dass ihr Baby ihnen nach einer durchweinten Nacht die kalte Schulter zeigt. Wenn das Baby das Vertrauen in seine Kommunikationsfähigkeit verliert, verliert es auch das Vertrauen darauf, dass seine Bezugsperson auf es eingeht. Das Schreien lassen hat zwar vielleicht kurzfristig Erfolg, indem das Baby tatsächlich weniger schreit, es bringt langfristig jedoch Nachteile – es ist also meiner Meinung nach kein weiser Entscheid.

Befürworter der harten Methode bringen oft als weiteres Argument, das Baby müsse lernen zu schlafen. Mit dem Nichtreagieren auf das Weinen lehren Sie aber das Kind nicht zu schlafen, sondern Sie bringen ihm nur bei, dass sein Weinen keinen Kommunikationswert hat. Wenn darauf nicht reagiert wird, schläft es zwar vielleicht von allein wieder ein, doch ist dies nur ein Rückzug der Enttäuschung darüber, dass sein Signal nicht beachtet wird – es gibt auf. Ich habe grosse Mühe mit dieser Haltung: Das ist nächtliche Dressur, nicht nächtliche Kinderbetreuung. Wir können Haustiere dressieren, nicht aber Kinder. Haben Sie keine Angst, dass Sie mit einer prompten Reaktion auf das Schreien Ihres Kindes weinerliches, übertrieben anspruchsvolles Verhalten verstärken. Studien zeigen, dass Babys, auf deren Schreien sofort reagiert wird, später als Kleinkinder weniger schreien (Bell und Ainsworth 1972). Das Eingehen auf Ihr Baby verursacht kein „angelerntes nächtliches Schreien" vor dem gewisse Experten warnen. Im Gegenteil – Ihr Kind wird dadurch mit der Zeit immer weniger schreien.

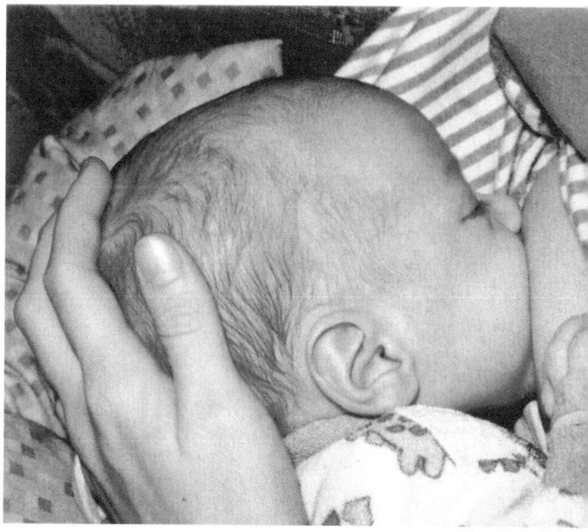

Gestillt und befriedigt

„Aber das gibt doch eine Gewohnheit" ist eine weitere Befürchtung, die oft geäussert wird. Zwischen einem Bedürfnis und einer Gewohnheit gibt es oft nur eine sehr schmale Trennlinie. Eine Gewohnheit wird als ein Verhalten betrachtet, das durch häufige Wiederholung erworben wird und das ohne Schaden wieder aufgegeben werden kann. Sie wird normalerweise verschwinden, wenn man sie nicht mehr fördert. Ein Bedürfnis hingegen ist notwendig für das richtige Funktionieren eines Individuums. Wenn man es nicht befriedigt, wird es nicht einfach verschwinden. Es kann zwar vorübergehend unterdrückt werden, wird dann aber auf andere Weise wieder auftauchen. Wenn Sie anerkennen, dass der Wunsch Ihres Kindes nach nächtlicher Betreuung ein echtes Bedürfnis ist und nicht eine leidige Gewohnheit, dann werden Sie auch, wenn die Zeit gekommen und das Bedürfnis gestillt ist, mit besserem, weniger häufig unterbrochenem Schlaf belohnt werden.

Gemeinsam statt einsam

Bei kleinen Babys zwischen Bedürfnissen und Gewohnheiten zu unterscheiden, ist oft müssig. Ich gehe davon aus, dass ihrem Verhalten Bedürfnisse zu Grunde liegen, die zwar zu Gewohnheiten führen können, weil jedes Kind das Gefühl mag, das sich einstellt wenn ein Bedürfnis befriedigt wurde. Die Gewohnheit ist das Gefühl, „richtig" zu sein. Wenn dieses Gefühl vorherrscht, hat dies einen positiven Effekt auf das Selbstwertgefühl und die Persönlichkeit des Kindes. Die Gewohnheit sich ständig „nicht richtig", „daneben" zu fühlen, kann hingegen dazu beitragen, dass ein Kind schwierig und missgestimmt wird und es so den Eltern schwer macht, sich an ihm zu freuen.
Es hängt auch vom Temperament des Kindes ab, ob das Schreien lassen „Erfolg" zeigt. Babys mit starken Bedürfnissen reagieren kaum auf diese Methode. Sie lernen nur lauter, länger und unerträglicher zu schreien. Diese Babys zeigen unmissverständlich, dass sie ein hohes Mass an nächtlicher Zuwendung brauchen. Ihr Temperament lässt sie vehement protestieren, wenn ihre Bedürfnisse nicht erfüllt werden. Versuchen Sie nicht, diese zu ignorieren.
Babys mit einfacherem, ruhigerem Temperament schreien normalerweise nachts nicht so, dass alle Alarmlampen aufleuchten. Sie scheinen eher in der Lage zu sein, sich selbst zu beruhigen und lösen nicht eine so unmittelbare Reaktion auf ihr nächtliches Weinen aus. Seien Sie besonders aufmerksam bei einem so genannt „braven" Baby – sein Temperament ist nicht nur ein Segen. Zwar nimmt es Druck von der Mutter, es fehlen ihm aber bestimmte beziehungsfördernde Verhaltensweisen (wie Protestgeschrei, wenn seine Bedürfnisse nicht erfüllt werden), die wichtig für die Entwicklung seiner Persönlichkeit und der Fähigkeiten der Mutter wären. Erfahrene Mütter können ein „höchste Alarmstufe-Schreien" von einem

weniger dringlichen unterscheiden. Das Schreien eines Babys mit starken Bedürfnissen wird meistens in kurzer Zeit so intensiv, dass jeder in Hörweite reagieren muss. Das Schreien eines „braven" Babys kann rasch wieder verstummen und es wird sich vielleicht auch ohne Hilfe wieder beruhigen. Ob man immer sofort auf das nächtliche Schreien reagiert, ist eine Frage des persönlichen Ermessens. Nur die Mutter hat die nötige Sensibilität, um dies zu entscheiden.

Nächtliches Schreien so kurz wie möglich halten

Einer der grössten Vorteile des gemeinsamen Schlafens ist der, dass es meistens nur wenig braucht, vielleicht ein wenig Rückenklopfen, damit meine Tochter wieder weiterschläft. Ist sie dagegen im Kinderbett, hat sie sich meistens schon zu wach geschrien, bis ich bei ihr bin und es dauert viel länger, bis sie wieder schläft. Auch ich werde dann ganz wach und kann nicht mehr so gut einschlafen. Wenn sie bei uns ist, realisiere ich schon das kleinste Geräusch, kann sofort reagieren und brauche nicht einmal aufzustehen.

Sensibilität für nächtliche Bedürfnisse

Grösstmögliche nächtliche Harmonie ist dann möglich, wenn die Mutter sich mit ihrem Baby nachts so einrichtet, dass es nicht schreien muss, um auf seine Bedürfnisse aufmerksam zu machen. Wenn Mutter und Baby gemeinsam schlafen, werden ihre Schlafzyklen synchronisiert. Die Mutter fühlt, wenn das Baby nahe daran ist, aufzuwachen und kann reagieren, bevor es schreien muss. In Kapitel 4 lesen Sie mehr über das gemeinsame Schlafen und wie Mutter und Baby Schlafharmonie erreichen können.

Ich rate Eltern grundsätzlich, sofort auf das nächtliche Schreien ihres Kindes zu reagieren. Fallen Sie nicht darauf herein, wenn Ihnen das Gegenteil empfohlen wird. Seien Sie offen für das, was Ihnen Ihr Kind mit seinem Schreien sagen will. Ihr Kind wird lernen, seinem Weinen je nach Bedürfnis unterschiedlichen Ausdruck zu verleihen und Sie werden immer besser zuhören und im Stande sein, seine Signale zu entschlüsseln. Im Wissen, dass Sie einander verstehen und angemessen reagieren können, werden Sie alle auch besser schlafen. (Lesen Sie dazu auch den Anhang über Schlaftrainings.)

Nahrung für den Schlaf

6

Nahrung für den Schlaf

Die Nahrung, die Ihr Kind zu sich nimmt und die Art, in der sie ihm angeboten wird, können seinen Schlaf massgeblich beeinflussen. Säuglinge wachen besonders leicht auf, wenn sie vom ruhigen in den aktiven Schlaf übergehen. In dieser anfälligen Phase beginnen sie meist zu saugen, falls sie mit ihren Müttern gemeinsam schlafen – denn das Gehirn braucht Nahrung, wenn es aktiv wird. Stillen (sowohl das Saugen an der Brust, als auch die Zusammensetzung der Muttermilch) ist für einen guten Schlaf ideal.

Stillen erleichtert die Kinderbetreuung

Eine harmonische Beziehung

Säugen hat auf den Schlaf-Wach-Rhythmus von Versuchstieren eine positive Wirkung. Forscher haben festgestellt, dass die Harmonie zwischen einer Mutter und ihrem gestillten Baby dazu beiträgt, das Schlafmuster des Babys zu ordnen (Hofer und Shair 1982). In einer anderen Untersuchung kommentieren die Autoren: „Die Mutter übt offensichtlich durch die regelmässige Abgabe von Nährstoffen einen regelnden Einfluss auf die Entwicklung des Schlaf-Wach-Zyklus des Kleinkindes aus“ (Hofer 1982).

Gemeinsames Schlafen

Es gibt nur sehr wenige Untersuchungen über die Auswirkungen des Stillens auf die Schlaf- und Traumzyklen. Forscher stellten fest, dass gestillte Kinder REM-Schlafmuster zeigen, wenn sie während des Schlafs saugen. Diese Phase wird oft Still-REM genannt. Die stillende Mutter und ihr Baby träumen gemeinsam und die Mutter erlebt während der Stillzeit soviel REM-Schlaf wie sonst kaum (International Childbirth Education Association 1969). Tierversuche zeigten, dass frühes, plötzliches Abstillen zu einem abrupten Rückgang der REM-Phasen führen, im Gegensatz zur allmählichen Abnahme, die mit langsamem Abstillen einhergeht.

Mütter und Kinder schlafen besser

Ich habe oft beobachtet, wie gestillte Kinder selig lächelnd in den Schlaf gleiten und wie sie dabei ein Gefühl der Zufriedenheit ausstrahlen. Ich stellte auch fest, dass unsere Kinder oft unmittelbar nach dem Stillen einnickten, fast als ob sie ein Schlafmittel bekommen hätten. Könnte es sein, dass es in der Muttermilch eine bisher unbekannte Schlaf auslösende Substanz gibt? In der Tat haben Forscher ein solches Protein in der Muttermilch entdeckt (Graf et al 1984).

Stillen hilft auch der Mutter einzuschlafen. Eine Mutter erzählte mir, dass sie sich jeweils mit ihrem Baby zum Stillen hinlege, wenn sie Mühe habe, einzuschlafen. In diesem Fall verhilft das Baby der Mutter zum Schlaf. Dies könnte die entspannende Wirkung des Prolaktins sein. Auch andere Beobachter berichten, dass das Stillen in der Zeit nach der Geburt eine Schlaf auslösende Wirkung auf die Mutter hat und auch die Schlafqualität verbessert (Bourne 1983).

Medizinische Vorteile

Vor allem in den ersten Monaten beugt nächtliches Stillen Brusterkrankungen vor, weil die Brust regelmässig geleert wird und so Milchstaus vermieden werden. Wenn eine normalerweise nachts stillende Mutter plötzlich eine ungestörte Nacht erlebt, erwacht sie meist mit unangenehm vollen Brüsten. Das Auftreten von Milchstaus, die zu Brustentzündungen führen können, ist ein klassisches Beispiel dafür, was passieren kann, wenn biologisch vorgegebene Kreisläufe gestört werden.

Stillen - Entspannung für Mutter und Kind

Kinder gedeihen besser

Ich beobachte, dass Babys besser gedeihen, wenn sie bei ihren Müttern schlafen und auch nachts häufig gestillt werden. Eine altbewährte Behandlungsmethode bei schlechter Gewichtszunahme besteht darin, dass sich die Mutter mit dem Baby ins Bett legt und es stillt. Manche Mütter berichten, dass sie nachts einen stärkeren Milchspendereflex erleben. Gestillte Babys kommen dadurch zu Milch mit einem höheren Fettanteil und also auch zu mehr Kalorien, was eine bessere Gewichtszunahme bedeutet. Auch der vermehrte Hautkontakt beim nächtlichen Stillen könnte sich auf das Wachstum positiv auswirken. Der Prolaktinspiegel der Mutter ist höher, während sie schläft. Da Prolaktin das für die Milchproduktion primär verantwortliche Hormon ist, sollte also beim nächtlichen Stillen mehr Muttermilch vorhanden sein. In Kulturen, in denen uneingeschränktes Stillen praktiziert wird, zeigen Studien, dass Säuglinge nachts ebenso viele Kalorien zu sich nehmen wie tagsüber (Jeliffe und Jeliffe 1978). Die Ausschüttung des Wachstumshormons ist bei Kindern ebenfalls nachts am grössten. Wenn Babys nachts wachsen sollen, so müssen sie nachts auch essen.

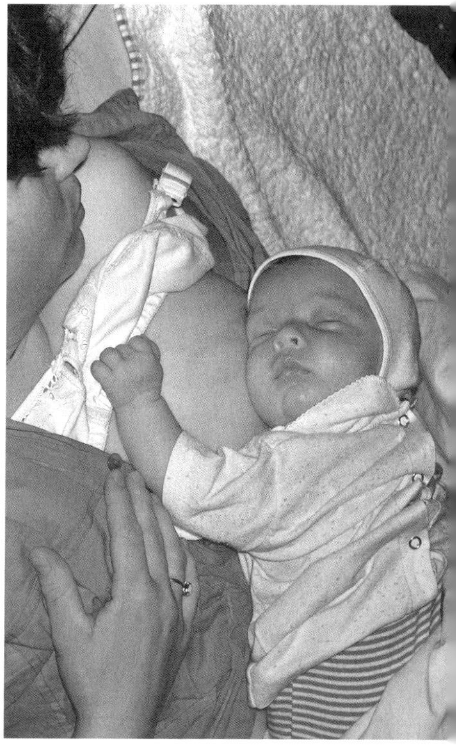

Beruhigt weiterschlafen

Die Forschung hat ausserdem gezeigt, dass Muttermilch zu besserer Gehirnentwicklung bei Kleinkindern beiträgt. Muttermilch hat im Vergleich zu künstlicher Säuglingsnahrung einen höheren Anteil der Aminosäure Taurin, die die Gehirnentwicklung unterstützt. Muttermilch enthält auch signifikante Mengen von DHA und AA, Fettsäuren, die das Material abgeben für die Umkleidung der Nervenfasern, die es diesen erst ermöglicht Signale weiterzuleiten. Ein erhöhter DHA- und AA-Spiegel im Blut werden in Zusammenhang gebracht mit einer besseren visuellen und kognitiven Entwicklung bei Kleinkindern. Andere Studien zeigen, dass mit Muttermilch ernährte Kinder einen höheren IQ haben und bessere Schulleistungen erbringen. Muttermilch ist also nicht nur die beste Nahrung für Wachstum und Schlaf, sondern ebenso für das Denkvermögen.

Wenn Hilfe nicht wirklich eine Hilfe ist

Meine Mutter kam, um uns mit unserem Baby – unserem ersten – zu helfen. Sie schlägt vor, in der Nacht aufzustehen, um ihm ein Fläschchen zu geben, damit ich schlafen kann. Auch tagsüber möchte sie dies gelegentlich tun, damit ich auch mal aus dem Haus komme. Ist dies in Ordnung? Könnte es sich negativ auf das Stillen auswirken?

Ihre Mutter meint es gut und möchte Sie – die junge Mutter – mit Recht etwas bemuttern. Aber ihr Vorschlag ist ein Beispiel dafür, wie ein kurzfristiger Vorteil langfristig zu einem Nachteil werden kann. In den ersten Wochen versuchen Mutter und Baby eine harmonische Stillbeziehung aufzubauen. Dies bedeutet unter anderem, ein Gleichgewicht zwischen Angebot und Nachfrage bei der Milchproduktion zu finden. Einmischungen von aussen können diesen Prozess stören. Fläschchen, auch wenn sie in noch so guter Absicht gegeben werden, sind in den ersten Wochen nicht empfehlenswert. An einem Flaschensauger zu saugen, ist ganz anders als an der Brust. Wenn ein Neugeborenes beides zur gleichen Zeit lernen sollte, wird es durcheinander gebracht und lernt langsamer. Gelegentliches Füttern mit der Flasche kann auch zu Milchstaus führen, da die Brust nicht oft genug geleert wird. Milchstaus wiederum können der Anfang einer ganzen Reihe von Stillproblemen sein, die schliesslich die vermeintliche Entlastung in ihr Gegenteil verkehren. Ihre Mutter ist da, um sich um Sie und Ihren Haushalt zu kümmern, nicht um eine Ersatzmutter für Ihr Baby zu sein. Ihr dies verständlich zu machen, braucht einiges Taktgefühl von Ihnen. Natürlich liebt Ihre Mutter ihr Grosskind und möchte deshalb helfen und raten. Dem Baby zuliebe sollten aber Sie die Bedingungen für die Hilfe festlegen und nicht Ihre Mutter.

Warum gestillte Kinder nachts aufwachen

Das nächtliche Aufwachmuster von gestillten und künstlich ernährten Kindern ist nicht identisch. Muttermilch wird schneller verdaut als künstliche Nahrung, weshalb sich Flaschenkinder länger satt fühlen. Eine Studie mit sechs Monate alten Babys zeigte, dass 52 % der gestillten Kinder nachts aufwachten, während es bei den andern nur 20 % waren. Weiter wurde gefunden, dass 67 % der Kinder, die bis zwölf Monate oder länger gestillt wurden in der Nacht aufwachten (Carey 1975). Dabei wurde „nächtliches Aufwachen“ definiert als „ein- oder mehrmaliges Aufwachen und Schreien zwischen Mitternacht und 5 Uhr morgens, in mindestens vier von sieben Nächten über einen Zeitraum von mindestens vier aufeinanderfolgenden Wochen im Alter zwischen sechs und zwölf Monaten“.

Warum wachen gestillte Kinder nachts häufiger auf? Dies ist eine schwierige Frage. Die Zusammensetzung der Milch müsste nicht unbedingt der entscheidende Grund sein. Auch die Art und Weise, wie stillende Mütter auf das Aufwachen und Schreien ihrer Kinder eingehen, könnte ein wesentlicher Faktor sein. Im Allgemeinen reagieren stillende Mütter sensibler auf ihr Kind. Die Herausgeberin dieser Studie, Dr. Dana Raphael (1976), Direktorin des „Human Lactation Center“ in Westport, Connecticut, gibt dazu folgenden Kommentar:

„In der Diskussion über das nächtliche Aufwachen wird stillschweigend davon ausgegangen, dass ein achtstündiger ungestörter Nachtschlaf von Mutter und Baby in jedem Fall das unantastbare Ziel ist und segensreiche Wirkung zeigen muss. Ich meine aber, dass das Problem in den Erwartungen und Ängsten unserer Kultur in Bezug auf das Schlafen liegt. Unser soziales System funktioniert so, dass Frauen morgens rechtzeitig aufstehen müssen, um das Frühstück auf den Tisch zu bringen, den Haushalt zu führen, zu putzen, zu waschen, zu kochen, Kinder zu betreuen usw. ... und dies alles ohne die Unterstützung von andern. Dadurch wird das nächtliche Füttern zu einem Problem. Mutter und Baby an sich haben damit wenig zu tun.“

Das nächtliche „Dauerstillen“

„Das Baby will die ganze Nacht gestillt werden“ – diesen Satz höre ich sehr oft. Es gibt dafür verschiedene Gründe. In den ersten Monaten (normalerweise mit drei Wochen, sechs Wochen und drei Monaten) machen Babys mehrere Wachstumsschübe durch und verlangen tagsüber und auch nachts sehr häufig nach der Brust. Dadurch kann sich die Milchproduktion dem zunehmenden Bedarf anpassen.

Ein weiterer Grund für das nächtliche Dauerstillen könnte darin liegen, dass das Baby mit zwei bis drei Monaten anfängt, bewusster wahrzunehmen, was um es herum vorgeht. Durch viele neue Eindrücke wird es tagsüber häufig abgelenkt. Es saugt vielleicht ein bisschen, schaut sich dann wieder um, saugt wieder etwas und muss sich schon wieder umsehen – sehr effizient kann es so natürlich nicht trinken. In der Nacht ist die

Welt weniger interessant. Das Baby wird nicht abgelenkt (die Mutter auch nicht) und kann seine Mahlzeiten in aller Ruhe nachholen. Die Mutter kommt sich vielleicht wie ein durchgehend geöffnetes Restaurant vor. Wenn sie soviel Toleranz aufbringen kann, würde ich ihr empfehlen, ihr „Restaurant" offen zu lassen, weil das Baby damit tut, was es tun muss, um zu gedeihen. Wenn es sie allzu müde macht, sollte die Ablenkung tagsüber möglichst gering gehalten werden. Stillen in einem abgedunkelten, uninteressanten Raum kann helfen. Auch voraussehbare Störungen durch Geschwister sollten so weit wie möglich vermieden werden.

Tipps für das nächtliche Stillen

Wie man den schlafenden Säugling von der Brust löst

Manche Babys mögen es, im Schlaf die Brustwarze im Mund zu spüren. Sie lockern die Kiefer nicht, obwohl sie tief schlafen und lassen erst nach längerer Zeit los. Manchmal hält sich ein Baby die ganze Nacht an der Brust fest. Manche Mütter lernen es, in dieser Position bequem zu schlafen und sind einfach froh, dass das Baby zufrieden ist. Wenn Sie aufstehen müssen oder sich so einfach nicht wohl fühlen, können Sie lernen, wie man das Baby dazu bringt, die Brustwarze loszulassen, ohne dass es dabei wach wird.

Mama schläft weiter – und ich auch

Wenn Sie die Brustwarze einfach herausnehmen, fühlt das Baby den Druckverlust in seinem Mund und wacht vielleicht auf. Versuchen Sie in diesem Fall, den Saugschluss langsam und allmählich zu lösen. Schieben Sie den kleinen Finger in seinen Mundwinkel (Nagel gegen die Unterlippe) und öffnen Sie sanft seinen Mund. Ziehen Sie dann langsam die Brustwarze aus seinem Mund. Wenn es anfängt unruhig zu werden und nach der Brustwarze zu suchen, drücken Sie Ihren Finger oben gegen den Gaumen, während Sie die Brustwarze herausziehen. Es wird vielleicht wieder zu saugen beginnen. Lassen Sie Ihren Finger solange dort, bis Sie merken, dass es wieder tief schläft. Sollte es ganz aufgewacht sein, wird es mit Mund und Händen nach der Brustwarze suchen. Geben Sie ihm schnell die Brust wieder und versuchen Sie es nochmals, wenn es tief schläft. Vielleicht müssen Sie dies mehrmals versuchen, bis das Baby ruhig bleibt. Meistens funktioniert es beim ersten Mal, wenn das Baby wirklich tief schläft und Sie langsam vorgehen.

Das Baby nachts aufstossen lassen

Lassen Sie das Kind so aufstossen, dass Sie dabei liegen bleiben können. Wenn Sie auf der Seite liegen, können Sie es aufsetzen und so gegen sich abstützen, dass Sie leichten Druck gegen seinen Bauch ausüben können. Babys müssen nachts nicht so häufig aufstossen wie tagsüber. Möglicherweise kommt dies davon, dass sie nachts entspannter trinken und so weniger Luft schlucken.

Verhilft eine Breimahlzeit zum Durchschlafen?

„Abends ein dicker Getreidebrei" ist ein althergebrachter und oft gehörter Ratschlag. Es ist aber ein Irrtum, zu meinen, dass man ein Baby „abfüllen" kann, damit es besser schläft. Dies kann überdies zu späteren Problemen mit der Appetitregulierung führen. Tatsächlich zeigen Studien, dass das Einführen von Brei in den Speiseplan bei vier- bis sechsmonatigen Säuglingen keinerlei Auswirkungen auf die Dauer der nächtlichen Schlafperioden, die Häufigkeit des nächtlichen Aufwachens und auf das Verhältnis von Tag- zu Nachtschlaf hat.

Essen macht Spass, hat aber mit Durchschlafen nichts zu tun

Ernährung nach Zeitplan versus Ernährung nach Bedarf

Mit dem Aufkommen der Flaschennahrung wurden Babys nach einem strengen vierstündigen Zeitplan gefüttert, in der Hoffnung, ihnen so einen regelmässigen, vorhersagbaren Schlaf-Wach-Rhythmus beibringen zu können. Auch hier haben Studien erwiesen, dass es für die Häufigkeit des nächtlichen Aufwachens keine Rolle spielt, ob nach Schema oder nach Bedarf gefüttert wird (Parmlee 1964). Uneingeschränktes Stillen hat längerfristig sogar einen günstigen Effekt auf den Schlaf-Wach-Rhythmus.

Das Baby „vollstopfen" – ein Irrtum

Unser sechs Monate altes Baby wacht nachts vermehrt auf und scheint wirklich hungrig zu sein. Heisst das, es braucht nun zusätzliche Nahrung?

Die meisten Kinder brauchen erst mit sechs Monaten Zusatznahrung, einige sogar noch später. Wenn die Zeitabstände zwischen den Stillmahlzeiten in diesem Alter immer kürzer werden, kann dies ein Hinweis darauf sein, dass es mehr Nahrung braucht. Dies kann durch häufigeres Stillen geschehen oder durch das Einführen von Zusatznahrung. Wenn Ihr Kind mit häufigerem Stillen zufrieden zu sein scheint, ist dies in Ordnung. Möchten Sie aber nicht häufiger stillen oder wenn Sie wirklich den Eindruck haben, dass Ihr Kind auch noch etwas anderes als Muttermilch will, dann ist die Zeit für zusätzliche Nahrung gekommen. Sie sehen seine Bereitschaft dazu auch daran, wie es mit seiner Zunge reagiert und ob es richtig schluckt. Geben Sie mit Ihrem Finger ein winziges Stück einer sehr reifen, zerdrückten Banane auf die Zunge des Babys. Wenn es die Zunge zurückzieht, ist es schon soweit, wenn es die Zunge herausschiebt hingegen nicht.
Ihr Baby vor dem Schlafengehen mit Brei zu füllen, verhindert nicht das nächtliche Aufwachen.

Das Fläschchen in der Nacht

Bei künstlich ernährten Säuglingen, kann das Fläschchen zum Einschlafritual gehören oder auch nötig sein, wenn das Kind nachts aufwacht. Man sollte es jedoch nach dem Einschlafen nicht weiter an der Flasche nuckeln lassen. Wenn es eingeschlafen ist, nimmt die Speichelproduktion ab und damit auch ihre Spülwirkung im Mund. Der in der Milch oder im Saft enthaltene Zucker kann so ungehindert auf die Zähne einwirken, was zu schwerem Zerfall, vor allem der vorderen Zähne (zur so genannten „Flaschenkaries") führen kann. Diese Art Zahnzerfall kommt bei gestillten Kindern sehr selten vor. Auch Flaschenkinder sollten von den Eltern in den Schlaf begleitet werden, was jedenfalls ausschliesst, dass das Kind mit der Flasche allein gelassen wird.
Was, wenn das Baby auf sein nächtliches Fläschchen mit Milch oder Saft nicht verzichten will? Manche Kinder brauchen die Saugbewegungen, um schlafen zu können, einzelne bis ins zweite oder dritte Lebensjahr. Sie können dieses Bedürfnis zwar respektieren, aber trotzdem die Flaschenkaries

vermeiden, indem Sie den Saft oder die Milch allmählich mit immer mehr Wasser verdünnen, bis die Flasche nach einigen Wochen fast nur noch Wasser enthält.

In Lebensmitteln enthaltene Stoffe, die den Schlaf beeinträchtigen können

Koffein

Koffein wirkt nicht auf alle Menschen gleich. Während manche mit Schlafproblemen reagieren, merken andere nichts davon. Koffein kann über die Muttermilch auch das Verhalten und den Schlaf von Babys beeinflussen. Es geht allerdings nur in sehr kleinen Mengen in die Muttermilch über, sodass die Mutter theoretisch eine sehr grosse Menge Kaffee trinken muss (mindestens sechs Tassen), bis sie bei ihrem Kind eine Wirkung feststellen kann. Auch hier gibt es aber wieder grosse individuelle Unterschiede. Koffein kann die Zeit verlängern, die das Kind zum Einschlafen braucht und auch die normalen Schlafphasen stören. Menschen, die an sehr grosse Mengen Koffein gewöhnt sind und plötzlich darauf verzichten, können Entzugserscheinungen in Form von Kopfschmerzen, Müdigkeit und erhöhter Reizbarkeit erleben. Koffein ist unter anderem in Kaffee, Colagetränken, Schwarztee und Schokolade enthalten. Stillende Mütter sollten sich bewusst sein, dass manche rezeptpflichtige, als auch rezeptfreie Medikamente, zum Beispiel gegen Erkältung und Kopfschmerzen, beträchtliche Mengen an Koffein enthalten können. Lesen Sie die Beipackzettel, wenn Sie vermuten Ihr Baby reagiere empfindlich.

Nikotin

Raucher brauchen in der Regel länger zum Einschlafen und wachen nachts häufiger auf – die Wirkung ist ähnlich wie beim Koffein. Studien zeigen, dass Rauchen den Prolaktinspiegel von stillenden Müttern senken kann, insbesondere bei mehr als 15 Zigaretten pro Tag (Nybor 1982). Raucherinnen stillen im Allgemeinen früher ab und haben eine geringere Milchproduktion.

Alkohol

Eine geringe Menge Alkohol, zum Beispiel ein Glas Wein, kann das Einschlafen erleichtern und keine nachteilige Wirkung zeigen, während sich starkes Trinken vor dem Schlafengehen in der zweiten Nachthälfte rächt. In diesem Fall wird die betreffende Person zwar sehr schnell und wie betäubt einschlafen, dann aber, wenn die Wirkung des Alkohols nachlässt, früh und unruhig mit den typischen Symptomen eines Katers (trockener Mund, Muskelschmerzen, Kopfschmerzen und Herzklopfen) erwachen. Alkohol unterdrückt den REM-Schlaf. Alkoholiker erleben häufig Albträume, die während des Entzugs noch verstärkt auftreten. Übermässiger Alkoholgenuss verschlechtert also normalerweise die Schlafqualität und birgt auch Gefahren für das gemeinsame Schlafen von Eltern und Kind.

Süssigkeiten

Lebensmittel mit hohem Zuckeranteil und künstlichen Farbstoffen können den Schlaf ebenfalls beeinträchtigen. Nicht alle Kinder reagieren gleich empfindlich. Manche zeigen aber als Reaktion darauf eine verminderte Konzentrationsfähigkeit, schlechte Schulleistungen, Stimmungsschwankungen und Schlafstörungen.

Wenn ein Kind vor dem Schlafengehen Nahrungsmittel mit sehr viel Zucker zu sich nimmt, ist sein Blutzuckerspiegel beim Einschlafen sehr hoch. Dies löst einen starken Insulinschub aus, was wiederum zu einem übermässig schnellen Abfall des Blutzuckerspiegels während der Nacht führt. Da das Gehirn auf eine ausreichende Blutzuckerversorgung angewiesen ist, kann der Schlaf gestört werden.

Am besten für Kinder sind die natürlichen Zuckerarten, wie sie in Milch und Obst vorkommen. Der natürliche Fruchtzucker (Fruktose) verursacht das oben erwähnte Problem nicht. Aus diesem Grund sind Schlafstörungen weniger wahrscheinlich, wenn das Kind vor dem Schlafengehen Obst isst, als wenn es noch eine Süssigkeit bekommt. Vor allem zum Backen und Kochen kann sehr gut Fruchtzucker (Honig, ungesüsstes Fruchtsaftkonzentrat) anstelle von weissem Zucker verwendet werden. (Kinder unter einem Jahr sollten keinen Honig bekommen.)

Nahrungsmittel, die sich auf den Schlaf positiv auswirken

Für einen guten, erholsamen Schlaf sollte der Magen weder überfüllt, noch zu leer sein.
Gute Abendmahlzeiten für Kleinkinder sind zum Beispiel:

- Ein Glas warme Milch (wenn das Kind nicht mehr gestillt wird)
- Vollkornbrot mit Butter und Käse
- Getreidemüsli mit Milch und Früchten
- Jogurt mit Früchten

Mag selber essen

Ursachen für das nächtliche Aufwachen

7

Ursachen für das nächtliche Aufwachen

Sicher wurde mittlerweile klar, dass nächtliches Aufwachen bei Kindern grundsätzlich nicht vermeidbar ist. Glücklicherweise gibt es aber auch einige Gründe für unruhigen Schlaf, die mehr oder weniger unter Kontrolle zu bekommen sind. In diesem Kapitel geht es um emotionale, körperliche, umweltbedingte und medizinische Ursachen fürs nächtliche Aufwachen.

Emotionale Ursachen

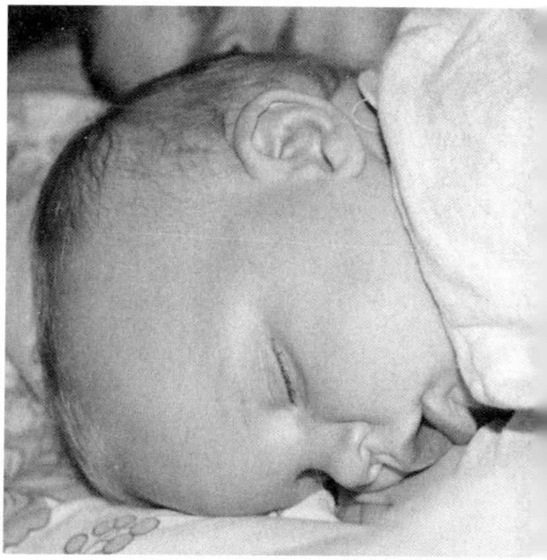

In den beiden ersten Lebensjahren lassen sich die meisten emotionalen Ursachen des nächtlichen Aufwachens auf die Trennungsangst zurückführen. Im zweiten Lebensjahr beginnt das Kind zu lernen, dass Mutter und Vater da sind oder dass sie zurückkehren werden, auch wenn es sie im Moment nicht sehen kann.

Ein Kind, das aus dem Elternbett ausquartiert wird, bevor es dazu reif ist, beginnt häufig vermehrt aufzuwachen. Die bisherige Harmonie ist gestört. Es realisiert vielleicht nicht, dass Mutter und Vater nur im nächsten Zimmer liegen. Seine nächtliche Umgebung stimmt nicht mehr und Trennungsangst entsteht. Das Problem lässt sich normalerweise beheben, wenn die Situation rückgängig gemacht und so die Harmonie wiederhergestellt wird.

Ängste und schlimme Träume sind die häufigsten emotionalen Ursachen des Aufwachens bei Kindern, die älter als zwei Jahre sind. Oft wird die Wirklichkeit in den Träumen verzerrt; der freundliche Hund des Nachbarn erscheint als Ungeheuer. Die Träume kleiner Kinder sind oft ein Wiedererleben ihrer Erfahrungen des Tages. Es ist mit häufigeren nächtlichen Störungen zu rechnen, wenn der normale Tagesablauf durch etwas Besonderes, seien dies nun erfreuliche oder unerwünschte Geschehnisse, durcheinandergebracht wird. Es gilt auch zu beachten, welchen Eindrücken, zum Bespiel am Fernsehen, das Kind tagsüber ausgesetzt ist. So sollte das Kind vor Gewaltdarstellungen und auch vor anderen nicht nachvoll-

ziehbaren, irrealen Szenen verschont werden. Der Einfluss des Fernsehens auf das Unterbewusstsein des Kindes ist nicht zu unterschätzen.
Auch in Familienkrisen wie Trennung, Scheidung, schweren Krankheiten oder einem Familienstreit, muss mit Schlafstörungen gerechnet werden. Dies gilt vor allem für Familien, in denen vorher harmonische Verhältnisse herrschten. Wenn ein Familienmitglied Probleme hat, beeinträchtigt dies die ganze Familie. Schlafprobleme sind bekannt bei kleinen Jungen, die von ihrem Vater getrennt werden.
Die Reaktion auf häusliche Krisen kann unterschiedlich sein. Während manche Kinder nicht mehr schlafen wollen, gibt es auch solche, die mehr schlafen, um der Situation mit der sie nicht umgehen können, auszuweichen. Bei Auseinandersetzungen über das Sorgerecht oder die Besuchszeiten bei einer Scheidung sind Schlafprobleme besonders häufig, wenn ein noch nicht abgestilltes Kind getrennt von seiner Mutter schlafen muss.

Körperliches Unwohlsein als Ursache

Das Baby hat Hunger

Der Magen eines kleinen Babys ist ungefähr so gross wie seine winzige Faust. Sein Verdauungstrakt ist auf häufige kleine Mahlzeiten angelegt, daher sollten Sie damit rechnen, dass es in den ersten Monaten rund um die Uhr mindestens alle zwei bis drei Stunden gestillt werden möchte.

Das Baby ist nass

Die meisten Babys gewöhnen sich an ein gelegentliches Nässegefühl und fühlen sich dadurch nicht gestört. Wenn Sie Stoffwindeln verwenden, nehmen Sie eine zusätzliche Windel vor dem Schlafengehen, um das Unbehagen durch Nässe auf ein Minimum zu reduzieren.

Dem Baby ist zu warm oder zu kalt

Halten Sie sich an die Faustregel, Ihrem Baby genauso viel anzuziehen und es auch so zuzudecken, wie Sie dies bei sich selbst tun. Rechnen Sie noch eine Schicht mehr für Frühgeborene und Babys, die weniger als viereinhalb Kilo wiegen oder sehr schlank sind. Baumwollkleidung ist ideal, weil sie die Feuchtigkeit absorbiert und eine ungehinderte Luftzirkulation ermöglicht. Die Kleidung soll locker sein, damit sich das Kind bewegen kann. Schauen Sie hin und wieder nach, ob die Füsse bei den Schlafanzügen nicht zu eng sind. Manche ganz kleine Babys haben oft kalte Füsse und brauchen zusätzliche Söckchen.

Das Baby zahnt

Zwischen fünf und sieben Monaten haben Babys oft Zahnungsschmerzen und wachen dadurch häufig auf, auch wenn sie bisher gut geschlafen haben. Zahnungsschmerzen können sogar schon mit vier Monaten beginnen (begleitet von reichlichem Speichelfluss), auch wenn noch längere Zeit keine Zähne zu sehen oder zu spüren sind. Wenn das Leintuch unter dem Kopf Ihres Babys nass ist und es einen Ausschlag an den Wangen und am Kinn hat (dort wo es sein Gesicht am nassen Leintuch gerieben hat), ist dies ebenfalls ein Zeichen für das Zahnen. Das Zahnen kann auch später Beschwerden verursachen, bis mit etwa zwei Jahren auch die Backenzähne durchgebrochen sind. Darüber, wie Fieber und Schmerzen im Zusammenhang mit dem Zahnen gelindert werden können, lesen Sie den Abschnitt über Fieber in diesem Kapitel.

Das Baby hat einen wichtigen Entwicklungsschritt gemacht

Es kann sein, dass Ihr Baby selbst im Schlaf noch sein neues Können übt. Bewegungen wie das Greifen, Krabbeln, Aufstützen oder Umdrehen könnten es wecken.

Gelegentliches Aufwachen und das Zahnen

„Unser sechs Monate alter Junge ist normalerweise sehr ruhig. Er schläft nachts meistens durch und selbst wenn er ein- oder zweimal zum Stillen aufwacht, schläft er danach in seinem eigenen Bett leicht wieder ein. Seit ein paar Wochen wacht er jedoch öfters auf, und ich brauche manchmal eine volle Stunde, um ihn wieder zum Einschlafen zu bringen. Könnte es das Zahnen sein?"

Zwischen vier und sechs Monaten haben Babys oft einen verschleimten Nasen- und Rachenraum. Die Speichelproduktion nimmt in Vorbereitung auf das Zahnen zu. Dieser überflüssige Speichel sammelt sich im Rachen an, was das Baby stört und aufweckt. Es ist keine eigentliche Erkältung, sondern ganz einfach eine mechanische Belästigung. Der Schleim ist zu weit hinten in der Nase und im Rachen, um sich leicht zu lösen und die Eltern sind frustriert, weil sie nicht helfen können.

Babys können auch durch Zahnungsschmerzen geweckt werden. Diese sind (wie jede andere Art von Druckschmerz) nicht einfach zu lindern und stellen einen intensiven Weckreiz dar. Eventuell müssen Sie wenn Ihr Kind aufwacht, Ihr übliches Einschlafritual nochmals durchspielen. Dies kann anspruchsvoll sein. Es ist sinnvoll, wenn Sie sich in der Betreuung abwechseln könnten – einmal übernimmt Papa, beim nächsten Aufwachen die Mama. Wenn Sie ein Schmerzmittel verwenden möchten, fragen Sie Ihren Kinderarzt/Ihre Kinderärztin.
Das vermehrte nächtliche Aufwachen geht manchmal nicht so schnell vorüber und manche Babys haben trotz allem Schwierigkeiten, ihr gewohntes Schlafmuster wieder zu finden. In diesem Fall verstärken die Schmerzen vielleicht die Trennungsangst des Kindes. Sie sollten eventuell Ihr Schlafarrangement und die übliche nächtliche Routine überdenken und Ihre Erwartungen etwas herunterschrauben.

Umwelteinflüsse

Die Raumtemperatur ist zu hoch oder zu niedrig

Die Konstanz der Temperatur ist genauso wichtig oder noch wichtiger als die eigentliche Höhe der Temperatur. Bei Frühgeborenen oder sehr kleinen Babys von weniger als zweieinhalb Kilos ist die Temperaturregelung des Körpers bei der Geburt noch nicht völlig ausgereift. Diese Kinder brauchen eine konstante Raumtemperatur, um Kältestress zu vermeiden. Voll ausgetragene Babys, die über dreieinhalb Kilos wiegen, haben eine ausreichende Fettschicht am Körper und ihre Temperaturregelung ist soweit ausgereift, dass sie sich in einer ähnlichen Umgebung wohl fühlen wie ein durchschnittlicher Erwachsener. Da Neugeborene in den ersten Lebenswochen nicht grössere Temperaturschwankungen ausgleichen können, ist es ideal wenn die Temperatur konstant auf etwa 21 Grad Celsius gehalten werden kann.
Die relative Luftfeuchtigkeit spielt ebenfalls eine wichtige Rolle. Babys fühlen sich am wohlsten in einer Umgebung mit einer Luftfeuchtigkeit von mindestens 50 %. Dies hilft ihnen, die Körpertemperatur konstant zu halten. Zu trockene Luft führt zu Verstopfung der ohnehin engen Nasengänge. Ich empfehle Eltern, in Babys Schlafraum einen Luftbefeuchter oder Luftreiniger zu stellen, vor allem während der Wintermonate, wenn geheizt wird. Es ist sehr wichtig, das Gerät wöchentlich zu reinigen, um

Allergie-Erreger zu entfernen. Ausserdem ist es ratsam, auch einen Luftbefeuchter mitzunehmen, wenn Sie mit einem kleinen Baby unterwegs sind, vor allem wenn Sie in Räumen übernachten, in denen elektrisch geheizt wird.

Reizstoffe in der Luft

In der Luft vorkommende Stoffe können die Ursache für eine verstopfte Nase und gereizte Augen sein und dadurch die Nachtruhe stören. Zigarettenrauch, Babypuder, Farbdämpfe, Parfüms, Haarsprays und Fusseln von Kleidungsstücken sind Reizstoffe, denen Babys nicht ausgesetzt werden sollten. Waschen Sie Babykleidung und Bettwäsche vor dem ersten Gebrauch. Der stärkste Reizstoff ist Zigarettenrauch. Ich empfehle nachdrücklich, das Haus zur Nichtraucherzone zu erklären, wenn ein Baby da ist.

Lärm

Ein Neugeborenes wird eher durch (plötzliche) Geräusche aufgeweckt als durch Licht oder Berührung. Die in der ersten Zeit erhöhte Bereitschaft durch Umweltreize geweckt zu werden, erklärt sich wahrscheinlich damit, dass der Anteil an REM-Schlaf-Phasen grösser ist und dadurch auch die besonders sensiblen Übergangsphasen häufiger vorkommen. Je regelmässiger Geräusche sind oder je ähnlicher denjenigen, die es im Mutterleib gehört hat, desto weniger stören sie gewöhnlich das Baby.

Medizinische Ursachen

Verstopfte Nase

Babys haben enge Nasengänge und atmen durch die Nase, daher können sie sich durch die kleinste Schwellung gestört fühlen. Einige Ursachen für eine verstopfte Nase wurden schon genannt. Da das Baby sich nicht selbst wirksam schnäuzen kann, hilft Folgendes: Bereiten Sie eine physiologische Kochsalzlösung zu – ein viertel Teelöffel Salz auf 2,5 dl Wasser – und tröpfeln Sie mit einer Pipette einige Tropfen davon in jedes Nasenloch. Dies löst das Sekret und das Baby muss vielleicht husten oder niesen. Dies sind seine eigenen Schutzmechanismen zum Freimachen der Atemwege. Dann saugen Sie mit einem „Nasensauger“ (erhältlich in Apotheken und Drogerien) sehr vorsichtig den gelösten Schleim heraus. Das Baby wird wahrscheinlich dagegen protestieren ...

Halten Sie Reizstoffe fern und verwenden Sie einen Luftbefeuchter. Dies hilft, die Nase des Babys frei zu halten und nächtliches Unbehagen zu vermeiden.

Allergien

Zusätzlich zu den schon erwähnten Reizstoffen können Allergien – insbesondere gegen Stoffe, die in der Schlafumgebung des Babys vorhanden sind – für eine erhöhte Sekretion in der Nase und den Atemwegen verantwortlich sein und dadurch den Schlaf beeinträchtigen. Die häufigsten Allergene mit denen Babys konfrontiert werden, sind Zigarettenrauch, Hausstaub, Kuhmilchprodukte, Parfüms, Haarsprays, Tierhaare und -staub (halten Sie keine Tiere im Kinderzimmer), Pflanzen, Kleidungsstücke (vor allem Wolle), Plüschtiere, Federkissen und -decken. Anzeichen für eine allergische Reaktion gegen irgendetwas in der Schlafumgebung sind ein farbloser, wässriger Ausfluss aus Nase oder Augen, Schnupfen oder eine verstopfte Nase beim Aufwachen. Die Beseitigung möglicher Allergene aus Bett und Schlafzimmer hilft dem Kind, besser zu schlafen. Auch Nahrungsmittelallergien können den Schlaf beeinträchtigen. Ein Kind, das die ganze Nacht unruhig ist oder mit plötzlichen, kolikartigen Schmerzen und einem geblähten, harten Bauch aufwacht, reagiert möglicherweise auf ein Nahrungsmittel, das es selbst oder die Mutter gegessen hat. Es hat vielleicht zusätzlich andere Symptome, wie Reizbarkeit, Ausschläge und chronische Ohrenentzündungen oder auch Probleme mit den Atemwegen. In diesem Fall muss die Mutter die Allergie auslösenden Nahrungsmittel vermeiden. Als erstes sollte Kuhmilch in Betracht gezogen werden. Die Mutter sollte alle Milchprodukte und alle Nahrungsmittel, die Milch, Käse oder Milchproteine enthalten können, weglassen. Dazu ist es nötig, die Etikette mit den Inhaltsstoffen sehr aufmerksam zu lesen. Manche Babys sind sehr empfindlich. Andere mögliche Allergene sind Eier, Zitrusfrüchte, Mais, Zwiebeln, Fisch, Erdnüsse, Kohl, Schokolade und Nüsse. Lesen Sie hierzu

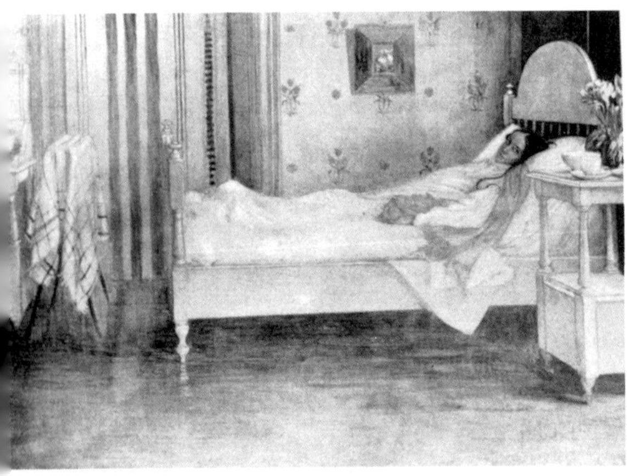

Carl Larsson: Invalid

unbedingt das entsprechende Kapitel in „Das Handbuch für die stillende Mutter“ der La Leche Liga nach.(Bezugsquelle im Anhang.)

Gastroösophagaler Reflux (oder Refluxösophagitis)

Nächtliches Aufwachen kann auch mit Gastroösophagalem Reflux zu tun haben. Dies bedeutet das Zurückfliessen von säurehaltigem Mageninhalt in die Speiseröhre, was für Babys recht schmerzhaft sein kann – ähnlich wie Sodbrennen bei Erwachsenen. Weitere Symptome, die damit verbunden sind: Häufige Schreianfälle, die auf Schmerzen deuten, häufiges Spucken nach der Mahlzeit, Unterleibsschmerzen, Reizbarkeit nach dem Füttern und häufige Infektionen der Atemwege.
Reflux tritt häufiger in horizontaler Lage auf. Wenn das Baby nach dem Füttern für 30 Minuten in aufrechter Position gehalten wird, verringert dies die Symptome. Auch kleinere, häufigere Mahlzeiten können helfen. Studien zeigen, dass Reflux bei gestillten Kindern weniger problematisch ist. Ihr/e Kinderarzt/-ärztin kann Sie mit weiteren Massnahmen unterstützen.

Fieber

Seien Sie auf vermehrte nächtliche Störungen gefasst, wenn Ihr Kind eine von Fieber begleitete Krankheit hat. Manche Viren verursachen nachts höheres Fieber als tagsüber. Fieber senkende Medikamente können dabei helfen, die Temperaturspitzen während der Nacht geringer zu halten. Es ist nicht ratsam, ein schlafendes Kind zum Messen der Temperatur zu wecken; küssen Sie es einfach auf die Stirne oder spüren Sie mit der Hand. (Lesen Sie hierzu auc das Kapitel 16.)

Ohrinfektionen

Nicht selten ist eine Ohrinfektion der Grund für nächtliches Aufwachen. An folgenden Merkmalen können Sie erkennen, dass eine normale Erkältung wahrscheinlich zu einer Ohrinfektion geführt hat und Sie so bald wie möglich medizinische Hilfe in Anspruch nehmen sollten:

- Der Ausfluss aus der Nase wird statt farblos und wässerig, dickflüssig und gelblich.
- Das Kind hat einen Schnupfen und zusätzlich gelblichen Ausfluss aus den Augen.
- Die Stimmung des Kindes wird im Verlauf der Erkältung zunehmend weinerlich und reizbar, ausserdem schläft es schlechter.

Manchmal schläft ein Kind mit einer Ohrinfektion zwar schlecht, tagsüber scheint es ihm aber besser zu gehen. Bringen Sie es trotzdem zum Arzt. Ohrinfektionen stören nachts mehr, da der Druck (der durch die Infektion produzierten Flüssigkeit) auf das Trommelfell in horizontaler Lage grösser ist, als in aufrechter Stellung. Kleine Kinder sitzen oder stehen in dieser Situation nachts häufig auf oder Mütter berichten, dass es dem Kind besser geht, wenn sie es aufrecht halten, dass sie es aber nicht hinlegen können.

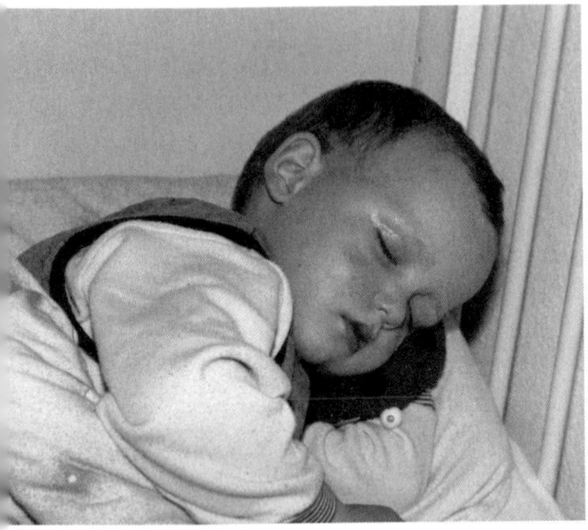

Tiefer Schlaf in frischer Luft

Die Gefahr einer Ohrinfektion ist übrigens auch einer der Gründe, weshalb man Babys nicht mit einer Flasche schlafen legen sollte. Das Trinken aus einer Flasche im Liegen lässt Milch in die eustachische Röhre (Verbindungsgang zwischen Mittelohr und Rachenraum) fliessen und begünstigt damit das Auftreten einer Mittelohrentzündung. Das Trinken an der Brust im Liegen scheint hingegen keine Beschwerden hervorzurufen – es sei denn, das Baby wäre für immer wiederkehrende Ohrinfektionen besonders anfällig.

Würmer

Fadenwürmer sehen wie winzige Stücke eines weissen Fadens aus und sind ungefähr einen halben Zentimeter lang. Der trächtige weibliche Wurm bewegt sich den Darm hinunter und kommt aus dem Mastdarm heraus, um seine Eier zu legen. Dieser Vorgang verursacht einen starken Juckreiz. Oft wacht das Kind auf und kratzt den von Eiern befallenen Bereich um den After. Die Eier gelangen unter die Fingernägel und kommen damit wieder zum Mund des Kindes oder werden auf andere Personen übertragen. Aus den so verschluckten Eiern schlüpfen die Würmer im Darm aus, reifen heran, paaren sich und wiederholen den Lebenszyklus.

Juckreizsymptome und Kratzspuren im Afterbereich des Kindes können ein Anzeichen für Fadenwürmer sein. Die winzigen Würmer sind manchmal in der Nacht zu sehen, wenn man die Pobacken des Kindes auseinander hält und mit einer Taschenlampe den After beleuchtet. Sieht man die Würmer nicht, vermutet aber trotzdem, dass sie vorhanden sind, kann man ein Stück Klebestreifen – klebende Seite gegen aussen – auf einem

Eisstiel oder einem Mundspatel gegen den After drücken. Dies geschieht am besten gleich nach dem Aufwachen, vor dem Baden und bevor das Kind Stuhlgang gehabt hat. Der Arzt/die Ärztin kann den Streifen unter dem Mikroskop auf Wurmeier untersuchen und eine Behandlung beginnen. Erschrecken Sie nicht, sollte Ihr Kind Wurmbefall haben. Es ist weder peinlich noch schwierig zu behandeln.

Infektionen der Harnwege

Je jünger das Kind ist, desto unauffälliger sind die Symptome einer Harnwegsinfektion. Wenn Ihr Kind einfach nicht so gut gedeiht (es nimmt nicht genügend zu, ändert seine Schlafgewohnheiten, hat wiederholt unerklärbares Fieber oder Bauchschmerzen, Erbrechen und Durchfall, ist häufig müde) sollte der Arzt/die Ärztin eine Harnanalyse durchführen. Harnwegsinfektionen können ganz unterschiedliche Symptome auslösen.

Ich bin wach!

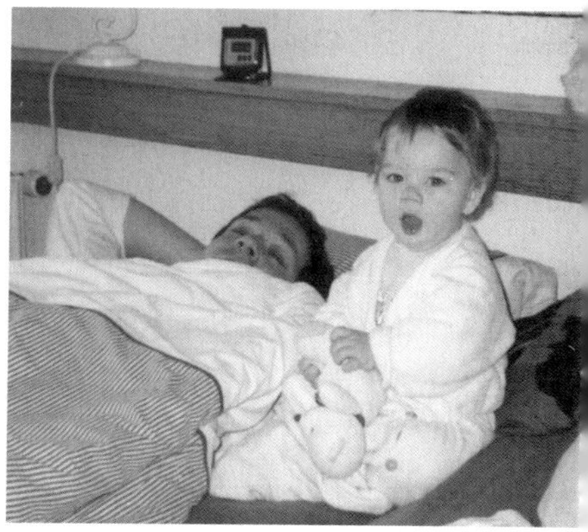

Schmerzen in der Nacht

Es gilt die Regel, dass Schmerzen, die das Kind nachts aufwecken, eher ein Grund zur Besorgnis sind, als solche, die tagsüber auftreten. In diesem Fall sollte man ärztliche Hilfe in Anspruch nehmen. Bei nächtlichen Schmerzen ist es auch unwahrscheinlicher, dass sie einen psychischen Hintergrund haben. Schmerzen sind ein Warnsignal des Körpers, dass irgendetwas nicht stimmt. Auf nachts auftretende Schmerzen Ihres Kindes einzugehen, ist einer der wichtigsten Aspekte der Begleitung in der Nacht.

Wenn das Kind trotz allem ständig aufwacht

Häufiges nächtliches Aufwachen ist ein normales, gesundes Verhalten von Neugeborenen. Ältere Babys und Kleinkinder sollten hingegen fähig sein, längere Zeit am Stück zu schlafen. Manche Kinder, die bei ihren Müttern schlafen, geniessen es die ganze Zeit an der Brust zu sein. Vielen Müttern macht diese Nebenwirkung des gemeinsamen Schlafens nichts aus, andere können sich nachts nicht richtig erholen, wenn sie ständig geweckt werden. In meiner Praxis begegne ich Müttern, deren Kleinkinder nachts stündlich erwachen und gestillt werden wollen. Die Mutter wird müde und reizbar – sie würde zwar gerne verständnisvoll auf die nächtlichen Bedürfnisse ihres Kindes eingehen, ihr Schlafmanko macht es ihr aber zunehmend unmöglich, tagsüber die Mutter zu sein, die sie eigentlich sein möchte. Wenn die nächtlichen Gewohnheiten Ihres Kindes beginnen, Sie auch tagsüber negativ zu beeinflussen, ist es Zeit, die Situation realistisch anzusehen und auszumachen, was Ihnen möglich ist und was Sie ganz einfach nicht schaffen.

Der erste Schritt zur Lösung des Problems ist es, körperliche Ursachen für das kindliche Verhalten in Betracht zu ziehen. In all den Jahren habe ich festgestellt, dass dieses Problem häufig mit Nahrungsmittelunverträglichkeiten zu tun hat. Milchprodukte und andere häufige Allergie auslösende Lebensmittel vom Speisezettel zu streichen, könnte die Schlafsituation verbessern.

Eine sanfte Fussmassage kann auch beruhigen

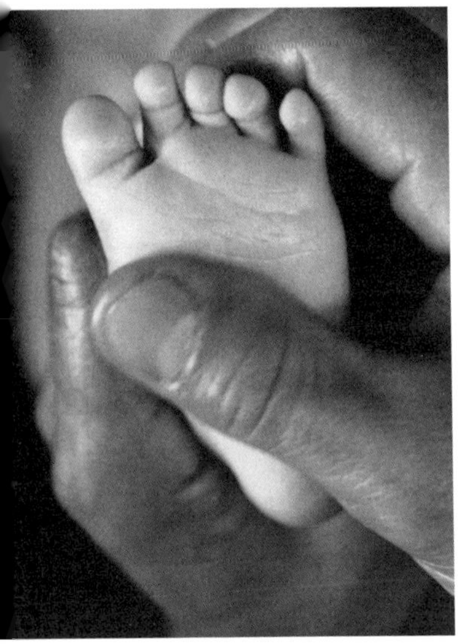

Manche ältere Babys und Kleinkinder wollen nachts häufiger an die Brust, weil sie (oder ihre Mütter) tagsüber zu beschäftigt sind, um ausreichend Nähe zu bekommen. Längere und häufigere Stillmahlzeiten während des Tages könnten in diesem Fall helfen. Vielleicht muss das Kind in einem ruhigen, abgedunkelten Raum gestillt werden, um Ablenkungen zu vermeiden und das Stillen effizienter zu gestalten. Ruhen Sie sich in dieser Zeit selber bewusst aus oder machen Sie ein Nickerchen, wenn Sie müde und gereizt sind. Verbringen Sie auch viel Zeit mit Ihrem Kind, wenn Sie nicht stillen. Es braucht so vielleicht weniger Aufmerksamkeit in der Nacht.

Babys und Kleinkinder wachen häufiger auf während einer Krankheit oder wenn sie ein neues Entwicklungsstadium erreichen. Manchmal kommt es vor, dass das Aufwachen bleibt, auch wenn die Entwicklungsstufe gemeistert oder die Krankheit überwunden ist. Das Kind hat sich daran gewöhnt, häufig aufzuwachen und mit der Zeit wird die Mutter erschöpft und ärgerlich. An dieser Stelle müssen die Eltern etwas unternehmen. Hier sind einige Vorschläge, was zu tun ist:

Stellen Sie sicher, dass es satt ist

Wenn Ihr Kind nachts zum Stillen erwacht, setzen Sie sich mit ihm auf und achten Sie darauf, dass es 10 bis 15 Minuten lang wirklich gut saugt. Wenn es nur wenige Minuten trinkt – gerade genug, dass es wieder einschläft – wird es bald wieder wach und hungrig sein.

Schaffen Sie etwas Distanz

Ein Kind, das unmittelbar an Ihrer Brust schläft, wird wahrscheinlich jedes Mal, wenn es sich im Schlaf bewegt, die Brustwarze suchen. Versuchen Sie, das Kind auf einer Matratze neben Ihrem Bett schlafen zu legen. Wenn es nachts erwacht, können Sie sich zu ihm legen und später in Ihr eigenes Bett zurückkehren. Manche Kinder erwachen seltener, wenn die Mutter nicht allzu nahe ist.

Zeigen Sie Ihrem Kind andere Einschlafmöglichkeiten

Beginnen Sie damit, Ihrem älteren Kind beizubringen, dass es nicht nur an der Brust einschlafen kann. Stillen Sie es bis es entspannt und schläfrig ist, nehmen Sie es dann von der Brust und streicheln Sie seinen Rücken, schaukeln Sie es oder kuscheln Sie einfach mit ihm zusammen, bis es schläft. Wenn es nachts erwacht, können die Mutter oder noch besser der Vater es damit versuchen, statt zu stillen. Vielleicht können Sie es auf diese Art so schnell beruhigen, dass es gar nicht ganz wach wird und nach der Brust verlangt. Nach und nach wird es lernen, sich ohne Hilfe soweit zu entspannen, dass es wieder einschlafen kann.

Regeln für das nächtliche Stillen

Ein älteres Kleinkind oder ein Vorschulkind sollte fähig sein, gewisse Grenzen oder Regeln beim nächtlichen Stillen zu akzeptieren. Sprechen Sie mit ihm darüber – bevor Sie die Regeln in die Tat umsetzen. Sie könnten zum Beispiel sagen: „Wir stillen beim zu Bett gehen und dann nicht mehr bis die Sonne aufgeht", oder „Wir stillen nicht, bis Papa aufwacht und aufsteht." Wenn das Kind nachts aufwacht, erinnern Sie es an die Regeln und trösten es, wenn es weint. Vielleicht bieten Sie ihm auch etwas Wasser an, aber Sie stillen es nicht. Vielleicht wird Ihr Kind heftig gegen diese neue Situation protestieren und Sie haben einige schwierige Nächte. Die meisten Kinder lernen aber bald, seltener zu erwachen und wieder einzuschlafen ohne gestillt worden zu sein.

Der Vater ist gefragt

Bevor die Mutter vom häufigen nächtlichen Stillen erschöpft ist, kommt der Vater zum Zug. Er kann mit dem Kind herumgehen, es schaukeln, ihm den Rücken streicheln oder was immer hilft. Dies wird spätestens dann nötig, wenn die Mutter wegen Schlafmangels tagsüber nicht mehr voll leistungsfähig ist. Für eine einfühlsame, mit dem Kind verbundene Mutter kann das schwierig zu akzeptieren sein, aber sie sollte daran denken, dass es nicht das gleiche ist, wenn das Kind in den Armen eines vertrauten, geliebten Elternteils weint, wie wenn es allein in einem Kinderbett schreien würde. Natürlich braucht es vom Vater viel Geduld, bis das Kind gelernt hat, diese neue Art des nächtlichen Trostes zu akzeptieren. Das Kind wird aber dabei lernen, dass auch der Vater für seine Bedürfnisse sorgen kann. Beginnen Sie mit diesem Versuch am besten an einem arbeitsfreien Wochenende. Wenn die Mutter nicht schlafen kann, wenn das Baby schreit, sollte entweder sie oder der Vater mit dem Kind in einen Raum ausser Hörweite gehen. So wird dieses Vorgehen vom Kind auch eher akzeptiert, als wenn es die Mutter noch in der Nähe weiss.

Nächtliche Betreuung des Kindes mit starken Bedürfnissen

8

Nächtliche Betreuung des Babys mit starken Bedürfnissen

Es ist eine Grundregel, dass die tagsüber „einfachen" Babys auch nachts leichter zu betreuen sind und sowohl schneller einschlafen als auch besser weiterschlafen als die „schwierigen". Das Schlafmuster des Babys spiegelt in der Regel sein Temperament wider.
Die anstrengenden Kinder werden unterschiedlich bezeichnet: Das quengelige, schwierige, anspruchsvoll-fordernde Baby, das Baby mit Koliken, das 24-Stunden-Baby. Wenn es älter wird, spricht man vom „Trotzkopf", vom hyperaktiven oder eigensinnigen Kind. Ich ziehe es vor, solche Babys und Kleinkinder „Kinder mit besonders starken Bedürfnissen" zu nennen. Dies ist nicht nur eine freundlichere Bezeichnung, sie drückt auch besser aus, worum es bei diesen Kindern wirklich geht und welche Art von Betreuung sie brauchen. Kinder mit starken Bedürfnissen benötigen nämlich auch ein grösseres Mass an nächtlicher Zuwendung.

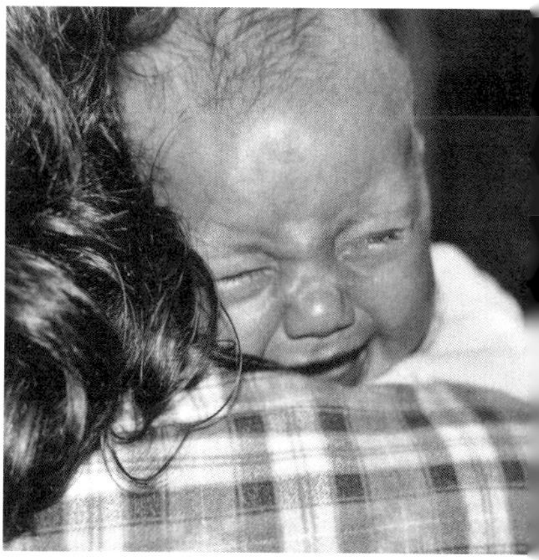

Woran erkennt man Kinder mit besonders starken Bedürfnissen?

Diese Kinder sind schon in einem sehr frühen Alter zu erkennen. Es sind diejenigen Babys, die man „einfach nie hinlegen" kann. Ihre Reaktionen sind nicht voraussehbar: Was heute hilft, ist morgen übe rhaupt nicht gefragt. Diese Kinder sind eine ständige Herausforderung an den Erfindungsreichtum der Eltern. Eine Mutter sagte mir einmal: „Jedes Mal wenn ich denke, dass ich nun die Spielregeln kenne, kommt alles wieder ganz anders." Später wird dieses Kind genauso eine Herausforderung für seine Lehrer und Lehrerinnen sein. Oft wird es als hyperaktives oder lernbehindertes Kind abgestempelt; seine Bedürfnisse lassen sich einfach schlecht mit dem Schulbetrieb vereinbaren. Es braucht einen überdurchschnittlichen Einsatz von seinen Lehrern und Lehrerinnen, genau wie von seinen Eltern.

Es kann sich schlecht an durchschnittliche Anforderungen anpassen und muss es dies trotzdem tun, so wird es frustriert und gelangweilt und sein Verhalten zunehmend unerfreulich.
Das Baby mit starken Bedürfnissen erlebt alles sehr intensiv, ist hypersensibel, oft quengelig und schreit häufig – scheinbar grundlos – für längere Zeit. Dies macht die Mahlzeiten schwierig und hindert es daran, zur Ruhe zu kommen und zu schlafen. Es verlangt ständigen Körperkontakt, reagiert aber oft unberechenbar auf die üblichen Trostversuche. Seine Betreuung kostet viel Zeit und Energie, kann negative Gefühle bei der Mutter auslösen, die Ehe seiner Eltern belasten und die ganze Familie an den Rand der Verzweiflung bringen.
Studien zeigen einen deutlichen Zusammenhang zwischen dem Temperament des Kindes und seinem Schlafmuster. Die einfachen Babys wurden als ausgeglichen, anpassungsfähig, aufgeschlossen und zufrieden beschrieben, während die schwierigen gegenteilige Eigenschaften aufwiesen. Es zeigte sich, dass die schwierigen Babys nachts zwei Stunden und tagsüber eine Stunde weniger schliefen als die einfachen. Babys, die tagsüber aktiver sind, sind auch nachts häufiger wach und unruhig.

Schlafprobleme bei Kindern mit starken Bedürfnissen

Eine erschöpfte Mutter fragte mich einmal: „Warum nur brauchen diese Kinder von allem mehr als andere, nur nicht mehr Schlaf?" Irgendwie passt es nicht zusammen: Man sollte annehmen, dass diese Babys – so aktiv wie sie tagsüber sind – umso mehr Schlaf in der Nacht brauchen. (Bei ihren Eltern ist dies jedenfalls so!) Ich denke, dass diese Kinder aus zwei Gründen anfällig für Schlafprobleme sind: Sie haben eine geringere Anpassungsfähigkeit und können störende Reize weniger wirkungsvoll ausblenden.

Anpassungsfähigkeit

Anfangs sind viele Babys einfach deshalb unruhig, weil sie sich nur schwer an das Leben ausserhalb des Mutterleibs gewöhnen können. Sie fühlen sich nicht wohl, sie vermissen die Geborgenheit in der Gebärmutter. Halten Sie sich einmal das sichere und gleichförmige Leben des Fötus im Bauch vor Augen: Er wird ständig bewegt, ist dauernd im Körperkontakt mit der

Mutter und die Temperatur ist immer gleich. Seine Bedürfnisse werden ununterbrochen und ohne sein Zutun gleichsam automatisch erfüllt. Seine Ernährung erfolgt kontinuierlich, ohne dass er je Hungergefühle verspürt und die meisten Geräusche in seiner Umgebung sind rhythmisch. Das Ungeborene lebt in Harmonie mit seiner Umgebung, alle Veränderungen geschehen nur ganz allmählich. Dann kommt die Geburt. Die Veränderungen während der Geburt und danach sind unvermittelt und massiv. Das Leben ausserhalb der Gebärmutter fühlt sich nicht mehr so sicher an und die Befriedigung seiner Bedürfnisse wird nie mehr so automatisch und zuverlässig erfolgen wie vorher.
Ein zufriedenes Baby erlebt seine Umwelt als grundsätzlich in Ordnung. Es kann sich Veränderungen leicht anpassen, es geniesst angenehme Erfahrungen und findet sich mit unangenehmeren ab. Das unzufriedene Baby fühlt sich nicht wohl in dieser neuen Welt. Es hat Mühe, sich anzupassen, hat aber das intensive Bedürfnis nach Geborgenheit und Wohlbehagen. Dieser Konflikt zwischen seinem grossen Bedürfnis nach Wohl-Sein und der Unfähigkeit dieses in der Form akzeptieren, wie es ausserhalb der Gebärmutter möglich ist, führt zu seinem schwierigen Verhalten.

Die Reizbarriere

Ein weiterer Grund für quengeliges, unzufriedenes Verhalten ist eine uneffiziente Reizbarriere. Eine funktionierende Reizbarriere erlaubt es Babys, angenehme Reize wahrzunehmen und unangenehme auszublenden. Dies ist ein Teil der Anpassungsleistung an das Leben nach der Geburt. Manche Babys können unangenehme Geräusche oder Schmerzen abblocken, indem sie einfach einschlafen. Die Reizbarriere reift bei gewissen Kindern schneller und vollständiger als bei andern. Bei unzufriedenen Kindern scheint sie „durchlässiger“ zu sein, sie reagieren dadurch empfindlicher auf Reize.

Das hellwache Neugeborene

Ich dachte immer, dass Neugeborene nichts tun ausser schlafen und essen. Meines isst nur! Wir sind vor drei Tagen vom Krankenhaus nach Hause gekommen und ich konnte noch keine Nacht richtig schlafen. Meine Tochter will tagsüber ständig gehalten werden, sie schläft nur sehr unregelmässig und nachts will sie alle paar Stunden an die Brust. Ich bin völlig erschöpft nd brauche Hilfe!

Ihr Kind gehört anscheinend nicht zu den „Durchschnittskindern", die jeden Tag 18 Stunden schlafen und nachts nur gelegentlich aufwachen. Sie haben ein Kind mit überdurchschnittlichen Bedürfnissen, das überdurchschnittlich viel elterliche Zuwendung braucht. Je eher Sie dies akzeptieren und Ihre Erwartungen an Ihr Kind und sich selbst der Realität anpassen, desto früher werden Sie in der Lage sein, sich an Ihrem Kind auch zu freuen.
Sprechen Sie mit Ihrem Partner über die Bedürfnisse Ihres Kindes. Ermuntern Sie ihn, dieses Buch zu lesen. Das Baby mit besonders starken Bedürfnissen braucht auch besonders engagierte Eltern. In diesem Fall hilft nur eines: Die Mithilfe des Vaters ist bei der Betreuung unbedingt nötig. Suchen Sie Hilfe für den Haushalt – jemand aus Ihrer Familie oder Ihrem Freundeskreis oder irgendeine Person, die putzen und kochen kann.
Setzen Sie Prioritäten: Sie können nicht die perfekte Partnerin, Hausfrau, Gastgeberin und dazu noch die perfekte Mutter sein. Für die ersten paar Monate sollten Sie von all diesen übrigen Pflichten befreit sein. Konzentrieren Sie sich jetzt auf das Wichtigste: Die Betreuung Ihres Kindes. Wenn es mit der Zeit weniger Ansprüche stellt und Ihre Energie zurückkommt, werden Sie auch wieder andere Aufgaben wahrnehmen können.
Schlafen Sie, wenn Ihr Baby schläft. Legen Sie sich tagsüber mit ihm hin und nehmen Sie es auch nachts in Ihr Bett. Es wehrt sich vielleicht hartnäckig gegen jede Form von Beeinflussung seines Schlafmusters. Für Sie wird es deshalb in den ersten Wochen einfacher sein, sich seinen Bedürfnissen anzupassen, als umgekehrt. Mit zunehmendem Alter wird sein Schlafmuster geordneter werden. Umgeben Sie sich mit Menschen, die Verständnis für Ihre Situation haben und Sie wenn nötig aufmuntern.

Schlafforscher bezeichnen die Wirksamkeit der Reizbarriere auch als sensorische Reizschwelle. Diese gibt an, wie stark ein Reiz sein muss, damit das Baby erkennbar reagiert. Wenn es schon auf sehr geringe Reize stark reagiert, hat es eine niedrige sensorische Reizschwelle, wenn es auf einen massiven Reiz nur wenig reagiert, hat es eine hohe sensorische Reizschwelle oder eine starke Reizbarriere. Studien zeigen, dass Kinder mit einer niedrigen sensorischen Reizschwelle nachts häufiger erwachen, als solche mit einer höheren.

Neugeborene und kleine Babys wachen nachts häufig auf. Wenn das Kind älter wird, verringert sich die Zahl der aufwachanfälligen Schlafphasen. Kinder mit besonders starken Bedürfnissen brauchen offensichtlich länger, bis sie diese so genannte Schlafreife entwickelt haben. Sie reagieren schon im Wachzustand sehr sensibel auf Reize aus der Umwelt und diese erhöhte Empfindlichkeit zeigt sich auch in ihrem nächtlichen Schlafmuster. Eltern beschreiben diese Kinder oft als sehr anstrengend, aber auch sehr aufgeweckt. Sie scheinen Tag und Nacht „auf Empfang" zu sein und ständig jeden Reiz wahrzunehmen und zu verarbeiten – sie wollen ständig dabei sein und niemals „abschalten". Da sie nicht leicht aufgeben, sind sie daher auch nur sehr schwer ins Bett zu bringen. Schlafenszeit um sieben Uhr abends ist normalerweise eine unrealistische Erwartung. Manche Schlafforscher sind der Meinung, dass gerade die Fähigkeit wach zu bleiben die Reife des Gehirns zeigt und nicht diejenige, einzuschlafen oder durchzuschlafen.

Durchhalten bei einem Kind mit besonders starken Bedürfnissen

Die meisten Merkmale des Kindes mit besonders starken Bedürfnissen haben ihre Ursache in seinem angeborenen Temperament, seiner langsamen Anpassung an das Leben ausserhalb des Mutterleibes, seiner unreifen Reizbarriere und seiner allgemeinen „Wachheit". Seine nächtliche Betreuung erfordert deshalb von den Eltern Sensibilität für alle diese Bereiche.

Das Baby ist vom Moment der Geburt an bei Ihnen

Schaffen Sie für Ihr Kind einen sanften Übergang vom Mutterleib in die Aussenwelt. Welche Art der Geburt Sie auch wählen, planen Sie auf jeden Fall Rooming-in, ausser wenn medizinische Komplikationen dies verunmöglichen. Babys, die mit ihren Müttern zusammen sind, schreien nachts seltener und erreichen rascher ein geordnetes Schlafmuster, als Kinder, die getrennt auf einer zentralen Säuglingsstation betreut werden. Diese Phase des „Bonding", des Anfangs der Mutter-Kind-Bindung nach der Geburt, dehnt die Harmonie aus, die Ihr Kind in Ihrem Bauch erlebt hat – dieses unvergleichliche Gefühl, dass alles richtig ist, das durch diejenige Person vermittelt wird, die es schon seit neun Monaten kennt. Der Anthropologe Ashley Montagu beschreibt Rooming-in zutreffend als „Gebärmutter mit Aussicht" (1978).

Sollten Sie aus irgendeinem Grund ihr Baby in den ersten Stunden nach der Geburt nicht bei sich haben können, denken Sie daran: „Bonding" funktioniert nicht wie ein Sekundenkleber, der zu einem kritischen Zeitpunkt augenblicklich und unwiderruflich die Bindung von Mutter und Kind fixiert. „Bonding" ist ein lebenslanger Prozess der Interaktion von Mutter und Kind. Es gibt keine Beweise dafür, dass das Fehlen dieser anfänglichen „Bonding"-Phase (zum Beispiel wegen einer Kaiserschnittgeburt) eine bleibende unerwünschte Wirkung auf die Mutter-Kind Beziehung hat. Es ist einfach so, dass Ihnen der sofortige Kontakt unmittelbar nach der Geburt einen gewissen Vorsprung gibt und sicherlich von Vorteil ist für den Aufbau der Beziehung zu einem Kind mit besonders starken Bedürfnissen. Wenn eine Trennung von Mutter und Kind unvermeidlich ist, kann die Situation für das Kind erleichtert werden, wenn der Vater bei ihm bleibt, bis die Mutter wieder zur Verfügung steht.

Stillen: jederzeit und überall

Stillen Sie Ihr Kind

Das Stillen bietet für das Kind mit besonders starken Bedürfnissen und seine Mutter grosse Vorteile. Das Hormon Prolaktin, das bei stillenden Müttern in viel grösseren Mengen vorhanden ist, hat eine entspannende Wirkung. Und ganz gewiss brauchen Mütter von sehr anspruchsvollen Babys jede denkbare Unterstützung, um sich entspannen zu können. Ausserdem vermute ich, dass Prolaktin der Mutter auch hilft, ihre Toleranzgrenze für schwieriges kindliches Verhalten zu erhöhen, was bei der nächtlichen Betreuung absolut notwendig ist. Prolaktin wird oft als Mütterlichkeitshormon bezeichnet. Ich betrachte es auch als „Durchhaltehormon". Im Allgemeinen stelle ich fest, dass Babys mit besonders starken Bedürfnissen einerseits generell häufiger gestillt werden wollen und sich andererseits auch später abstillen als andere Kinder.

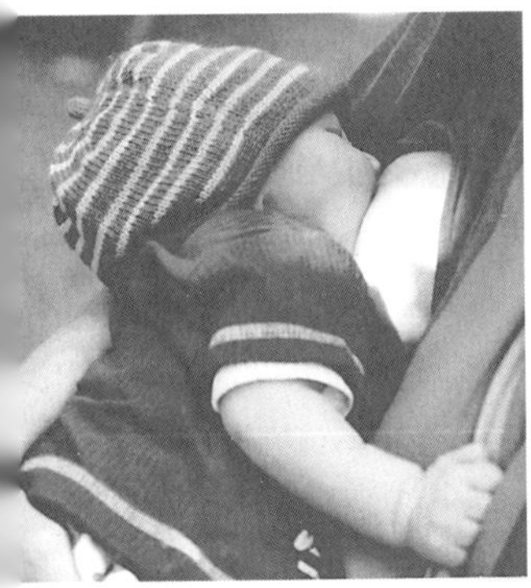

Vergleichen Sie Ihr Kind nicht mit anderen Babys

„Warum kann ich nie länger als drei Stunden am Stück schlafen? Warum schläft mein Kind nicht so gut wie andere Kinder?" Dies fragt sich manche müde Mutter. Sie hat eben nicht das andere Kind und die andere Mutter vielleicht nicht ihren Betreuungsstil. Stellen Sie keine Vergleiche an, die nur zu Frustrationen und Selbstvorwürfen führen und Sie sehr schnell an Ihre Grenzen bringen. Viel mehr nützt es Ihnen, wenn Sie sich angewöhnen (wie dies auch Mütter von behinderten Kindern tun müssen), Ihr Kind nur mit sich selbst zu vergleichen: Welche Fortschritte hat es in den letzten zwei Wochen gemacht? Was kann es jetzt, das vor einem Monat noch undenkbar war? (Dies ist im Übrigen für jedes Kind in jedem Alter Gewinn bringender.)

Umgeben Sie sich mit Menschen, die Sie wirklich unterstützen

Es hilft schon viel, wenn Sie realisieren, dass Ihr Baby nicht das einzige Kind auf der Welt ist, das sich so schwierig verhält. Als Kinderarzt führe ich eine Liste mit Eltern, die ein besonders anspruchsvolles Kind betreut haben und verweise neue Eltern oft an diese. Denken Sie daran, dass „schwierig" ein relativer Begriff ist. Es kommt immer wieder vor, dass neue Eltern nach einer Begegnung mit einem wirklich „anspruchsvollen" Kind einer anderen Familie realisieren, dass ihr eigenes, vermeintlich schwieriges Kind ja vergleichsweise ganz normal ist.

Eine der besten Selbsthilfegruppen, die ich Müttern von besonders anspruchsvollen Kinder empfehlen kann, ist die La Leche Liga. Gruppen wie diese können Ihnen helfen, Ihrem Kind mit mehr Verständnis und Akzeptanz zu begegnen. Erschöpfte und frustrierte Mütter sind auch sehr froh für die Unterstützung im Umgang mit ihren zwiespältigen Gefühlen. Hier stellen sie fest, dass es normal ist, sich manchmal vom Baby ausgenützt zu fühlen, nicht immer liebevolle Gefühle zu haben oder hin und wieder mit den Nerven am Ende zu sein.

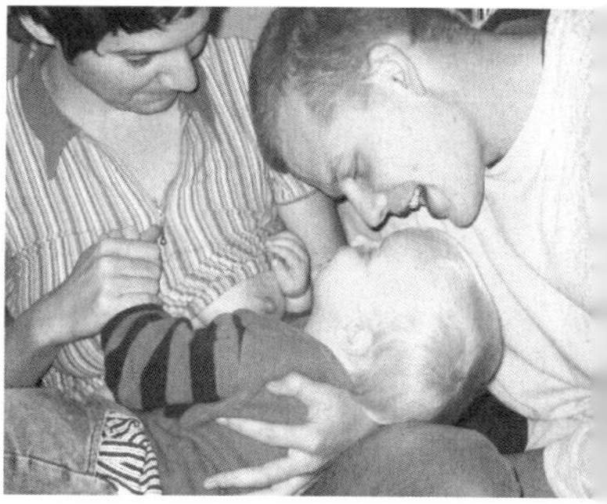

Gemeinsam schaffen wir es

Vermeiden Sie den Kontakt mit Menschen, die Ihnen das Gefühl geben, Sie seien selbst schuld daran, dass Ihr Baby so schwierig sei. Ratschläge wie: „Lass es doch mal schreien", oder „Du wirst es noch bereuen, dass du das Baby zu dir ins Bett nimmst", brauchen Sie nicht. Ihr Baby ist nicht schwierig weil Sie etwas falsch machen, sondern weil sein Temperament so ist. Ein schwieriges Baby kann Ihr Selbstvertrauen nachhaltig erschüttern und Sie daran hindern, die schönen Seiten des Mutterseins zu geniessen. Dies führt zu einem Teufelskreis: Je weniger Selbstvertrauen Sie haben, desto schlechter können Sie Ihr Baby beruhigen und umso untröstlicher wird es. Dies untergräbt Ihr Selbstvertrauen weiter und oft bleibt dann scheinbar nur noch die Flucht aus der Mutterrolle: Sie suchen vielleicht eine „lohnendere" Beschäftigung ausserhalb des Hauses, wo Sie mehr greifbare Bestätigung bekommen. Hören Sie nicht auf diese negativen Ratschläge (und geben Sie selbst niemals solche!). Die meisten wohlmeinenden Ratgeber/innen wissen nichts davon, dass es Kinder mit besonders starken Bedürfnissen gibt. Es kann helfen, wenn Sie diesen erklären, warum Ihr Kind anders ist und dass es deshalb auch eine besondere Betreuung braucht. In meiner Praxis rate ich den Müttern, mich, den Arzt, vorzuschieben. Es wird vielleicht die Schwiegermutter beeindrucken, dass der Arzt Ihnen zu Ihrem Verhalten geraten hat und nimmt Sie persönlich aus der Schusslinie.

Tragen beruhigt das schwierige Baby

Die meisten Babys mögen Bewegung und Geräusche, obwohl es auch solche gibt, die sich am besten entspannen, wenn man sie ruhig hält. Schwierige Babys lassen sich am ehesten beruhigen wenn sie Bewegung, Geräusche und Körperkontakt haben, das heisst ähnliche Bedingungen, wie sie im Mutterleib gegeben waren. Es geht darum, dass Sie durch Ihr eigenes entspannendes, beruhigendes Verhalten die innere Spannung des Kindes in Schach halten können. Die hohe Schule des Umgangs mit schwierigen Babys besteht darin, herauszufinden, welche Art von Bewegung, Geräuschen und körperlichem Kontakt es braucht und gleichzeitig zu erkennen, wie viel Sie von sich geben können, ohne Ihre ganzen Reserven zu erschöpfen. Tragetücher oder andere weiche Babytragevorrichtungen sind hier eine grosse Hilfe. So kann sich das Baby an den Körper von Mutter oder Vater schmiegen, wird dabei bewegt, hört den vertrauten Herzschlag und das rhythmische Atmen und kann sich entspannen. Gewähren Sie ihm dabei möglichst viel Hautkontakt.

Ich habe beide Hände frei

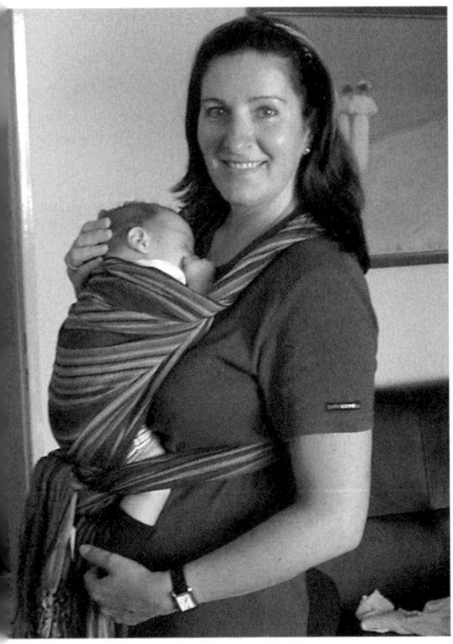

Entwickeln Sie Ihre eigene Kolikhaltung

Achten Sie auf Ihr Baby und Sie werden merken, wie es am liebsten getragen wird. Die Position, die sich bei uns am besten bewährt hat, war Brust an Brust mit mir. Mit der Zeit entwickelte unser Baby eine Position, in der sein Kopf zur Seite gedreht war und sich unter mein Kinn schmiegte, so, als hätte es herausgefunden, dass diese Lage maximalen Hautkontakt ermöglichte. Eine andere gute Art, ein quengelndes Baby zu tragen, ist der so genannte „Kolikgriff". Das Baby ruht mit dem Bauch nach unten auf Ihrem Unterarm, sein Kopf ist in Ihrer Armbeuge und Ihre Hand liegt zwischen seinen gespreizten Beinen.

Experimentieren Sie mit verschiedenen Haltungen, bis Sie diejenige gefunden haben, in der es sich am besten entspannt und die ihm Ruhe oder Schlaf bringt. Die Mütter und Väter von schwierigen Babys, die ich beobachtet habe, scheinen eine Art von Tanz mit ihren Kindern zu entwickeln: rhythmische Wiege-, Wackel- oder Schaukelbewegungen, begleitet von zärtlichem Streicheln und beruhigenden Lauten. Am Schluss liegt das Baby entspannt in ihren Armen, völlig im Einklang mit diesem „Zurück-zur-Gebärmutter-Tanz".

Greifen Sie auf liebevolle Menschen zurück

Schwierige Babys brauchen ständig ein Paar willige Arme, aber es müssen nicht immer die Arme der Mutter sein. Wenn Sie Ihr Repertoire an Kolikhaltungen und Tänzen erschöpft haben, in den Teufelskreis „angespannte Mutter – angespanntes Kind" geraten sind, oder wenn Sie ganz einfach nicht mehr können, dann brauchen Sie einen anderen liebevollen Menschen mit ausgeruhten Armen.

Grundsätzlich bringen die vorangehenden Tipps Entspannung und das Gefühl, wieder im Mutterleib zu sein. In der Realität ist dieser „Mutterleib" nicht immer herstellbar und Ersatz für die Mutter kann notwendig werden. Wenn keine anderen Arme zur Verfügung stehen, kann auch eine mechanische Babyschaukel (Hängematte) einmal dabei helfen, ein schwieriges Baby zu beruhigen, während die Mutter ein paar Minuten dringend benötigte Ruhe erhält. In Kapitel 4 finden Sie noch weitere Tipps, wie Sie Ihr Baby beruhigen und ein „Gebärmutter-Gefühl" herstellen können.

Entspannungshilfen

Ein schwieriges Baby kann auch die nervenstärkste Mutter zur Erschöpfung bringen. Es ist notwendig, dass Sie lernen, sich bewusst zu entspannen, ganz egal auf welche Weise. Ein verspanntes Baby reagiert sehr empfindlich darauf, wenn auch die Mutter unter Spannung steht und es entsteht daraus der bekannte Teufelskreis. Hier einige Tipps, die Ihnen helfen können, diesen zu vermeiden.

- Nehmen Sie zusammen ein warmes Bad
  Füllen Sie die Wanne bis knapp unter Ihre Brust. Lehnen Sie sich zurück und stillen Sie das Baby während es im Wasser liegt. Dies ist vor allem dann eine grosse Hilfe, wenn Sie wissen, dass das Baby eigentlich müde ist, aber einfach nicht schlafen will. (Bleiben Sie nicht längere Zeit in der Wanne bei Wassertemperaturen über 38° Celsius.)
- Legen Sie sich mit dem Baby hin
  Die Brust ist eine bewährte Hilfe, um ein unruhiges Baby zu trösten, aber manchmal hilft auch Stillen nichts. Wenn das Kind die Brust nicht will und immer weiter quengelt, möchte es vielleicht zum Stillen mit Ihnen ins Bett liegen, Bauch an Bauch, in Ihre Arme gekuschelt und an die Brust geschmiegt. Wir haben dies bei unseren Kindern oft so erlebt.
- Machen Sie einen Spaziergang im Freien
  Ein Spaziergang mit dem Baby in einer Tragehilfe kann zu einem entspannenden täglichen Ritual für Sie beide werden. Ausserdem können Sie so einen Moment vergessen, was zu Hause noch alles getan werden müsste ...
- Schlafen Sie, wenn Ihr Baby schläft
  Bei einem Kind mit starken Bedürfnissen ist es einfacher, den eigenen Schlafrhythmus dem des Kindes anzupassen. Manche Kinder schlafen tagsüber sehr wenig. Nützen Sie die Zeit für sich selbst, wenn Ihr Baby endlich einmal schläft. Schalten Sie das Telefon ab und schlafen Sie ebenfalls. Dies ist nicht der richtige Augenblick, um Unerledigtes im Haushalt nachzuholen.

Setzen Sie Prioritäten und teilen Sie die Kinderbetreuung

Die meisten Mütter sind weniger wegen ihres anspruchsvollen Babys erschöpft, sondern viel mehr, weil sie versuchen all ihre bisherigen Aktivitäten und Verpflichtungen im gleichen Stil weiterzuführen. Sie können nicht allen und allem gerecht werden – wenn Sie ein Baby mit besonders starken Bedürfnissen haben, müssen andere Verpflichtungen für einige Monate oder Jahre hintangestellt werden. In der ersten Zeit müssen Sie vielleicht sogar gewöhnliche Haushaltsarbeiten wie Kochen, Putzen und die Wäsche delegieren. So können Sie wirklich Ihre Energien für Ihr Kind und sich selbst verwenden.Sie werden auch schnell erkennen, dass es für die Betreuung Ihres anspruchsvollen Kindes unbedingt beide Elternteile braucht. Sprechen Sie mit Ihrem Partner darüber. Dieser sollte sensibel dafür werden, bevor Ihre Reserven erschöpft sind und immer wieder das Baby übernehmen, damit Sie etwas für sich selbst tun können. Väter können ein quengeliges Baby beruhigen und der Mutter die dringend nötige Pause ermöglichen.

Nehmen Sie das Baby zu sich ins Bett

Gemeinsames Schlafen ist für ein Baby mit besonders starken Bedürfnissen eine grosse Hilfe. Es ist die natürliche nächtliche Fortsetzung Ihrer Bemühungen tagsüber, mit denen Sie erreichen wollen, dass Ihr Kind zur Harmonie mit Ihnen und dem Leben ausserhalb der Gebärmutter findet.

So haben alle Schlaf

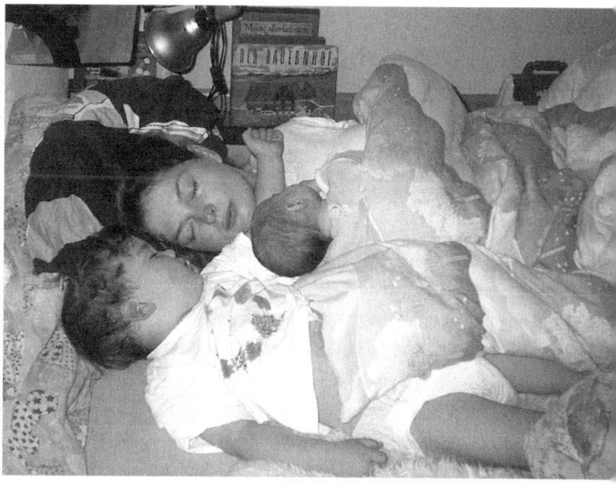

Gelegentlich sind Eltern um zehn Uhr abends total erschöpft, ihr Kleinkind will aber nicht schlafen und ist noch ganz aufgedreht. In diesem Fall gehen Sie mit ihm in Ihr Schlafzimmer (falls es kindersicher ist), schliessen die Tür und gehen selbst zu Bett. Ihr Kind wird mit der Zeit auch soweit sein. Legen Sie ihm eine Matratze auf den Fussboden.

Reagieren Sie sofort auf das Weinen des Babys

So wie Sie tagsüber auf das Weinen Ihres Kindes reagieren, werden Sie es auch nachts tun. Wenn Sie ein Baby mit besonders starken Bedürfnissen haben, sind Sie gewohnt, es immer wieder aufzunehmen, wenn es schreit oder es viel zu tragen, damit es nicht schreit. Wenn Sie spüren, dass dies für Sie richtig ist und dem Baby hilft, so bleiben Sie dabei. Sie schaden Ihrem Kind damit nicht. Viel eher kann es ihm schaden, wenn Sie es schreien lassen. Babys, auf deren Schreien sofort reagiert wird, schreien mit der Zeit weniger. Bedürfnisse, die gestillt werden, verschwinden, während Bedürfnisse, die nicht erfüllt werden zwar ihren Ausdruck etwas verändern können, aber immer noch vorhanden sind.

Ernähren Sie Ihr anspruchsvolles Kind richtig

Schwierige Kinder reagieren im Allgemeinen auch stärker auf ungesunde Nahrungsmittel. Vermeiden Sie stark zuckerhaltige und gefärbte Nahrungsmittel, sowie solche, die Koffein enthalten. Halten Sie gesunde Zwischenmahlzeiten bereit.

Wie Sie Burnout vermeiden können

Wenn Sie ein Kind mit besonders starken Bedürfnissen haben, besteht immer die Gefahr von Burnout der Mutter. Burnout wird definiert als körperlicher und seelischer Erschöpfungszustand, der durch längere Zeit andauernden Stress zustande kommt. Auch bei der liebevollsten und ausdauerndsten Mutter gibt es Momente, wo alle Alarmglocken klingeln und sie fühlt, dass sie nun einfach nicht mehr kann. In meiner Praxis höre ich täglich von solchen Zuständen – sie sollten nicht als Schwäche ausgelegt werden. Häufig tritt dieses Ausgebrannt-Sein gerade bei sehr engagierten Müttern auf, die ihre Sache besonders gut machen wollen. Um dies zu vermeiden, ist es wichtig früh genug zu realisieren, wenn ein Ungleichgewicht zwischen Temperament des Babys und der Toleranzgrenze der Mutter besteht. Manche Mütter haben zwar anspruchsvolle Babys, aber eine hohe Toleranzgrenze; schwierig wird es wenn das Baby anspruchsvoll ist und die Mutter eine eher niedrige Toleranz aufbringen kann. Wenn dies in Ihrer Familie der Fall ist, so suchen Sie Hilfe bevor dieses Problem eine ganze Lawine von Folgeproblemen auslöst, wie zum Beispiel ein belastetes Verhältnis zu Ihrem Kind, ein zerstörtes Selbstwertgefühl bei Ihnen und eine schwierig werdende Beziehung zu Ihrem Partner. Fragen Sie in Ihrer LLL-Stillgruppe nach Adressen von Fachpersonen, die Ihre Werte in Bezug auf die Kinderbetreuung teilen und Sie unterstützen können. Dies können Kinderärzte/ärztinnen, Psychologen/innen, Familientherapeuten/innen oder Stillberaterinnen sein.

Die schwierige Familie eines schwierigen Kindes

Wenn Sie ein Kind mit besonders starken Bedürfnissen haben, ist dies gewöhnlich ein Problem für die ganze Familie. Sie müssen damit rechnen, dass dieses Kind – zumindest für die ersten paar Jahre – die Prioritäten in der Familie neu setzen wird. Eltern, die sich darauf einlassen, merken, dass für die Bedürfnisse Ihres Partners/Ihrer Partnerin oft nur wenig Energie übrig bleibt. Es ist aber von grösster Bedeutung, Energie für Ihre Beziehung zu reservieren. Das Umfeld einer intakten und erfüllten Partnerschaft ist für die Erziehung des besonders anspruchsvollen Kindes die beste und wichtigste Unterstützung.

Nächtliche Kinderbetreuung und Burnout der Familie

Studien zeigen, dass massive Schlafprobleme von Kindern in schlimmen Fällen das Familienleben zerstören und zu Kindsmisshandlungen führen können (Campbell 1981). Das Schlafproblem Ihres Kindes wird zu einem Problem der Familie, wenn Sie damit nicht mehr zurechtkommen. Gelegentlich sehe ich eine Mutter, die ihr Kind auch nachts perfekt betreuen will, dadurch aber so erschöpft wird, dass sie tagsüber als Mutter, Partnerin und Mensch nicht mehr normal funktionieren kann. Niemand hat genug Energie, um ständig 24 Stunden pro Tag Dienst zu tun. Dies ist für mich als Berater eine sehr schwierige Situation. Die Mutter mag gewöhnlich keine der Lösungen, die ich vorschlage, aber in diesem Fall muss etwas geschehen. Wenn sie weiterhin die perfekte nächtliche Betreuung anbieten will, kann sie am Tag keine gute Mutter sein und die ganze Familie leidet darunter. Normalerweise ist es nötig, die gesamte Familiensituation zu überprüfen, ausserdem braucht es gezielte Massnahmen für die nächtliche Betreuung, die auf jede einzelne Familie abgestimmt werden müssen.

Eltern von sehr anspruchsvollen Babys müssen unter Umständen Kompromisse eingehen, um Burnout zu vermeiden. Ein Beispiel dafür ist das Baby, das nachts alle ein bis zwei Stunden die Brust verlangt – nicht weil es hungrig ist, sondern weil es das angenehm und tröstlich findet. Wenn die Mutter damit umgehen kann und nicht darunter leidet, unterstütze ich sie dabei, auf das Bedürfnis ihres Kindes einzugehen. Wenn die Situation aber zu einem Burnout der Mutter führt, dann geht dies nicht.

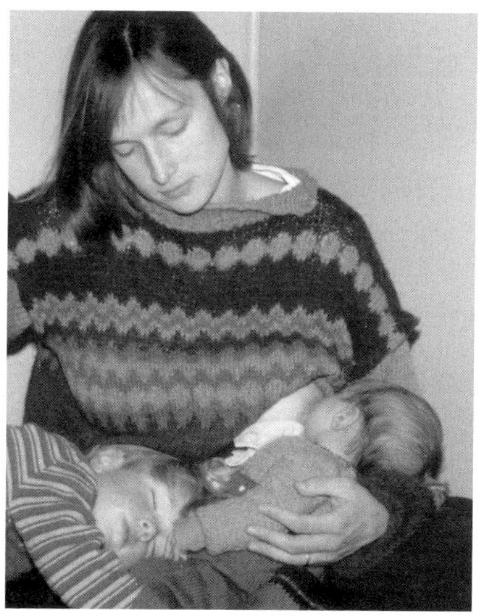

Tagsüber gemeinsam dösen

In diesem Fall sollte der Vater das Kind für einige Nächte übernehmen, während die Mutter schlafen kann. Diese Massnahme ist für die Mutter meistens sehr schwierig zu akzeptieren und auch der Vater hat es dabei nicht einfach. Eine Mutter gestand mir: „Ich ertrage es schlecht, mein Kind nicht trösten zu dürfen, wenn ich genau weiss, dass ich ihm geben könnte, was es möchte."

Ein grosser Teil dieses Kapitels über besonders anspruchsvolle Kinder beschäftigt sich mit der Betreuung am Tag. Ich bin der Meinung, dass ein echtes Verständnis für die Grundsätze einer guten Betreuung im Alltag auch für die Nacht hilfreich ist. Der Beruf der Eltern kennt kein unterschiedliches Pflichtenheft für Tag- und Nachtschicht.

Väter haben eine wichtige Rolle

9

Väter haben eine wichtige Rolle

In den ersten Jahren haben Babys eine starke, biologisch begründete Bindung an die Mutter und deshalb auch eine Vorliebe für diese. Dies bedeutet nicht, dass der Vater eine unwichtige Rolle spielt. *Attachment Parenting* kann sehr an einer Mutter zehren, wenn sie damit allein gelassen wird. Damit dieser Betreuungsstil wirklich funktioniert, braucht sie die zuverlässige Unterstützung des Vaters.

Normale väterliche Gefühle

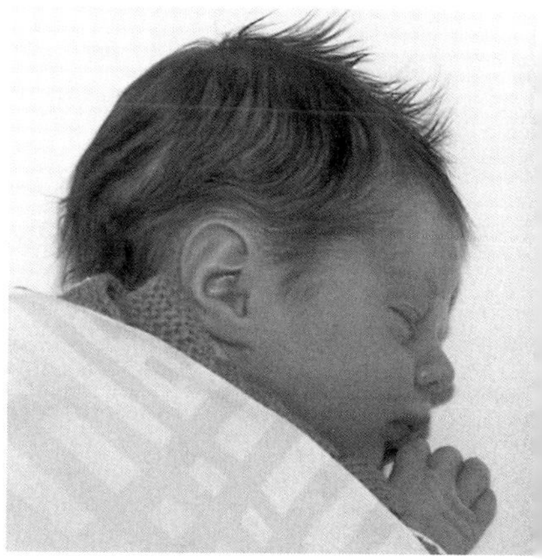

In den ersten Monaten nach der Geburt haben viele Väter sehr gemischte Gefühle bezüglich der Veränderungen, die sich in der ehemals unkomplizierten Beziehung zu ihrer Partnerin abspielen. Die starke Mutter-Kind Bindung kann beim Vater Groll und Neid auslösen. „Ausser Stillen tut sie nichts mehr." „Sie ist zu stark auf das Kind fixiert, es hängt den ganzen Tag an ihr und nun will sie es sogar noch mit ins Bett nehmen." „Wir brauchen mehr Zeit für uns, wir sollten wieder mal alleine weggehen. Ich habe auch meine Bedürfnisse." Dies sind ganz normale und verständliche Äusserungen. Es kann Vätern helfen, wenn sie wissen, was in der jungen Mutter während der ersten Lebensmonate ihres Kindes vorgeht.

Nach der Geburt verändert sich eine Frau

Vor der Geburt dominieren in einer Frau die reproduzierenden über die mütterlichen Hormone. Nach der Geburt steigen die so genannten mütterlichen Hormone an und bleiben mindestens sechs bis neun Monate auf diesem höheren Stand. Wegen dieser hormonellen Veränderung kann der Mutterinstinkt einer Frau zeitweise die Oberhand über ihre sexuellen Bedürfnisse gewinnen. Die hormonell begründete Bindung an das Baby dient dem Überleben des Kindes und stellt sicher, dass sich dieses optimal entwickeln kann. Eine Mutter ist sozusagen darauf programmiert, eine starke körperliche und seelische Bindung an ihr Kind einzugehen. Es liegt in der Natur, dass diese Programmierung bei manchen Müttern stärker ausgeprägt ist, als bei anderen – grundsätzlich ist sie bei allen neuen Müttern vorhanden. Dies bedeutet nun nicht, dass das Kind die Zuneigung der Partnerin geraubt hat, sondern vielmehr, dass ein Teil der Energien, die vorher auf den Partner konzentriert waren, sich nun auf das Baby richten. Mit der Zeit werden diese wieder dem Vater gelten, ganz besonders, wenn er sich während dieser ersten Zeit (und schon während der Schwangerschaft) als Vater liebevoll und unterstützend gezeigt hat. Dies ist eine besondere Phase der Beziehung – die Phase, in der die Elternschaft ein ganz besonderes Gewicht hat. Wenn Sie als Partner sich wirklich darauf einlassen, dann reift Ihre Beziehung und es kommt auch wieder die Zeit, in der Sie eine befriedigende Sexualität geniessen können.

Infolge dieser hormonellen Veränderungen und der Müdigkeit, die oft durch all die neuen ungewohnten Anforderungen ausgelöst wird, ist es gut möglich, dass Ihre Partnerin in den ersten Monaten nach der Geburt sexuell nicht so ansprechbar ist. Interpretieren Sie diese vorübergehende Distanziertheit nicht falsch, Ihre Frau lehnt Sie nicht ab und sie liebt auch nicht das Baby mehr als Sie. Es ist ganz einfach so, dass sie eine ganze Reihe gefühlsmässiger und körperlicher Veränderungen erlebt und sich erst in ihre neue Rolle als Mutter einleben muss. Manche Mütter führen ihr mangelndes sexuelles Verlangen auch darauf zurück, dass sie durch den dauernden engen Kontakt mit dem Baby „berührungsmüde" sind. Für Sie als Vater kann dies schwer zu akzeptieren sein. Obwohl auch Sie sich der neuen Situation anpassen müssen, hat dies bei Ihnen keinen körperlichen Hintergrund. Es ist deshalb weise, wenn Mütter sich vor Augen halten, dass die Hormonlage ihres Partners vor und nach der Geburt dieselbe ist.

Sex nach der Geburt – gibt es das überhaupt?

Cathy und Jim waren Eltern eines Babys, das nacht häufig aufwachte. Vor allem Cathy brauchte viel Energie für die Betreuung des Babys. *Attachment Parenting* war für sie richtig. Wenn Jim zärtlich werden wollte, war Cathy zu müde und nicht interessiert. Es war nicht so, dass sie Jim ablehnte, aber sie brauchte einfach keinen Sex.

Als die beiden mit mir über diese Probleme sprachen, machte ich ihnen verschiedene Vorschläge, wie sie mit dem häufigen nächtlichen Aufwachen des Babys umgehen könnten. Ausserdem schlug ich vor, Jim solle von Neuem um Cathy „werben". Kleinigkeiten bedeuten in diesem Fall viel: Blumen bringen, mit Augenkontakt und Berührungen Liebe zeigen. Jim könnte auch gelegentlich einen romantischen Abend planen: ein Nachtessen bei Kerzenlicht zubereiten, das Baby übernehmen, um Cathy Zeit zum Entspannen zu geben.

Ich ermunterte Jim, flexibel zu sein. Die besten Pläne eines zärtlichkeitsbedürftigen Mannes können leicht durch Babys unvorhersehbare Bedürfnisse zunichte gemacht werden. Wenn das Baby gerade dann erwacht, wenn Sie beim Liebesspiel sind, ist ein ärgerliches „Verdammt, schon wieder!" absolut kontraproduktiv. Dadurch fällt nur bei Ihrer Partnerin der Vorhang. Geben Sie ihr stattdessen besser zu verstehen, dass Sie ihr zuerst mit dem Baby helfen und später mit ihr schlafen werden. Aus irgendeinem Grund löst das Wissen, dass ihr Partner sein Verlangen zugunsten des Babys zurückstellt, bei einer Frau oft sexuelle Gefühle aus.

Ja – es gibt auch Sex für neue Eltern!

Eine Frage des Vertrauens

Eine junge Mutter verändert sich, oft auf unvorhergesehene Weise. Es ist wichtig, dass der Vater ihren natürlichen Instinkten vertraut. Wenn sie nach Bedarf stillen und gemeinsam mit dem Baby schlafen will, wenn sie das Baby nicht von ihrer Seite lässt, verlassen Sie sich darauf, dass sie am besten spürt, was richtig ist. Dieses Vertrauensverhältnis ist auch für die Mutter wichtig. Es ist von grosser Bedeutung, dass sie ihrem Partner vertraut, wenn er kommt und fragt: „Wie kann ich dir am besten helfen?"

Nicht jedes Kind hat gleich starke Bedürfnisse. Die Mutter eines Kindes mit starken Bedürfnissen kann unterschiedlich darauf reagieren, was wiederum die Reaktion des Vaters beeinflusst. Sie kann das Ausmass und die Intensität der Bemutterung den Bedürfnissen des Kindes anpassen. Der Vater kann dies so interpretieren, dass sie durch ihr Verhalten die Abhängigkeit des Kindes erst hervorruft. Dies ist gewöhnlich nicht der Fall. Die Mutter reagiert auf die Bedürfnisse des Kindes, sie formt keine schlechten Gewohnheiten – vertrauen Sie darauf.

Eine andere Mutter kann sich aber auch ausserstande fühlen, die starken Bedürfnisse des Kindes zu befrie-

So ist uns beiden wohl

digen. Vielleicht passen die Temperamente von Mutter und Kind schlecht zusammen: Das Baby ist sehr fordernd und die Mutter hat eine niedrige Frustrationstoleranz. Diese Situation verlangt nach einem Vater, der oft einspringt und hilft. Manchmal ist aber auch er überfordert. Die folgenden Tipps können helfen.

Attachment Parenting für Väter

Beteiligen Sie sich von Anfang an

„Beteiligung" ist die Zauberformel für frisch gebackene Väter, die sich ihrer Gefühle noch nicht ganz sicher sind. Ideal ist es, wenn diese Beteiligung schon vor der Geburt beginnt. Der Besuch eines Geburtsvorbereitungskurses hilft Ihnen dabei, bei der Geburt eine wichtige Rolle zu übernehmen. Ich stelle fest, dass Väter umso zuverlässiger an der Kinderbetreuung beteiligt sind, je früher sie damit anfangen.

Hier bin ich geborgen

„Bemuttern" Sie die Mutter schon während der Schwangerschaft und auch nach der Geburt – ebenso wie diese Ihr Baby bemuttert. In den meisten Kulturen bekommt die neue Mutter eine „Doula" – normalerweise eine andere Frau, die sich um sie kümmert, während sie sich von der Geburt erholt und sich an ihre Mutterrolle gewöhnt. In unserer Kultur gibt es dies nicht mehr, aber bis zu einem gewissen Grad können auch Väter diese Rolle übernehmen. Nehmen Sie Ihrer Partnerin die Haushaltspflichten ab; es ist egal, wer diese verrichtet. Dies gibt ihr Zeit für das Wichtige, das nur sie tun kann, nämlich das Baby zu bemuttern. Wenn Sie es sich leisten können, stellen Sie für die ersten Wochen eine Haushalthilfe an. Drängen Sie Ihre Frau nicht, perfekte Hausfrau und Gastgeberin zu sein. Falls Ihre Mutter oder Schwiegermutter zu Besuch kommt, so stellen Sie sicher, dass diese nicht erwartet, unterhalten und bedient zu werden, sondern dass sie im Haushalt mithilft. Seien Sie bereit, bei allenfalls auftretenden Spannungen als Puffer zu dienen. Wann immer möglich, nehmen Sie teil an der Pflege und an der Freude an Ihrem Baby:

Wechseln Sie seine Windeln, baden Sie es, trösten Sie es, wenn es unruhig ist, spielen Sie mit ihm usw. Dadurch erhält nicht nur Ihre Frau dringend benötigte Pausen, sondern es hilft auch Ihnen, indem Sie Ihr Kind besser kennen lernen. So können Sie Ihre väterliche Intuition entwickeln – vielleicht werden Sie schon bald ganz erstaunt feststellen, wie erfolgreich Sie in der Babybetreuung sind. Wir sprechen viel über die mütterliche Intuition und es stimmt natürlich, dass Mütter, rein biologisch bedingt, hier einen Vorsprung haben. Ich bin aber überzeugt, dass auch Väter diese Intuition entwickeln können, es braucht nur etwas mehr bewusste Anstrengung dafür. Haben Sie jedoch Verständnis, wenn Ihre Partnerin anfangs vielleicht zögert, Ihnen das Baby zur Pflege zu überlassen. Dies ist einerseits ihr natürlicher Beschützerinstinkt und andrerseits drückt sich darin die in unserer Kultur immer noch weit verbreitete Ansicht aus, dass Väter zwar nett sind, im Umgang mit Babys aber eher etwas ungeschickt.

Unterstützen Sie Ihre Partnerin

Die biologisch begründeten Instinkte Ihrer Frau sind zwar sehr stark, aber vielleicht hat sie noch wenig Selbstvertrauen als Mutter. Jede junge Mutter braucht von Zeit zu Zeit Bestätigung – und im besten Fall kommt diese vom Vater des Kindes. Ihre Aufgabe ist es, ihr immer wieder und sehr deutlich zu signalisieren: „Tu was du für richtig hältst und ich werde alles daransetzen, dir eine Umgebung zu bieten, in der sich deine mütterliche Intuition entwickeln kann. Ich werde keinen Druck auf dich ausüben, gegen deinen Instinkt zu handeln. Wenn du unser Kind bemutterst, tust du das Wichtigste überhaupt." Vermeiden Sie widersprüchliche Botschaften im Stil von: „Ich helfe dir zwar, aber ich glaube, du machst unser Kind zu abhängig." Eine junge Mutter, die noch auf der Suche nach ihrem eigenen Betreuungsstil ist und ohnehin von überall her unterschiedliche Ratschläge bekommt, ist damit schlecht bedient.

Kommen Sie zur Ruhe

Kurz vor und nach der Geburt haben Mütter einen stark ausgeprägten „Nestbauinstinkt". Sie möchten ihr Heim für den Ankömmling vorbereiten. Wenn irgend möglich, vermeiden Sie während der ersten Monate nach der Geburt grosse Umwälzungen in Ihrem Leben, zum Beispiel einen Umzug oder Arbeitsplatzwechsel. Umziehen ist so ungefähr das letzte, womit sich neue Eltern belasten sollten und zwar für mindestens sechs

Monate nach der Geburt.Die Ankunft eines Babys löst oft eine wahre Flut von Besuchen aus. Freunde und Verwandte kommen in bester Absicht und wollen das Ereignis feiern. Meiner Erfahrung nach führt dies in den meisten Fällen zu Chaos und unnötigem Stress. Nach der Geburt braucht die neue Familie eine Zeit des ruhigen „Nistens", eine Zeit, in der alle Beteiligten lernen, miteinander in ihren neuen Rollen umzugehen. Auch wenn die Besucher wohlmeinend und hilfsbereit sind – letzten Endes sind die Eltern doch damit beschäftigt, den Besucherstrom zu regeln und die Leute zu unterhalten. Neuen Müttern fällt es meist schwer, Besucher abzuweisen. Es wäre Sache des Vaters, Besucher nach seinem Ermessen zuzulassen oder aber auf später zu vertrösten. Am meisten werden Freunde geschätzt, die zum Beispiel ein fertiges Essen senden, mit der Notiz: „Wir sehen uns später."

Seien Sie einfühlsam

Eine junge Mutter weiss nicht immer, wann sie ihre Kräfte zu sehr strapaziert. Sie möchte eine perfekte Mutter sein und dies bringt sie dazu, um jeden Preis durchzuhalten. Achten Sie auf die Warnzeichen, die anzeigen, wenn Ihre Frau an ihre Grenzen kommt. (Dies kommt im Übrigen viel eher vor, wenn der Vater nicht zur Verfügung steht.) Übernehmen Sie das Baby eine Weile, sodass sie etwas für sich ganz allein tun kann.

Zu gewissen Zeiten ist es besonders nützlich, wenn der Vater sich beteiligt. Manchmal ist das Baby nachts quengelig und kann nicht beruhigt werden. Es ist schon gestillt worden und Sie wissen deshalb, dass es nicht hungrig ist, sondern den Vater braucht. Gehen Sie mit ihm in einem anderen Zimmer auf und ab, solange bis es einschläft. Unterdessen kann auch die Mutter einschlafen. Für die nächtliche Betreuung ist es ganz einfach unabdingbar, dass Sie sich wann immer möglich abwechseln.

Auch Grossväter sind gefragt

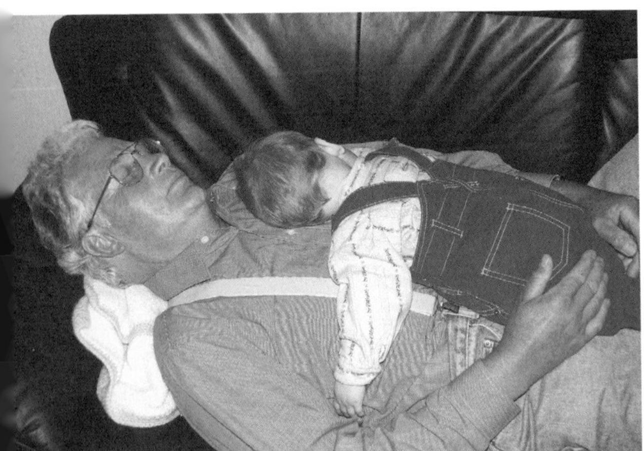

Ein weiterer Zeitpunkt, in dem Väter eine wichtige Rolle spielen können, ist der späte Nachmittag oder frühe Abend. Viele Babys erleben dann eine schwierige

Phase. Natürlich sind auch Sie müde von der Arbeit, Sie möchten zu Abend essen und ganz gewiss nicht ein Chaos mit einer erschöpften Mutter und einem schreienden Baby vorfinden. Genau jetzt ist väterliche Hilfe nötig. Die Mutter war schon den ganzen Tag mit dem quengeligen Baby zusammen. Sie hingegen bringen eine neue Perspektive hinein; indem Sie jetzt das Baby übernehmen, können Sie die ganze Situation beruhigen und sich zu Recht als Retter in der Not fühlen.
Sie sollten Ihrer Frau ausserdem dabei helfen, tagsüber Prioritäten zu setzen. Es wird auch nachts schwieriger, wenn eine Mutter versucht, am Tag zu viel zu erledigen. Von Zeit zu Zeit sollten Sie sich überlegen, welche Dinge im Haushalt von Ihnen oder jemand anderem übernommen werden könnten und was eventuell während der ersten Monate überhaupt nicht getan werden muss. Eine simple Bemerkung wie: „Mir spielt es keine Rolle, wenn das Haus nicht aufgeräumt ist, unser Baby ist doch nur kurze Zeit so klein", kann viel Druck wegnehmen. Wenn Sie es hingegen doch lieber aufgeräumt hätten, tun Sie das selbst – ohne Ihrer Partnerin Schuldgefühle zu machen. Fragen Sie, wie Sie am besten helfen können, vielleicht mit der Wäsche, beim Putzen oder indem Sie etwas Spezielles kochen. Finden Sie heraus, was Ihrer Frau am wichtigsten ist. (Für meine Frau ist dies beispielsweise ein sauberer Küchenboden.) Überraschen Sie sie! Es ist einfacher, sich zu entspannen und das Muttersein zu geniessen, wenn die Umgebung einigermassen in Ordnung ist.

Üben Sie Geduld

Versuchen Sie nicht, Ihre Frau während der ersten Zeit der Mutterschaft dazu zu überreden, mit Ihnen für ein Wochenende oder länger weg zu fahren. Es ist ganz normal, dass eine junge Mutter ihr Baby nicht verlassen will. Wenn sie hingegen selbst den Wunsch hat, von zu Hause weg zu kommen, dann schlagen Sie vor, dass Sie als Familie gehen. Ihre Frau wird es trotzdem geniessen, nicht den Haushalt versorgen zu müssen. Setzen Sie Ihre Frau nicht unter Druck, sich sozusagen zwischen ihren mütterlichen Instinkten und ihren „Pflichten" als Ehefrau entscheiden zu müssen. Dies führt zu einer Situation, in der alle nur verlieren können – auch Sie selbst. Es gehört zur Realität, dass Väter lernen müssen, Geduld zu üben – sie werden später dafür belohnt.
Es ist normal, wenn Sie ab und zu das Gefühl haben, Ihre Frau sei zu stark an das Kind gebunden. Sprechen Sie mit ihr darüber. Vielleicht können

Sie dieses Kapitel gemeinsam lesen und diskutieren. Es ist von grösster Bedeutung, dass Sie Ihre zwiespältigen Gefühle in diesen ersten Monaten der Elternschaft zusammen teilen. Versäumen Sie dies, führt dies oft zu einer sehr ungesunden Entwicklung: Die Mutter bindet sich immer mehr und ausschliesslicher an das Baby und der Vater an seinen Beruf; beide entfernen sich immer weiter voneinander und geraten so in einen Teufelskreis der Entfremdung.

Wie Väter ihr Kind zum Schlafen bringen können

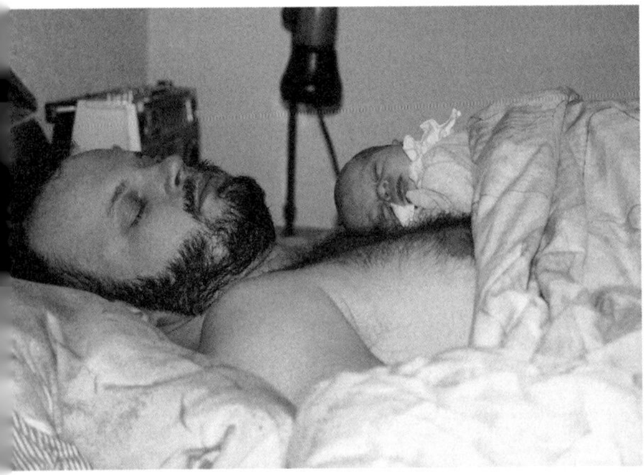

Warm und kuschelig

Mütter besitzen das beste Schlafmittel für Babys: die Brust! Dies kann für Väter sehr frustrierend sein, wenn sie selbst das Baby zum Schlafen bringen möchten. Sie sind dann oft schnell bereit, das quengelige Kind der Mutter weiterzureichen. Es gibt aber immer wieder Momente, wo dies nicht möglich ist, sei es, dass die Mutter für eine Weile weg ist, oder mitten in der Nacht selbst dringend etwas Schlaf benötigt. Hier sind einige Tipps für Väter in solchen Situationen:

- Legen Sie sich mit dem Baby hin.
  Kleine Babys lieben es, auf Vaters nackter Brust zu schlafen. Die warme Haut, der regelmässige Herzschlag und die Atembewegungen lassen es eindösen.
- Nehmen Sie das Baby in eine Tragehilfe und machen Sie einen Spaziergang. Sie können auch an Ihrem Schreibtisch stehen und Rechnungen oder andere Papiere sortieren, falls Sie es schaffen, dazu regelmässige Wiegebewegungen zu machen ... Die Kombination von Bewegung und Körperkontakt lässt das Baby mit der Zeit einschlafen. Bewegen Sie sich bis es wirklich tief schläft. Sie können sich dann mit ihm hinlegen. Legen Sie die Tragehilfe sorgfältig ab, aber nehmen Sie das Kind nicht heraus. Wenn es dabei aufwacht, müssen Sie vielleicht noch etwas länger mit ihm herumgehen oder einige Minuten bei ihm liegen bleiben.

• Gebrauchen Sie Ihre Stimme.
Die tiefe Stimme des Vaters kann sehr tröstlich auf ein Baby wirken. Singen Sie ihm sanft und monoton etwas vor oder sprechen Sie einfach ruhig mit ihm. Wenn Sie es an Ihrer Brust halten und seinen Kopf an Ihren Hals unter das Kinn legen, fühlt es dabei die Vibration in Ihrem Kehlkopf, was zusätzlich beruhigend ist.

Einschlafrituale mit älteren Kindern

Gestalten Sie ein Einschlafritual mit Ihrem Kind, besonders nachdem es abgestillt ist. Väter haben meistens tagsüber wenig Zeit für Ihre Kinder. Ich bin deshalb der Meinung, dass das Zubettbringen in erster Linie Sache des Vaters sein könnte. Sie müssen damit rechnen, dass die Kinder diese Rituale nach besten Kräften in die Länge ziehen werden. „Unser Dreijähriger will abends überhaupt nicht ins Bett gehen. Habe ich ihn endlich dazu gebracht, so braucht er eine weitere Stunde, bis er endlich einschläft“, erzählte mir ein Vater. Dieser Mann geht morgens zur Arbeit, bevor das Kind aufwacht und kommt erst um sechs oder sieben Uhr nach Hause. Es ist völlig unrealistisch, zu erwarten, dass sein Kind unmittelbar darauf ins Bett geht. Es war den ganzen Tag ohne seinen Vater, nun braucht es abends Zeit mit ihm.
Ein in die Länge gezogenes Einschlafritual ist besonders häufig, wenn ein neues Geschwisterchen angekommen ist und dem älteren Kind den Platz streitig macht. Dieses sieht, dass das Baby so viel von Mutters Aufmerksamkeit bekommt, dass es beschliesst, sich seine Zeit mit dem Vater unter allen Umständen zu nehmen. Dies spiegelt ein Bedürfnis nach mehr elterlicher Zuwendung. Es ist normal, dass Kinder versuchen, am Abend nachzuholen, was tagsüber zu kurz kam. Sie brauchen abends diese besondere ungestörte Zeit mit ihrem Vater.

„Ich brauche mindestens eine Stunde, um unseren Dreijährigen zu Bett zu bringen. Wir haben eine grosse Familie und nicht für jedes Kind so viel Zeit.“

Dies sagte mir ein erschöpfter Vater. Beim Schlafengehen herumzutrödeln ist eine beliebte Masche von kleinen Kindern in grossen Familien – vor allem dann, wenn gerade ein neues Baby angekommen ist. Manchmal ist das Zubettgehen der einzige Moment, in dem das Kind die volle Aufmerksamkeit der Eltern geniesst, und es wird deshalb versuchen, dabei alles für sich herauszuholen. Sie können dieses Verhalten auch erwarten, wenn Sie beruflich einige Zeit abwesend waren. In der Zeit vor dem Einschlafen sind Kinder sehr aufmerksam und nehmen genau auf, was Sie ihnen sagen oder vorlesen. Auch wenn sie müde erscheinen, sind sie wacher als Sie glauben. Unser Dreijähriger ertappt mich sofort, wenn ich versuche das Ritual abzukürzen, indem ich eine Seite im Bilderbuch überspringe. Akzeptieren Sie das Bedürfnis des Kindes nach kostbarer Zeit mit Ihnen. Es ist eine normale Phase der Anhänglichkeit und Sie sollten dankbar sein, dass es mit Ihnen zusammen sein will.

Für mich gehören Einschlafrituale vor allem in die Verantwortlichkeit des Vaters. In den meisten Familien sind es die Mütter, welche die Kinder morgens aufnehmen und den Tag mit ihnen beginnen. Es ist nichts als fair, dass die Väter deshalb das Zubettbringen übernehmen. Wenn Sie eine grosse Familie haben, so machen Sie es so gut wie Sie eben können. Es ist Realität, dass der Vater einer grossen Familie nicht immer für jedes Kind so viel Zeit hat, wie dies wünschenswert wäre. Vielleicht müssen Sie in diesem Fall das Einschlafritual als „Gruppenritual“ gestalten.

Wenn der Vater weg ist

Es können einige Schlafprobleme auftauchen, wenn Papa ein paar Tage fort ist. Nächtliche Unruhe ist dann besonders häufig, wenn das Kind an ein Familienbett gewöhnt ist. Eine Mutter erzählte mir Folgendes: Wenn der Vater weg war, zeigte ihr Zweijähriger auf jedes Flugzeug und sagte: „Flugzeug. Papa nach Hause“. Väter können wirklich schmerzlich vermisst werden.

Was bringt Ihnen dies alles?

Ich bin zutiefst davon überzeugt, dass ein liebevoller engagierter Ehemann und Vater viel mehr zurückbekommt, als er gibt. *Attachment Parenting* – am Tag und in der Nacht – ist eine der besten langfristigen Investitionen, die Sie überhaupt machen können. Indem Sie sich beteiligen, lernen Sie Ihr Kind besser kennen und können die Zeit mit ihm geniessen. Je mehr befriedigende Zeit Sie mit ihm verbringen, desto sicherer und effizienter wird Ihr Betreuungsstil – Sie werden ein „besserer“ Vater.

Lassen Sie Ihre Partnerin und Ihr Kind stets wissen, wie viel sie Ihnen bedeuten. Seine Mutter zu lieben, ist eines der grössten Geschenke, die

Sie Ihrem Kind machen können – ein engagierter Vater zu sein, ist eines der grössten Geschenke für Ihre Frau. Die nächtliche Betreuung ist eine der wirksamsten Möglichkeiten, Mutter und Kind fühlen zu lassen, dass Sie sie lieben.

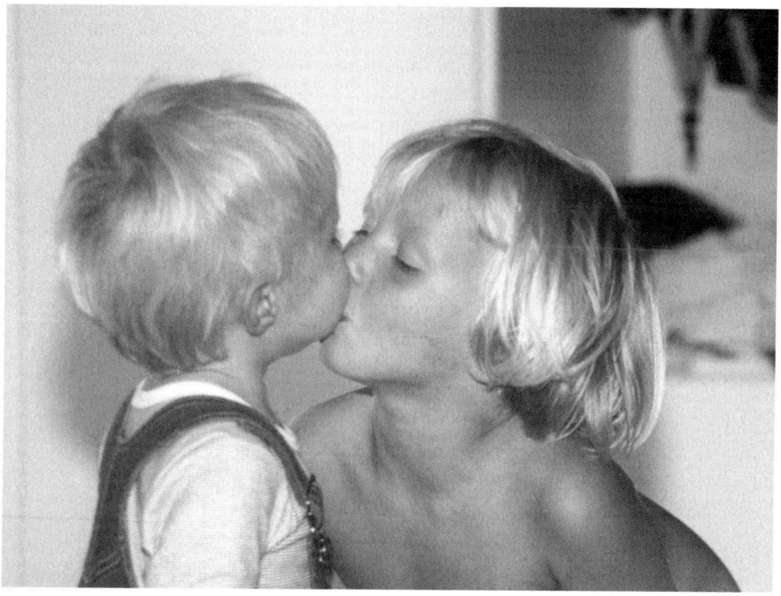

Das bringts!

Stillen und natürliche Familienplanung

10

Stillen und natürliche Familienplanung

In Entwicklungsländern wird Stillen schon seit langem als wirkungsvolle Methode der natürlichen Familienplanung betrachtet. In westlichen Kulturen hingegen gilt diese Art der Verhütung als sehr unsicher. Jede scheint eine Bekannte mit zwei nahezu gleichaltrigen Kindern zu haben, bei der „es nicht geklappt hat."

Stillen kann bei 95 % aller Mütter eine zuverlässige Methode zur Empfängnisverhütung sein und eine fast 100%ige Sicherheit ist zu erreichen, wenn es mit anderen Methoden der natürlichen Familienplanung verbunden wird – sofern die Regeln eingehalten werden. Nächtliches Stillen spielt eine wichtige Rolle bei der Unterdrückung der Fruchtbarkeit im ersten Jahr nach der Geburt.

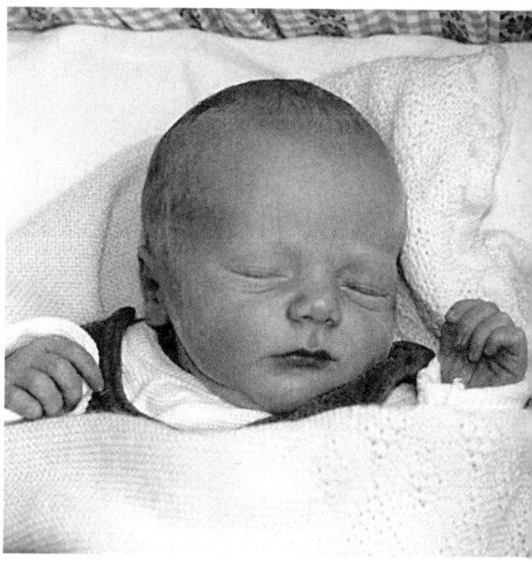

Empfängnisverhütung und Stillen

Durch das Saugen an der Brust wird die Produktion des Mütterlichkeits- und Milch produzierenden Hormons Prolaktin angeregt. Die grosse Menge an Prolaktin, die im Blut der Mutter zirkuliert, hält den Östrogen- und Progesteronspiegel tief. Dies sind die Hormone, die für den Eisprung und die Vorbereitung der Gebärmutter für die Aufnahme des befruchteten Eies notwendig sind. Wenn kein Eisprung erfolgt und die Schleimhautauskleidung der Gebärmutter sich nicht verändert, so hat die Mutter keine Menstruation und ist mit hoher Sicherheit in dieser Zeit nicht fruchtbar. Es ist nicht möglich, allgemein gültige Aussagen darüber zu machen, wie häufig und wie lange das Baby täglich saugen muss, um den Eisprung zu unterdrücken. Auch die dazu nötige Höhe des Prolaktinspiegels ist nicht bei jeder Frau gleich. Im Normalfall ist aber häufiges und effizientes Saugen nötig – sowohl tagsüber als auch nachts. Mit zunehmendem Alter – und je näher das Abstillen rückt – saugt das Kind weniger oft und der Prolaktinspiegel sinkt. Der Östrogen- und Progesteronspiegel steigt und es kommt zur ersten Menstruation nach der Geburt. Dies bedeutet, dass die Frau bereits fruchtbar ist oder es in Kürze sein wird. Bald nach dieser „warnenden" Menstruation kommt es zum Eisprung und damit ist auch eine Empfängnis wieder möglich. Bei manchen Müttern, vor allem wenn ihr Kind schon älter als ein Jahr ist, kann es auch zu einem Eisprung *ohne* vorhergehende Menstruation kommen.

Wissenschaftliche Ergebnisse

Eine Übersicht über die Ergebnisse verschiedener wissenschaftlicher Studien zeigt, warum das Stillen nicht bei allen Frauen als Verhütungsmethode zu funktionieren scheint. Die Unterdrückung von Eisprung und Menstruation hängt wahrscheinlich von einem konstant hohen Prolaktinspiegel ab. Wenn Stillmahlzeiten durch künstliche Nahrung ersetzt werden, sinkt der Prolaktinspiegel bei der Mutter ab (Andersen und Schioler 1982). Dies geschieht auch beim Zufüttern von Breinahrung. Viele Kinder wachen nach Beginn von Beikost nachts weniger häufig zum Stillen auf. Auch dies hat einen Einfluss auf den Prolaktinspiegel.

Eine andere Studie zeigte, dass der Prolaktinspiegel nicht stillender Mütter vier Wochen nach der Geburt wieder das gleiche tiefe Niveau wie vor der Geburt erreicht (Howie 1982b). Im Gegensatz dazu hatten stillende Mütter einen höheren Prolaktinspiegel bis zum Abstillen. Bei Frauen mit einer durchschnittlichen Stilldauer von 40 Wochen kam es gut vier Wochen nach dem Abstillen zum ersten Eisprung.

Der Prolaktinspiegel geht zurück, wenn weniger häufig gestillt wird, die Mahlzeiten vorwiegend am Tag stattfinden und nicht mehr auf 24 Stunden verteilt werden. Ein Anthropologe konnte zeigen, dass das Wiedereinsetzen der Menstruation mit dem Beginn des Durchschlafens des Kindes zusammenhängt (Knauer 1982). In dieser Studie wird auch vermutet, dass bereits durch eine längere Trennung von Mutter und Kind (12 oder mehr Stunden) die Menstruation ausgelöst werden kann. Andere Forscher fanden einen niedrigen Prolaktinspiegel bei voll stillenden Raucherinnen (mehr als 15 Zigaretten täglich). Es wird angenommen, dass Nikotin den normalerweise durch das Saugen ausgelösten Anstieg des Prolaktinspiegels blockiert (Howie 1982a).

Häufiges Stillen ist wesentlich, um den Prolaktinspiegel hoch zu halten. Diejenigen Mütter, die während der Stillzeit am längsten unfruchtbar blieben, waren auch diejenigen, die am längsten stillten, häufiger stillten, am längsten Nachtmahlzeiten gaben und erst spät und sehr langsam

zufütterten (Howie 1982a). Der Eisprung trat dann wieder auf, wenn die Mütter weniger als sechs Mal täglich stillten und die totale Stillzeit weniger als 60 Minuten täglich betrug.
Wenn eine Empfängnis noch während der Stillzeit eintrat, hatte die Mutter meist schon angefangen abzustillen (Howie und McNeilly 1982). Wahrscheinlich waren es die längeren Abstände zwischen den Stillmahlzeiten, die dazu führten, dass der Prolaktinspiegel absank und ein Eisprung erfolgte. In einer anderen Studie an 500 voll stillenden Müttern, wurden nur sechs davon schwanger, bevor sie mit Abstillen begonnen hatten (Giosia 1955). Die Forscher schlossen daraus, dass Stillen ein zu 99 % sicheres Verhütungsmittel ist und mindestens während neun Monaten eine neue Schwangerschaft verhindert, falls nicht zugefüttert wird. Es wurde auch festgestellt, dass das laktationsbedingte Ausbleiben der Menstruation bei älteren Frauen im Durchschnitt länger dauert als bei jüngeren.

Auch grössere Kinder können gestillt werden

Frauen in Entwicklungsländern, in denen das Stillen als Verhütungsmethode sicherer wirksam ist, als in westlichen Ländern, zeigen ein gleichmässigeres Stillmuster über eine Dauer von 24 Stunden (Jeliffe und Jeliffe 1978). 31 % der totalen Stillzeit fällt in die Zeit zwischen acht Uhr abends und sechs Uhr morgens. Im Gegensatz dazu versuchen westliche Mütter oft, das Stillen auf den Tag zu konzentrieren und die Abstände zwischen den nächtlichen Stillmahlzeiten zu verlängern, in der Hoffnung, das Baby damit zum Durchschlafen zu bringen.
Untersuchungen an den !Kung, einem Jäger- und Sammlervolk in Afrika, ergaben einige interessante Informationen über natürliche Kinderbetreuung und Familienplanung (Konner und Worthmann 1980). In dieser Kultur sind die Kinder bis sie mindestens zweijährig sind, fast immer in unmittelbarem Körperkontakt zu ihrer Mutter. Trennungen sind bis zum Alter von 3½ Jahren nur kurz; dann werden die Kinder oft abgestillt, weil

die Mutter wieder schwanger ist. Die Babys schlafen bis zum Abstillen bei der Mutter und nächtliches Stillen wird als normal betrachtet. Zum nächtlichen Stillen befragt, berichten die Mütter, dass die Kinder nachts sehr häufig trinken, ohne dabei aufzuwachen. Auch tagsüber trinken sie häufig und kurz, oft sogar mehrmals pro Stunde. In dieser Kultur beträgt der durchschnittliche Abstand zwischen den Geburten 44 Monate. Es werden keine anderen Verhütungsmethoden angewandt und es gibt auch keine Beschränkungen für Sex während der Stillzeit.

Eine Studie an amerikanischen Müttern zeigt, dass bei entsprechenden Bedingungen auch westliche Frauen ähnliche Abstände zwischen den Geburten erreichen können (Elias 1984). 15 Mitglieder der La Leche Liga wurden mit 15 Frauen verglichen, die zwar ebenfalls stillten, aber dabei restriktiver waren (in der westlichen Gesellschaft normalerweise übliches Stillverhalten). Die Resultate zeigten, dass bei den LLL-Müttern die Menstruation durchschnittlich für 13,3 Monate ausblieb, in der Vergleichsgruppe aber nur 8,7 Monate. LLL-Mütter stillten häufiger, sowohl tagsüber als auch nachts, und die Babys wurden später abgestillt. Die Untersuchenden stellten fest, dass der wichtigste Faktor für die längere Dauer der Unfruchtbarkeit die fortgesetzten Nachtmahlzeiten sind. An zweiter Stelle steht das Alter, in dem mit Zufüttern begonnen wird.

Eine andere Studie, die ebenfalls zeigte, dass amerikanische Frauen ähnlich lange unfruchtbar bleiben können, wie Frauen in Entwicklungsländern, wurde 1974 von Sheila Kippley präsentiert. In der untersuchten Gruppe von 29 Frauen gab es keine Empfängnis vor dem 12. Monat nach der Geburt und die früheste Empfängnis ohne vorausgehende Menstruation erfolgte nach 15 Monaten. Die erste Menstruation fand durchschnittlich 14,6 Monate nach der Geburt statt. Folgende Punkte waren für dieses Resultat verantwortlich:

- Kein Schnuller
- Keine Flaschen
- Keine Zusatznahrung während mindestens fünf Monaten
- Stillen nach Bedarf ohne Stundenplan
- Regelmässiges nächtliches Stillen
- Regelmässiges Stillen im Liegen (Mittagsschlaf, Nacht)

Regeln für eine Familienplanung mit Hilfe des Stillens

Untersuchungen über das Stillen und die Fruchtbarkeit führten zur Entwicklung einer spezifischen Familienplanungsmethode, der „Laktations Amenorrhöe Methode" (LAM). Nach den LAM-Spielregeln verhütet Stillen *dann* wirksam eine Empfängnis, wenn eine Frau die folgenden Fragen mit „Nein" beantworten kann:

1. Hat die Menstruation schon wieder eingesetzt?
2. Wird regelmässig Beikost gegeben oder gibt es längere Stillpausen während des Tages (mehr als vier Stunden) oder nachts (mehr als sechs Stunden)?
3. Ist das Baby älter als sechs Monate?

In diesem Fall ist die Möglichkeit schwanger zu werden kleiner als 2 %. Diese Regeln sind sehr vorsichtig formuliert. Viele Mütter stellen fest, dass sie weit über diese sechs Monate hinaus unfruchtbar bleiben. Wesentliche Punkte des *Attachment Parenting* helfen dabei, die unfruchtbare Zeit zu verlängern:

1. Uneingeschränktes Stillen tagsüber und nachts.
2. Nachtmahlzeiten, wenn immer möglich gemeinsames Schlafen von Mutter und Kind.
3. Zufüttern frühestens ab sechs Monaten. Breimahlzeiten sollten auch zu diesem Zeitpunkt das Stillen nicht ersetzen, sondern eher zusätzlich zur Muttermilch gegeben werden.

Bei den meisten Frauen findet mindestens die erste Menstruation nach der Geburt ohne vorhergehenden Eisprung statt. Sie kann als Warnung dafür dienen, dass die Fruchtbarkeit bald wieder einsetzen wird. Es kommt allerdings vor, dass ein Eisprung schon vor der ersten Menstruation stattfindet. Der Frau ist in diesem Fall unter Umständen nicht bewusst, dass sie bereits wieder fruchtbar ist. Dies kommt häufiger vor, wenn das Baby schon ein Jahr oder älter ist.
Weil die ausbleibende Menstruation also nicht in jedem Fall bedeutet, dass die Frau mit Sicherheit noch unfruchtbar ist, sollte sie auch andere Zeichen der wiederkehrenden Fruchtbarkeit kennen. Im Laufe der Geschichte haben Frauen gelernt, die natürlichen körperlichen Vorgänge zu interpretieren, um zu entscheiden ob sie fruchtbar sind. Insbesondere sind dies die Veränderungen in der Menge und Beschaffenheit des Zervikalschleims.

Um sich zu informieren, besuchen Sie am besten eine Veranstaltung über natürliche Familienplanung.
Stillen und vor allem die nächtliche Betreuung wie sie bei *Attachment Parenting* empfohlen wird, kann eine zuverlässige Methode zur Familienplanung sein. Auch in dieser Hinsicht – falls Sie sich auf diese Methode verlassen wollen – ist das Durchschlafen des Kindes also nicht unbedingt erstrebenswert.

Stillen nach Bedarf

Häufig vorkommende Schlafstörungen

11

Häufig vorkommende Schlafstörungen

Die Nacht kann für kleine Menschen unheimlich sein. Auch für Eltern kann es zur Belastung werden, wenn Kinder nachts seltsame Angewohnheiten entwickeln. Diese Schlafstörungen werden je nach der Schlafphase eingeteilt in der sie auftreten.

Störungen des REM-Schlafes

Albträume

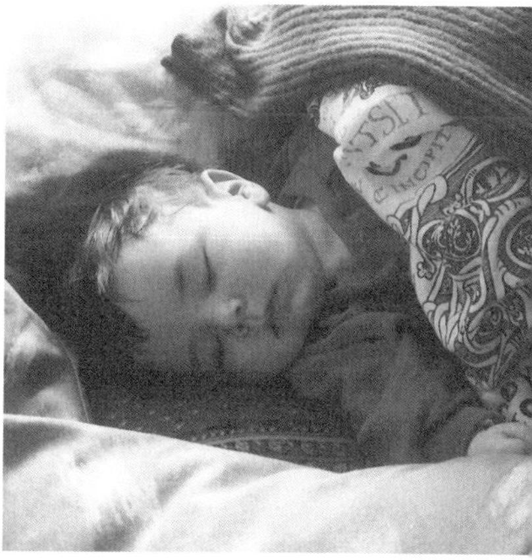

Die häufigsten Schlafstörungen bei Kindern von zwei bis fünf Jahren sind Albträume. Sie treten während des REM-Schlafes auf. Im Traum verarbeiten Kinder ihre guten oder schlechten Tageserfahrungen. In Albträumen wird die Realität verzerrt. So kann zum Beispiel der Hund des Nachbarn als Monster erscheinen. Dieses verzerrte Bild weckt das Kind auf. Im Wachzustand fürchtet es sich noch mehr, weil es noch nicht imstande ist, zwischen Traum und Wirklichkeit zu unterscheiden. Es nimmt an, dass sich wirklich ein Monster in seinem Zimmer befindet.

Wenn Ihr Kind darauf besteht, dass in seinem Zimmer ein Drache ist, spielen Sie mit: „Papa hat den Drachen gefangen und eingesperrt." Haben Sie keine Hemmungen, Phantasiebilder mit Phantasie zu bekämpfen. Legen Sie sich mit dem Kind hin und begleiten Sie es zurück in den Schlaf. Wiederkehrende Albträume machen das Kind ängstlich. Es fürchtet sich davor, schlafen zu gehen, weil dann die Träume kommen. Wenn das Kind reif genug ist, um zwischen Träumen und Realität zu unterscheiden, lässt die Wirkung von Albträumen gewöhnlich nach.

Beängstigende Erlebnisse während des Tages vermeiden

Mit etwa drei Jahren können Kinder oft den Inhalt ihrer Träume oder Albträume erzählen. Es braucht von den Eltern vielleicht etwas Spürsinn, um im Tagesablauf Ihres Kindes mögliche Ursachen dafür zu finden. Es ist für Eltern leider unmöglich, alle beunruhigenden Erlebnisse – und damit Albträume – zu vermeiden. Es gibt aber durchaus Erfahrungen, die Sie Ihrem Kind ersparen können. Manche Fernsehsendungen, Angst auslösende Bücher, gewisse Musik und Streit in der Familie können sich auf den Schlaf des Kindes auswirken. Es gibt auch Gute-Nacht-Gebete oder -Lieder, die ein Kind verängstigen können. Tröstliche, schöne Einschlafrituale helfen einem Kind, friedlich zu schlafen.

Erwachen in sicherer Umgebung

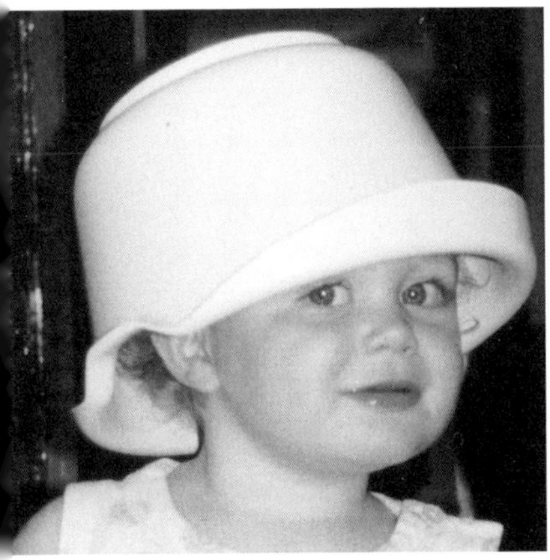

Lieber spielen als fernsehen

Sorgen Sie für eine sichere, beruhigende Umgebung, wenn Ihr erschrecktes Kind nachts aufwacht. Wenn es allein in seinem Zimmer ist, hilft ihm niemand, sofort in die Wirklichkeit zurückzukommen. Kinder, die im Bett oder im Schlafzimmer der Eltern schlafen, haben seltener Albträume. Dies gilt auch für das gemeinsame Schlafen von Geschwistern (Anders und Weinstein 1972). Wenn die Eltern sofort zur Verfügung stehen, können sie die negativen Auswirkungen von Albträumen gering halten. Ein Kind, das nach schlimmen Träumen in den Armen einer vertrauten Person aufwachen darf, wird sich weniger vor dem Schlafengehen fürchten.

Störungen des Non-REM Schlafes

Solche Störungen treten auf, wenn das Kind aus dem tiefsten Schlaf in den leichten gleitet. Dazu gehören nächtliche Angstzustände, Schlafwandeln, im Schlaf Reden und Bettnässen. Diese Störungen haben einige gemeinsame Merkmale:

- In der Familiengeschichte sind schon ähnliche Störungen vorgekommen.
- Sie treten in den ersten Stunden nach dem Einschlafen auf.
- Sie kommen häufiger bei Jungen vor und meistens im Alter von fünf bis zwölf Jahren.
- Das Kind ist während des Ereignisses nur mit Mühe aufzuwecken und erinnert sich später nicht daran.

Im Allgemeinen gilt, dass die auftretenden Ereignisse umso seltsamer und erschreckender wirken, je tiefer der Schlaf des Kindes zu dieser Zeit ist. Es wird angenommen, dass eine Unreife des Zentralnervensystems die Ursache dafür ist. Die meisten Kinder entwachsen diesen Zuständen mit der Zeit von selbst. Psychologische Gründe sind nur selten daran beteiligt. Non-REM-Schlafstörungen haben keinen Zusammenhang mit der Art des Erziehungsstils und lassen sich kaum behandeln.

Nächtliche Angstzustände

Diese Schlafstörung kann für Eltern sehr erschreckend sein. Ein Kind, das soeben noch tief geschlafen hat, setzt sich plötzlich im Bett auf, stösst einen durchdringenden Schrei aus, ist bleich und scheint völlig ausser sich. Es starrt mit weit geöffneten Augen auf einen unsichtbaren Gegenstand, schreit unzusammenhängend, atmet schwer, schwitzt und ist für Beruhigungsversuche völlig unzugänglich. Diese Anfälle dauern normalerweise fünf bis zehn Minuten. Das Kind ist nicht wirklich wach und fällt anschliessend in tiefen ruhigen Schlaf. Später erinnert es sich an nichts. Obwohl diese Anfälle für die Eltern beängstigend sind, scheinen sie das Kind nicht weiter zu beeinträchtigen, weil es dabei nicht wach ist und sich später im Wachzustand auch nicht daran erinnern kann. (Bei Albträumen wacht das Kind auf, erinnert sich an den erschreckenden Traum und hat Schwierigkeiten, ohne elterliche Hilfe wieder einzuschlafen.) Nächtliche Angstzustände führen normalerweise nicht dazu, dass sich das Kind vor dem Schlafengehen fürchtet, weil es ja nichts davon weiss. Schlafwandeln, Sprechen im Schlaf und Bettnässen können zusammen mit nächtlichen Angstzuständen auftreten. Diese Anfälle werden mit zunehmendem Alter und Reife seltener und eine Behandlung ist nicht nötig.

Schlafwandeln

Bei den meisten Kindern kommt es mindestens einmal in der Kindheit zum Schlafwandeln. Die Eltern bemerken diese Episoden oft nicht einmal. Manchmal setzt sich das Kind abrupt auf, hat weit geöffnete Augen und einen leeren Blick, verlässt aber das Bett nicht. Manche Schlafwandler haben zusätzlich auch nächtliche Angstzustände. Beim Schlafwandeln wirkt das Kind oft ungeschickt, erstaunlicherweise ist aber seine Koordination doch ausreichend, um Hindernissen auszuweichen und nicht hinzufallen oder sich zu verletzen. Oft macht es Türen oder Schubladen auf. Die nächtlichen Runden des Kindes können fünf bis dreissig Minuten dauern. Anschliessend geht es zurück ins Bett, ohne sich später zu erinnern, wo es war und was es getan hat. Ein Schlafwandler ist fast nicht aufzuwecken, obwohl etwa ein Drittel der Episoden spontan mit dem Aufwachen des Kindes enden. Schlafwandler verletzen sich zwar nur sehr selten, trotzdem ist es ratsam, auf eine sichere Umgebung zu achten. Entfernen Sie gefährliche Gegenstände: kantige Möbel, elektrische Kabel, Luftbefeuchter, Heizgeräte usw. Wenn das Kind beim Schlafwandeln aus seinem Zimmer gelangt und Sie aufweckt, versuchen Sie es sanft in sein Bett zurückzubegleiten, nicht aber, es aufzuwecken. Wenn es beim Schlafwandeln spricht – oft durchaus verständlich – bezieht es sich meist auf Erlebnisse des vergangenen Tages.

Bettnässen

Das Alter, in dem normales Windelnässen zum Problemverhalten Bettnässen wird, ist von Familie zu Familie verschieden. Im Allgemeinen wird es zum Problem, wenn das Kind mit fünf oder sechs Jahren nachts noch nicht trocken ist. Die Mehrheit der Kinder ist mit drei Jahren nachts trocken, mit sechs Jahren sind es 85 %. Bettnässen kommt bei Jungen etwa doppelt so häufig vor wie bei Mädchen und hat auch eine erbliche Komponente. Oft waren in diesem Fall schon die Eltern Bettnässer.

Den Schlaf tagsüber nachholen

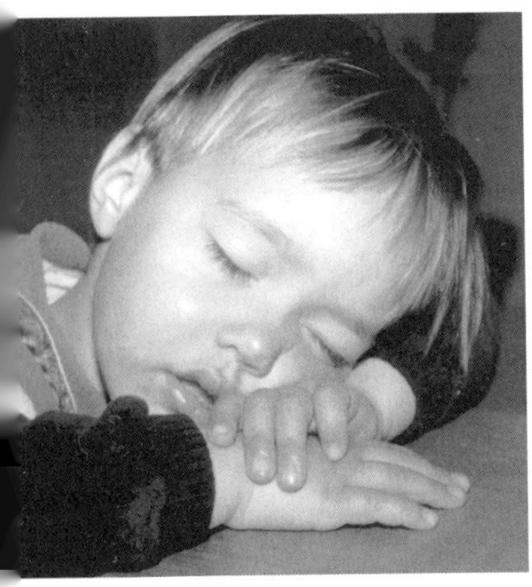

Bettnässen und Schlaf

Bettnässen kann als Schlafstörung oder genauer als Aufwachstörung betrachtet werden. Das Kind schläft so tief, dass es nicht realisiert, dass es seine Blase entleeren müsste. Es fühlt den Blasendruck nicht und noch viel weniger kann es ihn kontrollieren. Bei manchen Bettnässern verlaufen die Schlafzyklen etwas anders als bei durchschnittlichen, nachts trockenen Kindern. Sie gelangen schneller in den Tiefschlaf und bleiben länger in dieser Phase. Die erste Bettnäss-Episode tritt knapp vor dem Ende dieser verlängerten Phase tiefen Schlafs auf, gerade vor der ersten REM-Phase und eine bis drei Stunden nach dem Einschlafen. Deshalb wachen viele Kinder auf, wenn sie in die erste REM-Phase eintreten und stellen fest, dass sie bereits nass sind.

Bei einigen Kindern kann das Bettnässen auch mit der hormonellen Kontrolle der Urinproduktion zusammenhängen. Sie haben zuwenig ADH (Anti-Diuretisches Hormon), das während des Schlafs ausgeschüttet wird, um den Urin konzentrierter zu machen, sodass die Nieren eine kleinere Menge produzieren und die Blase nicht zu voll wird. Bettnässer produzieren also unter Umständen im Schlaf eine zu grosse Menge an Urin. In wenigen Fällen ist das Problem eine besonders kleine Blase, die rasch überfüllt wird.

Ammenmärchen über das Bettnässen

Bettnässen ist kein psychologisches Problem. Es bedeutet nicht, dass Ihr Kind zu faul ist, um aufzustehen, Sie mit dieser Störung kontrollieren oder die Familie manipulieren will. Solche Missverständnisse verhinderten lange Zeit, dass Bettnässen als gewöhnliches medizinisches Problem betrachtet wurde. Wenn die Lungen nicht korrekt funktionieren, wird das Kind gegen Asthma behandelt und sogar dafür bedauert. Wenn die Blase nicht richtig funktioniert, heisst es, das Kind sei bequem, störrisch oder unreif. Es stimmt nicht, dass dem Kind das nasse Bett egal ist. Ist es wirklich denkbar, dass es einem Kind nichts ausmacht über Jahre jeden Morgen in einem nassen, übelriechenden Bett zu erwachen und als erstes die Bettwäsche wechseln zu müssen?

Neun Schritte zu einem trockenen Bett – ein Trainingsprogramm

Diese Methode habe ich in 25 Jahren kinderärztlicher Praxis entwickelt. Sie funktioniert bei mindestens 70 % aller Bettnässer.

1. Führen Sie ein Tagebuch. Welche Unterschiede gibt es im Tagesablauf vor einer trockenen Nacht im Vergleich zu Tagen, an denen das Kind später ein nasses Bett hat? Gibt es einen Zusammenhang mit gewissen Nahrungsmitteln, Getränken, Ereignissen in der Familie, Schulsituationen, Darm- und Blasenentleerungsmustern tagsüber? Nahrungsmittelallergien, kohlensäure- und koffeinhaltige Getränke, Probleme mit Stuhlverstopfung oder Stress im Allgemeinen können die Fähigkeit nachts trocken zu bleiben, vermindern. Die meisten Eltern finden allerdings in diesem Schritt keine eindeutigen Ursachen.

2. Lassen Sie Ihren Arzt die Situation beurteilen. Manchmal gibt es eine klare medizinische Ursache für das Bettnässen. Diese Möglichkeit sollte ausgeschlossen werden, bevor Sie mit einem Trainingsprogramm beginnen.
3. Erklären Sie dem Kind das Problem. Damit das Programm erfolgreich ist, muss Ihr Kind mithelfen und selbst Verantwortung übernehmen. Um nachts zuverlässig ein trockenes Bett zu erreichen, braucht es zwar ein Team, aber im Endeffekt gehört die Blase dem Kind und es muss selbst lernen, was zu tun ist. So erkläre ich das Bettnässen einem Sechsjährigen: „Deine Blase ist wie ein Ballon, etwas grösser als ein Tennisball. Da drin hat es winzige Nerven, die deinem Gehirn melden, wenn die Blase voll ist und du zur Toilette musst. Unten an der Blase hat es einen grossen Muskel wie ein Ring, der zusammendrückt und das Pipi drin behält, bis du bei der Toilette bist. Wenn du nicht sofort gehen kannst, hilft dir der Muskel auch noch etwas zu warten. Nachts schläft aber dein Gehirn und wenn deine Blase sagt: „Ich bin zu voll, ich muss zur Toilette", sagt das Gehirn: „Lass mich in Ruhe, ich schlafe." Deshalb geht das Pipi ins Bett anstatt in die Toilette." Nachdem das Kind begriffen hat, was in seinem Körper vorgeht, wenn es das Bett nass macht, erklären Sie ihm, dass Sie beide nun daran arbeiten werden, damit seine Blase und sein Gehirn nachts aufeinander hören und es früh genug aufwachen und zur Toilette gehen kann.
4. Verbessern Sie die Blasenentleerung. Vor dem Schlafengehen soll das Kind die Toilette aufsuchen. Halten Sie es dazu an, „dreimal Pipi zu machen" oder etwas zu pressen, so dass wirklich alles draussen ist. Viele Kinder – wenn sie müde und in Eile sind – gehen zu Bett mit einer halbvollen Blase.
5. Wecken Sie Ihr Kind nachts zum Wasserlassen. Die meisten Kinder nässen das Bett wenige Stunden nach dem Einschlafen und die meisten Eltern gehen einige Stunden nach dem Kind zu Bett. Also ist es vernünftig, wenn Sie, bevor Sie zu Bett gehen, das Kind aufwecken und mit ihm zur Toilette gehen. Wenn Sie das Kind schlafend ins Badezimmer schleppen, nützt dies aber nicht viel. Um seine Blase wirklich richtig zu entleeren, muss es wach sein. Lassen Sie es also selbst ins Bad gehen. Wenn Sie dort sind, soll es etwas Wasser in

sein Gesicht spritzen oder es mit einem nassen Waschlappen abreiben, um sich wach zu machen. Dann kann es die „Dreimal pressen damit alles raus kommt"-Routine machen. Wenn das Kind trotzdem später noch sein Bett nässt, stellen Sie Ihren Wecker und wecken es nochmals zwei bis drei Stunden später. Wenn es erst einmal ein paar trockene Nächte gehabt hat, wird es noch motivierter für dieses Training. Manche Kinder sind sogar imstande, selber mit Hilfe eines Weckers aufzuwachen und zur Toilette zu gehen, ohne ihre Eltern aufzuwecken.

6. Üben Sie diesen Ablauf vor dem Einschlafen oder wenn es nach dem Gang zur Toilette wieder im Bett liegt: „Ich fühle wie meine Blase gross und voll wird und dann stehe ich auf und gehe auf die Toilette. Ich spritze Wasser auf mein Gesicht und dann presse ich, bis alles Pipi herausgekommen ist." Haben Sie beim Üben Spass zusammen, sodass das Kind es mit positiven Gefühlen verbindet, Kontrolle über seinen Körper zu bekommen.
7. Machen Sie tagsüber Übungen zur verbesserten Blasenkontrolle. Dadurch wird die Rückhaltefähigkeit der Blase verbessert, die neuromuskuläre Kontrolle und das Gefühl für eine volle Blase entwickelt. Dies kann dazu führen, dass das Kind seiner Blase auch nachts besser bewusst ist. – Das Kind soll lernen zunehmend den Urin zurückhalten zu können. Lassen Sie es grosse Mengen Flüssigkeit trinken und dann immer länger warten, bis es zur Toilette geht, auch wenn es „muss". Wenn die Kapazität der Blase zunimmt, wird sie fähig, mehr Urin zu halten, ohne sofort entleert werden zu müssen. – Leiten Sie Ihr Kind dazu an, während des Wasserlassens den Strahl immer wieder zu unterbrechen. Dies gibt ihm die Sicherheit, dass es tatsächlich seine Blase kontrollieren kann, wenn es will. Sprechen Sie mit Ihrem Arzt, bevor sie diese Übungen machen. Sie sind nicht für alle Kinder geeignet, vor allem nicht für Mädchen mit Neigung zu Harnwegsinfektionen.
8. Versuchen Sie es mit einem Blasentrainingsgerät. Fragen Sie Ihren Kinderarzt/Ihre Kinderärztin nach einem solchen und lassen Sie es sich

Augen auf Halbmast

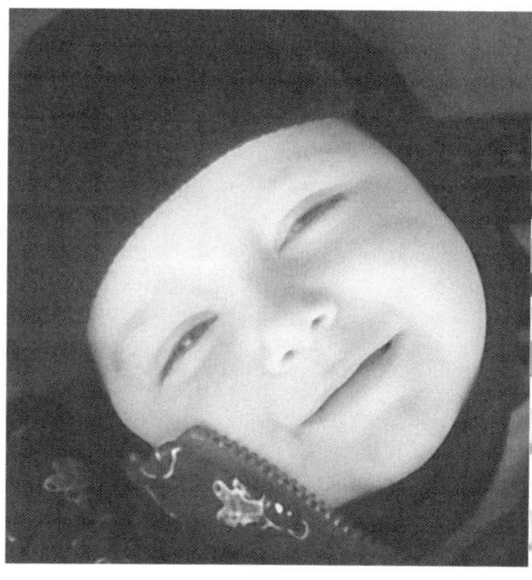

erklären. Die entsprechende Anleitung ist äusserst wichtig. Es kann mehrere Wochen dauern, bis die trockenen Nächte wirklich häufiger werden. Rückfälle nach ein paar Monaten sind normal, Sie machen dann eine weitere Runde mit dem Trainingsgerät.

9. Für manche Kinder ist positive Verstärkung sinnvoll: Belohnen Sie Ihr Kind für seine Mithilfe bei der Lösung des Problems. Verwenden Sie einen Kalender, auf der Sie die trockenen und die nassen Nächte markieren. Vereinbaren Sie die Anzahl der trockenen Nächte, die das Kind braucht, um die Belohnung zu bekommen (vielleicht ein besonderer Ausflug mit Ihnen). Schon bald wird aber das Gefühl, seinen Körper unter Kontrolle zu haben, zur eigentlichen Belohnung.

Medikamente für Bettnässer

Medikamente heilen nicht das Bettnässen, sie können es in gewissen Fällen unter Kontrolle halten, bis das Kind selbst reif genug ist. Lassen Sie sich von Ihrem Kinderarzt/Ihrer Kinderärztin beraten.

Nächtliches Daumenlutschen

Manche Kinder brauchen das Lutschen am Daumen zum Einschlafen und andere saugen während der ganzen Nacht daran. Meistens hat dies keine bösen Folgen, aber gelegentlich übt ein Kind so starken Druck auf seine oberen Zähne aus, dass eine Zahnkorrektur nötig wird.

Über den Grund des nächtlichen Daumenlutschens gibt es viele Spekulationen und gegensätzliche Meinungen. 1977 untersuchten zwei türkische Wissenschaftler 50 regelmässig daumenlutschende Kinder im Alter von ein bis sieben Jahren (Ozturk und Ozturk). Sie verglichen sie mit nicht daumenlutschenden. Die Untersuchung ergab, dass Kinder, die mit der Flasche gefüttert worden waren, später eher Daumen lutschten. Je später das Kind abgestillt wurde, desto seltener lutschte es am Daumen. Das Daumenlutschen trat auch eher bei Kindern auf, die nach einem starren Schema gefüttert worden waren. Am auffälligsten war das Ergebnis, dass 96 % der Daumenlutscher jeweils nach dem Füttern beim Einschlafen allein gelassen worden waren. Von den Kindern, die nicht Daumen lutschten, war kein einziges jeweils beim Einschlafen allein gelassen worden, sie hatten Gelegenheit zu saugen, bis sie schliefen.

Diese Wissenschaftler gehen davon aus, dass Schlaf eine regressive Aktivität ist, in der das Kind zu primitiveren Reflexen zurückkehrt, so wie dies Saugen und den Finger in den Mund stecken sind. Während das Kind einschläft, wird sein primitiver Saugreflex stimuliert und der Saugtrieb verstärkt. Die Forscher stellten die Theorie auf, dass der Saugtrieb befriedigt wird, wenn das Kind an der Brust, mit der Flasche oder dem Schnuller einschläft und der Hand-in-den-Mund-Reflex in diesem Fall später in der Nacht kein Saugen auslöst. Mit anderen Worten: Ein Bedürfnis, das in der frühen Kindheit befriedigt wird, verschwindet; wird es nicht befriedigt, erscheint es später wieder, manchmal als lästige Gewohnheit. In meiner eigenen Praxis habe ich beobachtet, dass Babys, die an der Brust einschlafen können, nachts nach Bedarf gestillt werden und die erst abgestillt werden, wenn sie dazu bereit sind, viel weniger häufig gewohnheitsmässig am Daumen lutschen.

Attachment Parenting und der plötzliche Kindstod (SIDS)

12

Attachment Parenting und der plötzliche Kindstod (SIDS)

SIDS (Sudden Infant Death Syndrome), der plötzliche, unerwartete Kindstod ist wohl die tragischste Schlafstörung. Ein gesundes Kind wird ins Bett gelegt und später ohne ersichtliche Ursache tot aufgefunden. Die Eltern sind am Boden zerstört und fragen sich, warum gerade ihnen dies passieren musste. Obwohl die medizinische Forschung manche Theorie über SIDS entwickelt hat, kann bisher niemand genau erklären, was wirklich geschieht, wenn ein Kind unerwartet im Schlaf stirbt.

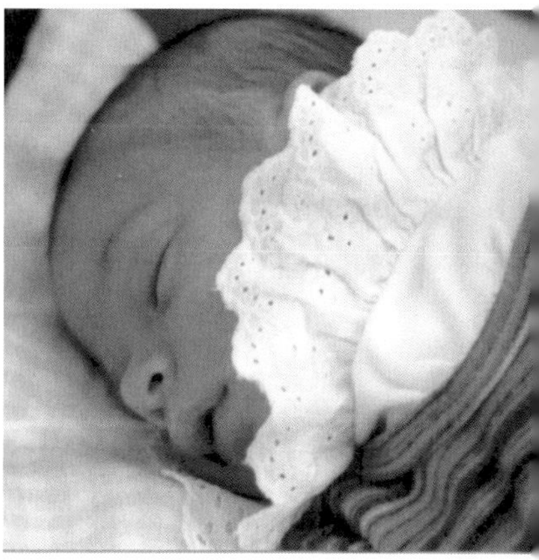

SIDS ist die häufigste Todesursache bei Kindern im Alter zwischen einem Monat und einem Jahr. Es sind vor allem Säuglinge zwischen einem und sechs Monaten betroffen, mit einer Spitze bei drei Monaten. Es geschieht öfter in den Wintermonaten und gewöhnlich zwischen 10 Uhr abends und 10 Uhr morgens. Gewisse Umweltfaktoren können das SIDS-Risiko erhöhen. Kinder aus unteren sozialen Schichten sind stärker gefährdet, ebenso solche, deren Mütter rauchen oder drogensüchtig sind. SIDS kommt auch häufiger bei Frühgeborenen vor oder bei Kindern, die nach der Geburt Schwierigkeiten mit der Atmung hatten. SIDS – und dies ist eine wichtige Erkenntnis – wird nicht durch Erdrücken oder Ersticken verursacht.

Obwohl SIDS als Todesursache in den letzten Jahren zurückgegangen ist, machen sich Eltern von Säuglingen immer noch Sorgen. Jahrelang konnten Ärzte wenig gegen diese Angst unternehmen, da die medizinische Wissenschaft davon ausging, dass SIDS nicht verhütet werden kann. Neuere Studien lassen allerdings vermuten, dass Eltern doch einiges tun können. Zwar kann nach wie vor niemand garantieren, dass ein Baby nicht an SIDS stirbt, dennoch kann das Risiko verringert werden. Ich bin zum Schluss gekommen, dass *Attachment Parenting* in der Nacht einer der wichtigsten Faktoren zur Risikoverminderung ist.

SIDS und Schlaf

Weil das Kind im Schlaf stirbt, kann SIDS zu den Schlafstörungen gezählt werden. Das Kind ist möglicherweise nicht in der Lage, im Schlaf seine Atmung automatisch zu kontrollieren oder zu erwachen, wenn ein Atmungsproblem auftritt. Um diese Theorie zu verstehen, ist es notwendig zu wissen, wie das Kind normalerweise im Schlaf atmet.

Atmungsmechanismen

Der Zweck der Atmung ist die Aufnahme des lebensnotwendigen Sauerstoffs und die Abgabe des Abfallprodukts Kohlendioxyd. Um richtig zu funktionieren, muss der Körper genau das nötige Gleichgewicht von Sauerstoff und Kohlendioxyd im Blut aufrechterhalten. Um dieses Gleichgewicht zu halten, sind winzige Sensorzellen, so genannte Chemorezeptoren, entlang einiger wichtiger Blutgefässe installiert. Diese nehmen Unregelmässigkeiten wahr. Wenn der Sauerstoffgehalt zu niedrig oder der Kohlendioxydgehalt zu hoch wird, senden die Chemorezeptoren die Meldung ans Gehirn, dass rascher geatmet werden muss. Im Wachzustand wird die Atmung zusätzlich von willentlich gesteuerten Mechanismen im Nervensystem reguliert. Im Schlaf ist der Körper ganz besonders von den Chemorezeptoren abhängig, um die Atmung in Gang zu halten. Während die schlafende Person in den verschiedenen Schlafphasen einen immer niedrigeren Bewusstheitszustand erreicht, wird die Atmung langsamer und die Rolle der Mechanismen umso wichtiger.
In den ersten Monaten sind die Atmungsmechanismen des Säuglings noch unreif. Wer ein schlafendes Baby beobachtet, stellt fest, dass die Atmung kein regelmässiges Muster hat. Oft gibt es Atempausen bis zu 10 oder 15 Sekunden (so genannte Apnoe), dann setzt die Atmung ohne Probleme wieder ein. Man nennt dies periodisches Atmen und es ist bei kleinen Babys normal. Je jünger und unreifer das Kind ist, umso unregelmässiger ist das Muster und umso deutlicher die periodische Atmung. Die Atempausen können sogar bis zu 20 Sekunden dauern, wobei dann die Herzfrequenz beträchtlich sinkt (mehr als 20 %). Als Reaktion auf diese Apnoe setzt entweder der Startmechanismus ein oder das Kind wacht auf. In beiden Fällen setzt die normale Atmung wieder ein. Mit zunehmender Reife (um sechs Monate) wird das Atmungsmuster im Schlaf regelmässiger und die periodische Atmung wird seltener.

Manchmal dauert die Apnoe länger und die Atmung wird nicht wieder aufgenommen. Kinder, die mit einem Monitor überwacht werden, zeigen in diesem Fall Anzeichen dafür, dass der Sauerstoff im Blut ein gefährlich niedriges Niveau erreicht hat: Der Herzschlag wird alarmierend langsam und das Kind wird bleich, blau und schlaff. Es braucht eine Intervention von aussen. Manchmal genügt schon eine einfache Berührung, um den Startmechanismus wieder auszulösen, vielleicht muss das Kind auch richtig aufgeweckt werden oder es ist sogar eine Mund-zu-Mund Beatmung notwendig. Ohne Intervention von aussen würden solche Kinder sterben. Sie gelten als near-miss SIDS (beinahe SIDS-Opfer).

SIDS als Schlafstörung

Es ist einleuchtend, dass SIDS in manchen Fällen eine elementare Schlafstörung ist. Normalerweise haben Kinder einen Schutzmechanismus, der ihnen ermöglicht sofort zu erwachen, wenn eine bedrohliche Apnoe eintritt. Aus unbekannten Gründen haben SIDS-Opfer oder beinahe SIDS-Opfer diese Fähigkeit nicht.

Die SIDS-Forschung wird dadurch erschwert, dass nur sehr wenige Informationen aus den Fällen gewonnen werden können, in denen ein Kind tatsächlich stirbt. Das meiste des zurzeit verfügbaren Wissens stammt aus anderen Quellen: Wissenschaftler untersuchten Risikokinder, die in der Folge SIDS-Opfer wurden, beinahe SIDS-Opfer, sowie Geschwister von Opfern, bei denen man ebenfalls ein SIDS-Risiko vermutete.

Ungenügende Aufwachreaktionen

Im Alter von drei Monaten ist das SIDS-Risiko am höchsten. Dies fällt zusammen mit dem Zeitpunkt, in dem die meisten Babys beginnen, „besser" zu schlafen; das heisst, mit längeren Tiefschlafphasen. Im Tiefschlaf reagieren Säuglinge weniger gut auf den atemstimulierenden Effekt von niedrigem Sauerstoff- und höherem Kohlendioxidanteil im Blut (Harper 1982).

Studien an beinahe SIDS-Opfern und Geschwistern von SIDS-Opfern zeigen, dass diese Kinder nachts weniger häufig erwachen als zu erwarten wäre. In den ersten Monaten erwachen Säuglinge normalerweise immer wieder, wenn sie aus dem tiefen, ruhigen Schlaf in den REM-Schlaf und dann wieder zurück in den tiefen Schlaf gleiten. Forscher vermuten, dass das häufige Aufwachen für Babys, die einen weniger guten Atmungsstartmechanismus haben, von wesentlicher Bedeutung sein könnte. Wenn solche Kinder seltener erwachen, kann dies das SIDS-Risiko erhöhen.

Ungenügende Empfindlichkeit der Chemorezeptoren

Bei gefährdeten Babys ist die Herzfrequenz während des Tiefschlafs höher als normal. Die Herzfrequenz erhöht sich, um einen niedrigeren Sauerstoffspiegel auszugleichen. Dies deutet darauf hin, dass gefährdete Kinder im Tiefschlaf chronisch einen niedrigen Sauerstoffspiegel haben. Autopsien von SIDS-Opfern zeigen Gewebeveränderungen, die Auswirkungen dieser chronischen Sauerstoffarmut sind.

In einer weiteren Studie an gefährdeten Babys ergab sich eine verringerte Aufwachreaktion auf den gesunkenen Sauerstoff- oder erhöhten Kohlendioxydspiegel während die Chemorezeptoren getestet wurden (McCulloch 1982). Wenn das Kohlendioxyd in ihrer Umgebung erhöht wurde, brauchten gefährdete Kinder länger um aufzuwachen und der Kohlendioxydspiegel musste höher sein, um die Atmung anzuregen. Die gefährdeten Kinder wachten auch weniger schnell auf, wenn der Sauerstoffspiegel im Blut sank. Die Untersucher interpretierten das Ergebnis dahingehend, dass SIDS-Opfer ungenügende Aufwachreaktionen auf Apnoe zeigen.

Gefährdete Kinder erleben auch häufiger Episoden von Schlafapnoe und periodischer Atmung (Guillemmault 1981). Diese erfolgen am häufigsten zwischen ein und sechs Uhr morgens und in den letzten zehn Minuten vor dem Aufwachen. Diejenigen Kinder, die nachts am häufigsten aufwachten, hatten weniger Apnoe-Episoden.

Zusammengefasst kann man sagen, dass bei gefährdeten Kinder zwei Atmungsprobleme bestehen:

1. Ungenügende Empfindlichkeit der Chemorezeptoren, das heisst, das Baby atmet nicht, wenn es nötig wäre.
2. Ungenügende Aufwachreaktion des Nervensystems auf Atmungsprobleme.

Mit anderen Worten:

Gefährdete Kinder wachen nicht auf, wenn ihre Atmung aussetzt.

Aktiver Schlaf (REM-Schlaf) schützt vor SIDS

Schlafstudien haben gezeigt, dass das Einsetzen von REM-Schlaf die Atmung und die Herzfrequenz stimuliert. Auf dieser Basis wurde die Hypothese aufgestellt, dass „... *aktiver Schlaf Kinder vor SIDS „schützt“.*

Die paradox scheinende Immunität gegen SIDS im ersten Lebensmonat kann dadurch erklärt werden, dass bei Neugeborenen der REM-Schlaf dauerhaft überwiegt. Die Phase mit dem höchsten Risiko fällt mit der schnellen Abnahme von aktivem Schlaf um den zweiten und dritten Lebensmonat herum zusammen. Mit sechs Monaten sind die Herz-Lungen-Kompensationsmechanismen bei tiefem Schlaf bereits reifer und das Risiko dadurch wieder geringer." (Baker und McGinty 1977)

Mit anderen Worten, Babys sind nicht dafür geschaffen, durchzuschlafen, bevor sie die nötige körperliche Reife haben, um dies ohne Risiko zu tun.

Kindliches Temperament, Schlaf und SIDS

Studien zeigen, dass SIDS häufiger bei so genannt „pflegeleichten" Babys auftritt. Dies ist auch ein Hinweis dafür, dass SIDS eine Aufwachstörung ist. In einer Studie wurden Eltern von 40 an SIDS gestorbenen Kindern über gewisse Verhaltensmuster befragt. Die SIDS Kinder waren tendenziell weniger aktiv gewesen und hatten weniger intensiv auf Reize reagiert – sie waren also einfacher zu betreuen gewesen (Naeye 1976).

Hallo kleine Schwester

Eine andere Untersuchung zeigte hingegen keine Temperamentsunterschiede zwischen normalen und gefährdeten Kindern (Weissblutz 1982). Bei den beinahe SIDS-Opfern wurde hingegen festgestellt, dass Kinder, die auf der Temperamentsskala geringere Aktivität und Intensität zeigten, häufiger Apnoe und periodisches Atmen aufwiesen. Kinder, die im Wachszustand als nicht sehr empfindlich auf äussere Reize beschrieben wurden, hatten im Schlaf häufiger Apnoe-Episoden. Die Autoren warnten jedoch vor dem einfachen Schluss, dass alle weniger empfindlichen Kinder notwendigerweise ein erhöhtes SIDS-Risiko haben.

Studien zum kindlichen Temperament zeigen, dass weniger empfindliche Kinder nachts seltener aufwachen (Carey 1974). Bei Kolikkindern ist SIDS sehr ungewöhnlich, solange es noch zu Anfällen kommt. Der Zusammenhang zwischen dem kindlichen Temperament ist immer noch unklar, es ist möglich, dass SIDS eine Störung des Reaktionsvermögens auf Aufwachreize ist. Bei einem Kind mit weiteren SIDS-Risikofaktoren mag ein empfindlicheres Temperament unter Umständen das SIDS-Risiko vermindern.

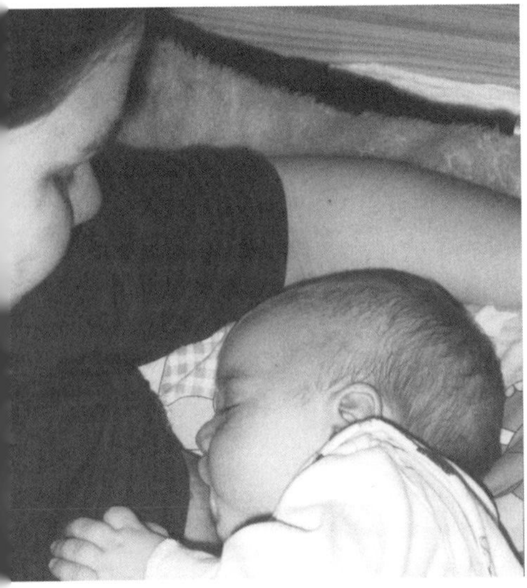

Die Welt ist in Ordnung

SIDS und Stillen

Über viele Jahre herrschte die Meinung, dass es für das SIDS-Risiko keinen Unterschied macht, ob Kinder gestillt oder mit künstlicher Säuglingsnahrung gefüttert werden. Neuere Studien zeigen hingegen, dass Kinder, die nie gestillt wurden ein zwei- bis dreimal höheres Risiko tragen, an SIDS zu sterben. Die positiven Auswirkungen des Stillens wurden durch Forschungen in Neuseeland (Mitchell 1991), England (Fleming 1994) und in den USA (Hoffman 1988) bestätigt. Es gibt eine ganze Anzahl möglicher Erklärungen für das geringere Risiko. Stillen schützt Säuglinge vor Infektionen der Atemwege und des Magen-Darm-Traktes, welche das SIDS-Risiko vergrössern. Muttermilch verbessert die Entwicklung des Zentralnervensystems, indem es lebenswichtige Stoffe für den Prozess der Umkleidung der Nervenfasern liefert. Besser entwickelte Gehirne verhelfen Babys wahrscheinlich zu besserer Atmungskontrolle im Schlaf. Gestillte Kinder schlafen weniger tief als künstlich ernährte Babys und tun dies häufiger bei ihren Müttern; dies könnte dazu führen, dass sie eher aufwachen wenn die Atmung aussetzt. SIDS tritt zwar auch bei gestillten Kindern auf, Stillen senkt aber das Risiko.

SIDS und die Qualität der Betreuung

Eine unzureichende Betreuung durch die Mutter ist sicherlich nicht die Ursache für SIDS, kann aber bei gefährdeten Kindern das Risiko erhöhen. Untersuchungen ergeben ein viel häufigeres Auftreten von SIDS bei Kindern von weniger engagierten und fähigen Müttern. Eine interessante Studie aus Sheffield (England) zeigte, dass eine Verbesserung der mütterlichen Fähigkeiten das SIDS-Risiko senken kann (Carpenter und Emory 1977). Unter 15 000 Babys wurden Risikokinder ausgewählt. Diese wurden in zwei Gruppen eingeteilt: Für die eine gab es besondere Nachuntersuchungen nach der Geburt und zweimal wöchentlich den Besuch einer Gesundheitsschwester. Diese Mütter wurden auch in der Betreuung, Ernährung, Hygiene und dem Erkennen von Krankheiten unterwiesen. Die zweite Gruppe erhielt keine besondere Betreuung. Die SIDS-Rate in der zweiten Gruppe war dreimal höher (10,6 ‰ im Vergleich zu 3,2 ‰ bei der ersten Gruppe).

Wie der Betreuungsstil das SIDS-Risiko beeinflusst

Was sind nun die praktischen Folgerungen aus diesen Untersuchungen für die nächtliche Betreuung? In der Ausgabe von 1984 dieses Buches stellte ich die folgende Hypothese auf: *„Bei gefährdeten Kindern senkt uneingeschränktes Stillen und gemeinsames Schlafen das SIDS-Risiko."*
Dies war damals eine neue Idee. Sie basierte auf meinen Schlüssen aus der SIDS-Forschung und meinem Verständnis von der nahen Beziehung zwischen einer stillenden Mutter und ihrem Kind. Ich hoffte, dass die Veröffentlichung dieser Hypothese weitere wissenschaftliche Untersuchungen anregen würde. 15 Jahre später werden die Beweise für meine Hypothese immer zahlreicher und die Experten beginnen zu verstehen, wie das gemeinsame Schlafen SIDS verhindern kann. Im nächsten Abschnitt zeige ich die Gründe für meine Theorie auf, sowie die Beweise und Ideen, die sie stützen.

Gemeinsames Schlafen kann das SIDS-Risiko senken

Wenn SIDS bei manchen Babys mit einer ungenügenden Aufwachreaktion zusammenhängt, folgt daraus, dass alles, was die Sensibilität des Kindes oder den Bewusstheitsgrad der Mutter für ihr Kind erhöht, das SIDS-Risiko senken kann. Genau das wird erreicht durch gemeinsames Schlafen und nächtliches Stillen.

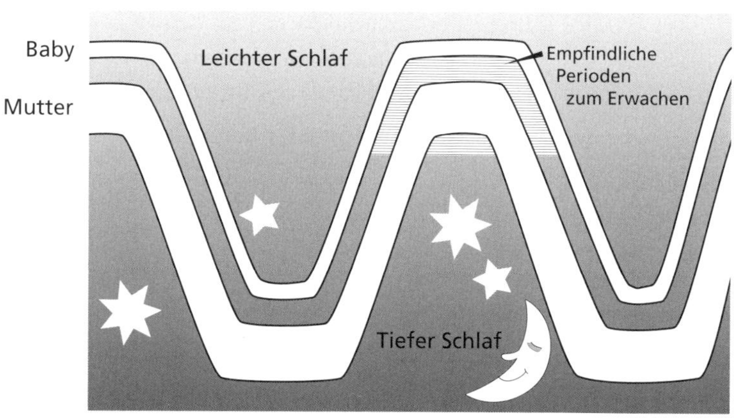

Die stillende Mutter und ihr Baby haben ähnliche Schlafzyklen

Gemeinsame Schlafzyklen

Als Vater von mehreren Babys, die während der ganzen Nacht immer wieder gestillt wurden, habe ich festgestellt, dass Mutter und Kind sich oft zur gleichen Zeit zu bewegen beginnen oder kurz aufwachen. Das Stillpaar hat eine erhöhte Sensitivität für die Anwesenheit des jeweils anderen. Eine Studie an gemeinsam schlafenden Müttern und Babys in einem Schlaflabor dokumentierte die gemeinsamen Wachphasen von stillenden Müttern und ihren Kindern (McKenna 1994). Wenn eines der beiden sich rührte, hustete, sich bewegte oder die Position änderte, tat dies das andere ebenfalls. Die Untersuchenden demonstrierten ebenfalls, dass gemeinsam schlafende Stillpaare sich nachts oft in der gleichen Schlafphase befanden. Es ist ganz klar, dass beide sich gegenseitig beeinflussen.

Interessante anthropologische Studien kamen zum Ergebnis, dass die SIDS-Rate in Kulturen, die das gemeinsame Schlafen nicht praktizieren, ungefähr drei- bis viermal höher ist. Es braucht noch weitere Untersuchungen, um genau festzustellen, was geschieht, wenn Mütter und Babys gemeinsam schlafen. Es scheint seltsam, dass die Wissenschaft Beweise dafür verlangt, dass gemeinsames Schlafen gut für Babys ist, da doch dies durch die ganze menschliche Geschichte hindurch die Norm war. Es gibt noch viel darüber zu lernen, auf welche Art Mütter ihren Kindern dabei helfen, sich zu entwickeln.

Nähe und Geborgenheit

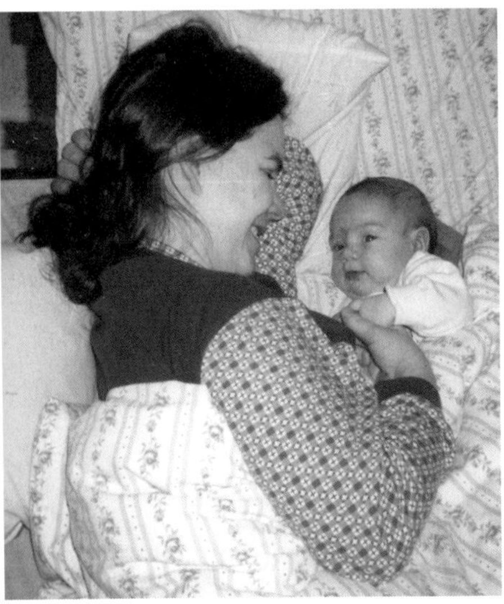

Babys atmen besser beim gemeinsamen Schlafen

Aus Interesse an diesen Zusammenhängen führte ich eine Studie mit unserer jüngsten Tochter Lauren durch, als sie acht Wochen alt war – mit ausgeklügelter Monitortechnik, in unserem eigenen Haus, zusammen mit einem Techniker. Wir beobachteten Laurens Schlaf in zwei verschiedenen Nächten. In der einen Nacht schlief meine Frau neben Lauren. In der anderen Nacht stillte sie Lauren in unserem Bett, bis diese eingeschlafen war und ging dann zum Schlafen in den angrenzenden Raum. Wir stellten fest, dass Laurens Herzfrequenz und ihre Atmung regelmässiger waren, wenn sie gemeinsam mit ihrer Mutter schlief, mit viel weniger Tief-

punkten im Sauerstoffspiegel des Blutes. Die Beobachtung eines anderen Mutter-Säugling-Paars ergab die gleichen Resultate.
Natürlich ist es unmöglich aus diesen zwei Untersuchungen statistisch gültige Schlüsse zu ziehen. Sie legen allerdings eine Theorie nahe, die es nun zu untersuchen gilt: Ein Baby, das bei seiner Mutter schläft, wird wahrscheinlich weniger Apnoe-Episoden erleben und so weniger SIDS gefährdet sein. Wie gesagt, ist dies kein wissenschaftlich abgesicherter Beweis. Allerdings habe ich in meiner Praxis viele stillende, gemeinsam mit ihren Kindern schlafende Mütter erlebt, die das Gefühl hatten, dass ihre eigene Atmung die Atmung des Kindes unterstütze. Sie beobachteten, dass ihre Babys regelmässiger atmeten, wenn sie bei ihrer Mutter lagen. Eine Mutter, deren Kind wegen Atmungsschwierigkeiten mit einem Monitor überwacht wurde, stellte fest, dass der Alarm häufig ausgelöst wurde, wenn das Kind allein schlief, aber nie wenn es bei ihr lag.

Es ist gegen die Natur, wenn Babys durchschlafen

Wenn SIDS mit einer ungenügenden Aufwachreaktion zusammenhängt, folgt daraus, dass die Natur nicht vorgesehen hat, dass Babys nachts durchschlafen, bis sie reif genug sind, um dies ohne Atmungsprobleme zu tun. Eltern müssen sich bewusst sein, dass Studien, die zeigen wollen, dass Kinder eines bestimmten Alters durchschlafen, in einer künstlichen Umgebung durchgeführt wurden: in einem Schlaflabor, einem Krankenhaus oder einer anderen Umgebung, in der das Kind allein schlafen muss. Allein zu schlafen wird als Norm betrachtet, also werden Babys beobachtet, die im Kinderbett schlafen. Die Schlüsse, die aus diesen Studien an „normal" schlafenden Säuglingen gezogen werden, sind Folgende: Mit drei Monaten erhöht sich der Anteil an tiefem oder Non-REM-Schlaf und Babys beginnen längere Zeit am Stück zu schlafen – was nebenbei bemerkt das Alter mit dem höchsten SIDS-Risiko ist. Aus falsch aufgebauten Experimenten ergeben sich falsche Normen. Eltern (und Ärzte) sollten keine solchen Normen verwenden, um in diesem Alter Trainingsprogramme zum Durchschlafen zu rechtfertigen.
Eine Studie stellt die Theorie auf, dass diese Schlafnormen (dass Babys mit sechs Monaten durchschlafen) möglicherweise daher kommen, dass in der westlichen Kultur früh abgestillt und kaum gemeinsam geschlafen wird (Elias 1986).

Immunologischer Schutz
Kinder, die bei ihrer Mutter schlafen, trinken häufiger. Muttermilch bietet zusätzlichen Schutz vom 3. bis zum 6. Monat, das heisst, dann wenn das eigene Immunsystem des Babys noch am wenigsten ausgebildet und das SIDS-Risiko am höchsten ist.

Harmonie der Atmung
In der Gebärmutter hat sich das Baby an den Atemrhythmus der Mutter gewöhnt. Nach der Geburt wirkt die Mutter weiterhin als Atmungsschrittmacherin und erinnert das Baby ans Atmen.

Sensibilität füreinander
Stillende Mütter und ihre bei ihnen schlafenden Babys haben mehr REM- und weniger Non-REM-Schlaf. Die Sensibilität füreinander wird im REM-Schlaf verstärkt. Der Sauerstoffgehalt des Blutes und die Empfindlichkeit für Atmungsreize sind während des Non-REM-Schlafs reduziert.

Erhöhter Hormonspiegel
Stillen, vor allem in der Nacht, stimuliert die Freigabe von Prolaktin, dem so genannten Mütterlichkeitshormon, das der Mutter dabei hilft, die Bedürfnisse ihres Babys zu erkennen und darauf einzugehen.

Rückenlage
Babys, die bei ihren Müttern schlafen, tendieren eher dazu, auf dem Rücken oder auf der Seite zu liegen, besonders nachdem sie die Brust losgelassen haben.

Berührung
Die Haut ist reich an Nerven, und durch Berührung wird die Atmung stimuliert. Diese taktile Stimulation wird durch das Stillen und den engen Körperkontakt zur Mutter gefördert.

Saugen in der Nacht
Babys, die bei ihren Müttern schlafen, saugen mehr und zeigen während des Saugens REM-Schlafmuster. Saugen erhöht den Sauerstoffgehalt im Blut von Frühgeborenen.

Entwicklungsförderung
Babys, die mehr Still- und Berührungszeit von ihren Müttern bekommen, zeigen eine bessere Gesamtentwicklung und dies bedeutet wahrscheinlich auch eine bessere Entwicklung der Herz- und Atemfunktionen, sowie des Gehirns.

Untersucher verglichen die Schlaf/Wachmuster von Kindern, die mit unterschiedlichen Betreuungsstilen aufgezogen wurden. Die Standardgruppe bestand aus 16 Mutter-Kind-Paaren. Diese Mütter stillten zwar, stillten aber eher früh ab und die Babys schliefen alleine. Die andere Gruppe bestand aus 16 Mutter-Kind-Paaren der La Leche Liga. Diese stillten häufiger während des Tages, stillten später ab und schliefen gewöhnlich gemeinsam. Die Schlaf/Wachmuster entwickelten sich in den zwei Gruppen unterschiedlich. Die Durchschlafdauer der Kinder in der ersten Gruppe steigerte sich von durchschnittlich 6,5 Stunden mit zwei Monaten auf 8 Stunden mit vier Monaten. Die Kinder aus der La Leche Liga Gruppe schliefen dagegen über die ganze Studie hinweg nur durchschnittlich vier Stunden ohne aufzuwachen und ohne eine ersichtliche Steigerung.
Diese Untersuchung zeigte auch, dass die Kombination von Stillen und gemeinsamem Schlafen die grösste Auswirkung auf das Schlafmuster hatte. Babys, die gestillt wurden und gemeinsam mit der Mutter schliefen, schliefen kürzere Spannen am Stück, diejenigen, die zwar gestillt wurden, aber allein schliefen, schliefen etwas länger und Babys, die weder gestillt wurden, noch gemeinsam schliefen, schliefen am längsten.
Das Menschenkind ist ein Kontaktwesen. Die Zusammensetzung der Milch jeder Art gibt einen Hinweis darauf, welche Betreuungspraktiken dieser betreffenden Art entsprechen. Tiere, die ihre Jungen über längere Zeit allein lassen, produzieren eine Milch mit hohem Fett- und Eiweissgehalt, die die Jungen für einen relativ langen Zeitraum zwischen den Fütterungen befriedigt. Menschliche Milch hat einen eher niedrigen Fett- und Eiweissgehalt und macht dadurch dauernd häufiges Stillen notwendig. Das Menschenkind ist so gemacht, dass es tagsüber getragen werden und nachts bei seiner Mutter schlafen sollte – alleine schlafen, bevor es dazu bereit ist, entspricht ihm nicht.

Auf nahen Kontakt aus

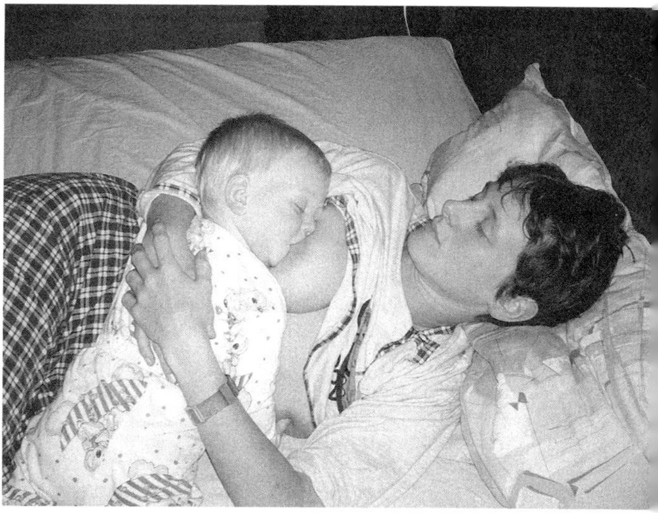

SIDS und Krankheiten

Attachment Parenting senkt wahrscheinlich das SIDS-Risiko auch deshalb, weil Babys dabei gesünder bleiben. Ungefähr zwei Drittel der SIDS-Opfer haben innerhalb der letzten Tage vor ihrem Tod eine Erkrankung der Atemwege oder eine Darmerkrankung. Es wird angenommen, dass eine Atemwegserkrankung die Atemwege eines bereits gefährdeten Kindes verengen kann. Erkältungen und andere Krankheiten stören den Schlaf des Kindes. Schlechter und gestörter Schlaf kann die notwendige Aufwachreaktion auf die entsprechenden Reize verhindern (Keens und Van der Hol 1984). Gestillte Kinder machen in den ersten Jahren weniger Erkältungen und Darmerkrankungen durch. Mütter, die gemeinsam mit ihren Babys schlafen, erkennen deren Bedürfnisse eher und stehen zur Verfügung, um auf Probleme zu reagieren. Auch deshalb senken Stillen und gemeinsames Schlafen das SIDS-Risiko.

Im Land der Träume

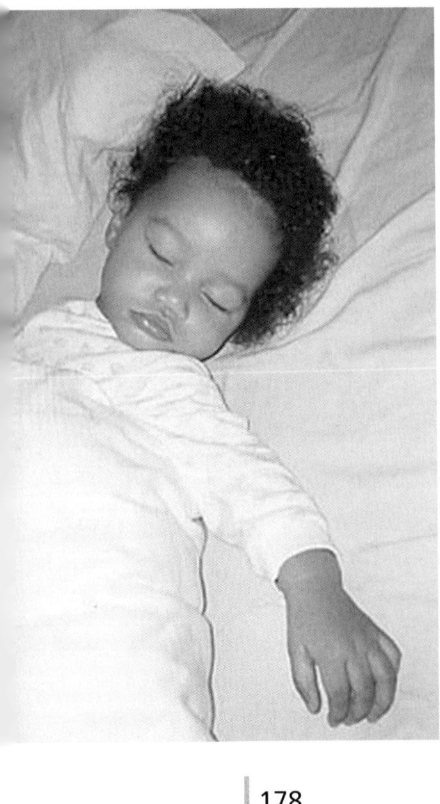

Gemeinsames Schlafen entwickelt die Intuition der Mutter

Mütter, die auf das Weinen ihrer Kinder eingehen, die stillen und gemeinsam mit ihnen schlafen, scheinen ihre Kinder besser zu kennen und mehr intuitive mütterliche Fähigkeiten zu entwickeln. Studien haben gezeigt, dass diese Fähigkeiten dazu beitragen können, das SIDS-Risiko zu senken (Carpenter und Emory 1974).

Andere Betreuungsfaktoren, die das SIDS-Risiko senken können

In den letzten zehn Jahren hat die medizinische Wissenschaft damit angefangen, Eltern darüber aufzuklären, was sie tun können, um das SIDS-Risiko zu senken. Diese Empfehlungen basieren auf Studien an grossen Gruppen von Säuglingen, wobei SIDS-Opfer mit anderen Kindern verglichen wurden. Die Ergebnisse dieser Studien können Ihnen dabei helfen, Ihrem Kind eine möglichst sichere Umgebung zum Schlafen zu bieten.

Legen Sie das Kind auf den Rücken

Die Empfehlung, Babys zum Schlafen auf den Rücken zu legen, ist der wichtigste Punkt der SIDS-Präventionskampagnen. Die SIDS-Raten sanken drastisch in den Ländern, die Informationsprogramme über SIDS machten. Die Forschung zeigt einen Zusammenhang zwischen Bauchlage und SIDS. Kulturen, in denen Babys traditionell auf den Rücken gelegt werden, haben weniger SIDS-Fälle. Aus diesem Grund empfehlen Kinderärzte die Rückenlage, mindestens bis das Kind sechs Monate alt ist.
Gemeinsames Schlafen fördert die Rücken- oder Seitenlage. Diese Position ermöglicht den Babys besseren Zugang zur Brust. Mütter und Babys, die gemeinsam schlafen, sind einander dabei häufig zugewendet. (Weitere Informationen über Schlafpositionen finden Sie in Kapitel 4.)

Vermeiden Sie es, das Kind zu überwärmen

Die Forschung hat auch festgestellt, dass Überwärmung das SIDS-Risiko erhöhen kann. Bei manchen Kindern scheint dadurch das Atmungskontrollzentrum zu versagen. Dies würde auch erklären, dass SIDS häufiger im Winter vorkommt, weil in dieser Zeit die Eltern eher darauf achten, dass das Baby warm eingepackt ist. Es geht dabei nicht darum, dass es das Baby „etwas" zu warm hat; gemeint sind Fälle, wo das Baby wirklich in zu warmen Kleidern unter zu warmen Decken schläft und dies vielleicht erst noch in einem Raum, der auch schon überhitzt ist.
Wenn Sie Ihr Baby für die Nacht anziehen, denken Sie daran, in welcher Kleidung und mit wie vielen Decken Sie selbst schlafen möchten. Die meisten termingeborenen Säuglinge brauchen nicht mehr Schichten als Erwachsene. Wenn sich der Hals (am Hinterkopf) des Kindes warm oder verschwitzt anfühlt, nehmen Sie eine Schicht Kleidung weg. Ein Baby, das gemeinsam mit seinen Eltern schläft, kann vielleicht etwas leichter angezogen sein, als wenn es allein ist, da es von den Erwachsenen zusätzliche Körperwärme erhält. Packen Sie ein fiebriges Kind nicht zu sehr ein, dies macht seinen heissen Körper nur noch heisser. Bedecken Sie Babys Kopf nicht, wenn es schläft. Bei einem Neugeborenen kann dies zwar sinnvoll sein, um die Wärme zu halten, bei Babys, die mehr als einige Tage alt sind, kann es aber zu Überhitzung führen.

Geben Sie dem Kind einen sicheren Schlafplatz

Forscher sind sich nicht sicher, welche Rolle das Ersticken bei SIDS spielt. Es gab SIDS-Opfer, die bei ihrem Auffinden Decken über Mund und Nase hatten. Bei manchen SIDS-Fällen lag tatsächlich auch ein anderes Kind oder ein Erwachsener so auf dem Kind, dass es nicht mehr atmen konnte. (Lesen Sie in Kapitel 3 mehr über Vorkehrungen zur grösstmöglichen Sicherheit im Familienbett oder auch im Kinderbett.)

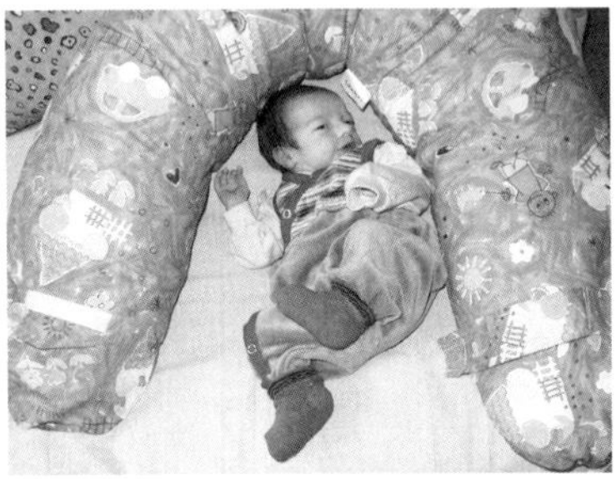

Behütet und beschützt

Rauchen Sie nicht

Viele Untersuchungen zeigen einen direkten Zusammenhang zwischen SIDS-Risiko und dem Rauchen der Eltern. Rauchen während der Schwangerschaft beeinflusst die Entwicklung des Fötus und erhöht das Risiko für eine Frühgeburt, geringeres Geburtsgewicht und SIDS. Auch nach der Geburt ist Zigarettenrauch schädlich für das Baby, deshalb sollte auch der Vater nicht rauchen. Die Toxine des Zigarettenrauchs können die Herzfrequenz und die Atmung des Kindes beeinträchtigen. Kinder von rauchenden Eltern haben häufiger Atemwegsinfektionen, was ein weiterer Grund für das erhöhte SIDS-Risiko ist. Es gibt für Eltern viele gewichtige Gründe, sich das Rauchen abzugewöhnen; das erhöhte SIDS-Risiko ist einer der wichtigsten davon.

Ein Wort zum Schluss

Mehr über SIDS erfahren Sie in meinem Buch: „*SIDS: A Parent's Guide to Understanding and Preventing Sudden Infant Death Syndrome*" (erhältlich bei der La Leche Liga). Es enthält detailliertere Informationen über die SIDS-Forschung und -Prävention und ist auch für trauernde Eltern, die ein Kind an SIDS verloren haben, zu empfehlen.

Ich bin überzeugt, dass Eltern vieles tun können, um das Risiko zu vermindern. Trotzdem möchte ich nicht den Anschein erwecken, dass Eltern, deren Kind stirbt in irgendeiner Weise dafür verantwortlich sind. SIDS ist eine schreckliche Tragödie und leider nicht völlig zu verhindern.

Das Schläfchen tagsüber

13

Das Schläfchen tagsüber

„Ich glaube mein Kind braucht keinen Mittagsschlaf mehr, ich aber umso dringender", sagte mir die erschöpfte Mutter eines lebhaften Zweijährigen. Ein Mittagsschlaf ist normalerweise nötig damit Kinder gedeihen und Mütter überleben.

Wie oft sollte ein Baby tagsüber schlafen?

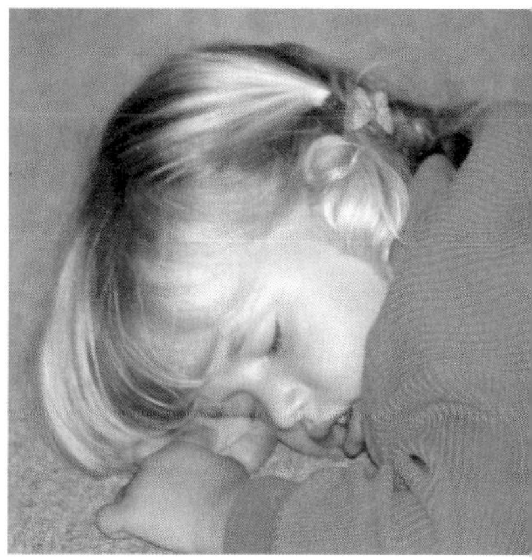

Das Neugeborene hat gerade erst eine Umgebung verlassen, die visuell sehr ruhig und erfüllt von beständigen rhythmischen Geräuschen war. In seiner neuen Welt wird es von vielen unvertrauten, manchmal erschreckenden Reizen überflutet. Wenn es ihm zuviel wird – was häufig geschieht – reagiert es darauf mit Einschlafen. Es braucht tagsüber häufige kleine Nickerchen, oft dauern sie nur einige Minuten. Zusätzlich zu diesen ganz kurzen Erholungsphasen benötigt es aber auch einige längere Schlafperioden über den Tag verteilt. Ab etwa drei Monaten bis zum Ende des ersten Lebensjahres machen die meisten Kinder einen Vormittagsschlaf von ungefähr einer Stunde und dann nochmals einen Nachmittagsschlaf, der etwas länger dauert. Mit ein bis zwei Jahren wird der Vormittagsschlaf meist überflüssig, während der Nachmittagsschlaf noch bis zu vier Jahren notwendig ist.
Schlafforscher sind überzeugt, dass dieser Tagesschlaf grossen Erholungswert hat. Kinder und Erwachsene schlafen dabei rascher ein und die kurze Schlafpause am Tag wirkt auch nachhaltiger als die gleiche Dauer nächtlichen Schlafs.

Schlafen Sie, wenn Ihr Baby schläft

Damit eine Mutter neue Energie tanken kann, sollte sie lernen (und dabei von ihrer Umgebung unterstützt werden) zu schlafen, wenn das Baby schläft. Es ist ein Fehler, wenn sie versucht, in dieser Zeit möglichst viel Hausarbeit nachzuholen. Die Mutter benötigt den Schlaf ebenso wie ihr Kind. Er hilft ihr dabei, eine harmonische Beziehung zu ihrem Baby zu finden und dies ist wichtig, damit beide diese anstrengenden ersten Monate mit Gewinn durchstehen können.

Helfen Sie Ihrem Kind den Schlaf zu finden

Die Zeichen erkennen

Eine Mutter, die ihr Baby kennt, bemerkt, wann es reif fürs Bett ist. Eben spielte es noch glücklich und jetzt wird es langsam oder auch ganz plötzlich quengelig und ungeniessbar. Vielleicht zeigt es auch Überreaktionen auf Reize – es ist ihm alles zuviel. Es braucht eine kleine Ruhepause, langsames Schaukeln, ein Schlafliedchen und Streicheln oder Stillen, vielleicht sollten Sie sich auch gemeinsam mit ihm hinlegen. Möglicherweise schläft es dabei ein. Rechnen Sie aber nicht allzu fest damit, dass diese Pause immer zum Schlafen führt, Sie werden sonst nur ärgerlich, wenn die Augen sich trotz allem nicht schliessen wollen. Dann ist dies wahrscheinlich noch nicht der richtige Zeitpunkt. Das Kind braucht unter Umständen nochmals eine Stunde Spiel, bis es wirklich reif zum Schlafen ist. Die kleine Pause kann ihm aber dabei helfen, seine gute Laune wiederzufinden, sodass Sie beide die verbleibende Zeit geniessen können, bis es definitiv müde wird. Sie werden dies rechtzeitig merken, wenn es weinerlich und langsam wird, wenn die Augen zufallen wollen und es seinen Kopf hinlegt oder auch wenn es nach der Brust verlangt. Auch dann gehört einiges Gespür dazu, den richtigen Zeitpunkt zu finden, um das Kind zum Schlafen hinzulegen.

Wie Sie das Kind an feste Ruhezeiten gewöhnen können

Wenn Sie dies wollen und es zu Ihrem Lebensstil passt, so können Sie Ihr Kind an feste Ruhezeiten gewöhnen. Bei vielen Familien funktioniert der Alltag auf diese Weise besser. Kinder können lernen, während dieser fixen Zeiten zu schlafen, oder zumindest zu ruhen. Sie können ein Kind nicht dazu zwingen, tatsächlich zu schlafen; möglich ist es aber, eine Umgebung zu schaffen, die es zum Schlafen einlädt: ein abgedunkeltes, ruhiges Zimmer, beruhigende Musik, eventuell gemeinsames Hinliegen. Kleinkinder, die dazu noch gestillt werden, schlafen meist problemlos ein.

Der Ablauf für eine feste Gewohnheit kann für ein Kleinkind so aussehen: Morgens viel Bewegung und Spiel, dann das Mittagessen, eine Geschichte vorlesen und anschliessend leise Musik oder ein Schlaflied in einem abge-

dunkelten, ruhigen Zimmer. Wenn sich das Kind an dieses tägliche Ritual gewöhnt hat, schläft es normalerweise auch ein. Es ist leichter, Kinder an diesen Ablauf zu gewöhnen, wenn man schon in einem frühen Alter damit beginnt.
Statt dieser festgesetzten regelmässigen Schlafenszeiten gibt es bei manchen Familien einen flexibleren und spontaneren Lebensrhythmus und ihre Babys lernen, überall, in Tragehilfen und Autositzen, einzuschlafen. Dies gilt vor allem für grosse Familien. Ich erinnere mich gut daran, wie sich unsere eineinhalbjährige Tochter Erin angewöhnte, während der nachmittäglichen Fahrten im Autositz einzuschlafen.

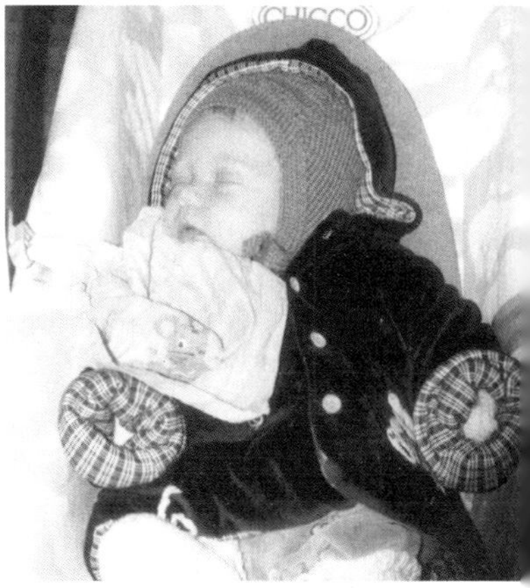

Auch hier schlafe ich selig

Unterschiedliche Schlafenszeiten

Frühaufsteher brauchen normalerweise am früheren Vormittag und dann nochmals am frühen Nachmittag ein Schläfchen. Sie sind meist deshalb auch abends schon um sieben oder acht Uhr wieder bettreif. Dieses Schlafmuster entspricht jedoch nicht immer den heutigen Lebensbedingungen. Wenn das Kind dazu gebracht werden kann, morgens länger zu schlafen, verschiebt sich alles um ein paar Stunden, sodass die Wahrscheinlichkeit gross ist, dass es immer noch wach und gut gelaunt ist, wenn der Vater abends nach Hause kommt. Ein Mittagsschlaf am frühen Nachmittag („damit es auch am Abend früh ins Bett kommt und wir endlich etwas Zeit für uns haben") mag verlockend scheinen. Es funktioniert aber nicht immer und macht es dem Vater meistens unmöglich, gemeinsame Zeit mit einem gut ausgeruhten Kind zu verbringen. In unserer Familie bewährte sich ein später Nachmittagsschlaf. Wenn ich jeweils nach Hause kam, wurde ich von einem gut aufgelegten, unternehmungslustigen Kind erwartet.
Ich werde oft von Müttern gefragt, wie sie die Schlafenszeiten ihres Kindes beeinflussen können. Wenn Ihnen geregelte Zeiten wichtig sind, ist es erfolgversprechend, wenn Sie sich jedes Mal selbst mit dem Kind hinlegen. Mit der Zeit wird sich Ihr Kind an diese Schlafenszeiten gewöhnen, auch wenn Sie selbst nicht immer mitschlafen.

Wenn das Baby nicht schlafen will

Manche Babys leisten eisernen Widerstand, wenn von ihnen erwartet wird, dass sie zu bestimmten Zeiten schlafen. Manchmal weiss die Mutter ganz genau, dass das Kind todmüde ist, aber es widersetzt sich vehement. Andere Kinder möchten zwar schlafen, aber nicht alleine. Bewegung kann hier helfen. Setzen Sie das widerspenstige Baby in eine Tragehilfe, eine Schaukel oder in den Autositz. Es wird wahrscheinlich durch die gleichmässige Bewegung einschlafen.

Für ein älteres Kleinkind muss die Nachmittagsruhe nicht unbedingt Schlafen bedeuten. Es kann ausreichend sein, wenn sich das Kind etwas hinlegt und Musik oder eine Geschichte hört. Es wird es geniessen, wenn sich die Mutter (oder der Vater) gemeinsam mit ihm ausruht und kuschelt.

Wo macht das Kind seinen Nachmittagsschlaf?

Wenn ich müde bin, wird geschlafen

Seien Sie hier flexibel. Oft wehren sich Kinder ohnehin gegen den Nachmittagsschlaf – indem Sie nicht auf dem Kinderzimmer beharren, vermeiden Sie unnötige zusätzliche Reibereien. Manche Kinder schlafen überall im Haus ein. Andere lassen sich vielleicht mit einer besonderen Schlafecke verlocken, einer Matratze in einer Ecke des Zimmers, einem kleinen Zelt aus Decken oder einer grossen Schachtel, von der eine Wand entfernt wird. Dies entspricht ihrem natürlichen Verlangen nach Rückzugmöglichkeiten in eigene Schlupfwinkel in Haus und Garten.

Schaffelle sind ebenfalls ein beliebter Schlafplatz für Babys. Sie können sich daran gewöhnen überall einzuschlafen, wenn sie auf das Fell gelegt werden.

Wenn die Geschwister nicht zur gleichen Zeit schlafen

Müde Mütter beklagen sich oft, dass sie nicht gemeinsam mit dem Baby schlafen können, weil ein älteres Kleinkind gerade dann ihre Aufmerksamkeit beansprucht. Sie fühlen sich zwischen den verschiedenen Bedürfnissen hin- und hergerissen.

Etwas vom Schwierigsten für Eltern ist die Erkenntnis, dass es unmöglich ist, jederzeit für jedes Kind alles zu bieten. Elternsein ist ein Balanceakt, bei dem Sie versuchen, jedem Kind zu geben, was es gemäss seiner Entwicklungsstufe braucht – soweit es Ihre eigene Energie zulässt. Obwohl Mütter viele mathematische Regeln ausser Kraft zu setzen scheinen, ist es doch auch für sie unmöglich, jedem Kind zu jeder Zeit zu 100 % gerecht zu werden. Suchen Sie andere Möglichkeiten. In diesem Fall können Sie vielleicht das ältere Kind einige Nachmittage in der Woche in eine Kindergruppe bringen. Manchmal ist es auch möglich, dass der Vater das grössere Kind übernimmt, während sich die Mutter mit dem Baby hinlegt.
Wenn Sie allein mit Baby und Kleinkind sind, versuchen Sie, das Kleinkind für eine ruhige Zeit zu gewinnen. Es kann sich hinlegen und Musik hören oder ein ruhiges Spiel machen. Wenn seine Umgebung kindersicher ist und es Sie wenn nötig erreichen kann, können Sie sich trotzdem mit dem Baby hinlegen. Diese Lösung erlaubt es Ihnen, etwas zu dösen, während Sie trotzdem mit einem Ohr auf Ihr Kleinkind hören.

Die Einrichtung im Kinderzimmer

14

Das Nest vorbereiten: Die Einrichtung im Schlafzimmer

Kurz nach der Geburt unseres fünften Kindes stellten wir unser Haus für einen Anlass zur Verfügung. Meiner Frau fiel eine verwirrt dreinblickende Grossmutter auf. Auf die Frage, ob sie etwas suche, antwortete die Dame: „Ich würde gerne das Kinderzimmer sehen". Meine Frau breitete die Arme aus und verkündete stolz: „Hier ist es!"

Es ist nicht notwendig, viel Zeit und Geld aufzuwenden, um ein „richtiges" Kinderzimmer einzurichten. Es ist Ihrem Baby egal, wie sein Zimmer aussieht. Es will Sie! Ihre Arme, Ihre Brust, Ihre Stimme und Ihr Bett sind das ganze Kinderzimmer, das Ihr Kind wirklich braucht. Wenn Sie trotzdem noch etwas mehr anschaffen möchten, finden Sie nachstehend eine Menge Tipps und Sicherheitshinweise für die Einrichtung.

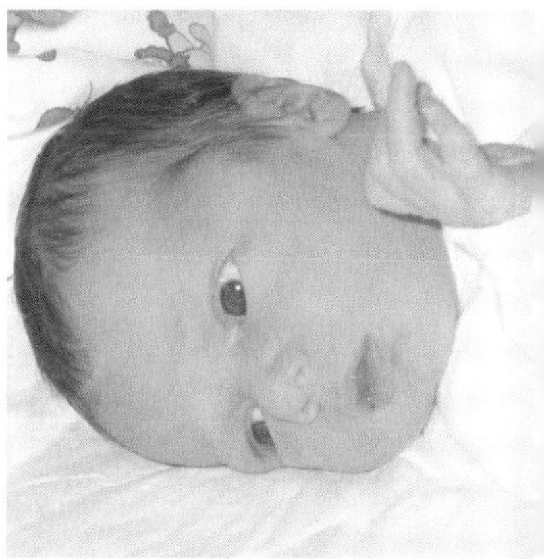

Die Wiege

Unsere Wiegen sind das Gegenstück zu den in anderen Kulturen verwendeten Hängematten. Sie sind eine wunderbare Erfindung. Wenn sich das Baby während einer aufwachanfälligen Phase zu bewegen beginnt, wird es durch die Wiege wieder in den Schlaf geschaukelt. Manche Babys lassen sich im leichten Schlaf in die Wiege legen und durch sanftes Schaukeln in tiefen Schlaf wiegen. Die meisten Kinder aber brauchen das Elternbett oder die Arme der Eltern, um einzuschlafen und können erst im tiefen Schlaf hingelegt werden. Das Schaukeln, ob in der Wiege oder in Ihrem Arm, sollte ungefähr im Rhythmus des Herzschlages (ca. 60 Schläge pro Minute) erfolgen. Daran hat sich das Baby in der Gebärmutter gewöhnt. Mit etwa sechs Monaten, wenn sie zu sitzen und über den Rand zu schauen beginnen, sind Babys meistens soweit, dass sie von der Wiege ins Kinderbett wechseln können.

Das Kinderbett

Der Übergang von der Wiege zum Kinderbett kann zu vorübergehenden Änderungen des Schlafmusters führen. Es ist für das Baby einfacher, sich an das neue Bett zu gewöhnen, wenn die vertrauten Gegenstände aus der Wiege (Decken, Lammfell, Spieldose usw.) mit umziehen.
Wo sollte das Bett stehen? Wie schon mehrmals gesagt: Wählen Sie das Arrangement, bei dem die ganze Familie am meisten Schlaf bekommt. Sie können das Bett ins Elternzimmer stellen, ins Kinderzimmer oder ins Zimmer eines Geschwisters. Eine weitere Möglichkeit ist, wie schon früher erwähnt, das Fixieren des Kinderbettes ohne Seitenwand am Elternbett. Das angestellte Kinderbett sieht dann aus wie ein Babybalkon.

Wichtige Punkte für die Sicherheit eines Kinderbetts

1. Achten Sie darauf, dass Ihr Kinderbett vom jeweiligen Amt Ihres Landes für Unfallverhütung geprüft wurde.
2. Der Abstand zwischen den Gitterstäben sollte nicht grösser als 6 cm sein, damit das Kind nicht hindurchrutschen und mit dem Kopf hängen bleiben kann. Ältere Gitterbetten haben oft zu grosse Abstände.
3. Die Matratze sollte fest sein und genau ins Bett passen, sodass keine Gefahr dafür besteht, dass das Kind seinen Kopf zwischen Matratze und Seitenwand einklemmen kann. Stossen Sie zur Kontrolle die Matratze gegen eine Ecke und messen Sie den Abstand an der gegenüberliegenden Ecke. Die entstehende Lücke sollte nicht mehr als 4 cm betragen. Wenn mehr als zwei Ihrer Finger darin Platz haben, ist die Matratze zu klein.
4. Ein fester Einsatz unten am Gitter, rings um das ganze Bett, verhindert, dass die Füsschen zwischen den Gitterstäben hinunterhängen und hilft dem Baby, sich abzustossen und sich so im Bett fortzubewegen. Ein solcher Einsatz sollte genau passen und mit mindestens sechs Bändern oder Schnallen fixiert werden. Schneiden Sie die Bänder ab, wenn Sie zu lang sind. Entfernen Sie den Einsatz, sobald das Baby fähig ist, sich an der Seitenwand aufzuziehen. Es könnte ihn als Stufe zum Hinaufklettern benützen und dabei aus dem Bett fallen.
5. Kontrollieren Sie die Grösse Ihres Babys wenn es auf der Matratze an der Seitenwand steht. Die Höhe der Seitenwand muss mindestens

drei Viertel der Grösse des Kindes betragen. Wenn mehr als Kopf und Hals des Babys darüber hinausschaut, ist es zu gross, um ohne Gefahr darin allein zu sein.

6. Eventuelle Metallbeschläge sollten glatt sein und nicht ins Innere des Bettes ragen, damit das Baby sich nicht daran verletzen oder mit den Kleidern hängen bleiben kann. Kontrollieren Sie regelmässig, ob die Bettunterseite gut fixiert ist, indem Sie von oben und unten fest auf die Matratze drücken.
7. Die Haken an der entfernbaren Seitenwand sollten fest und von innen nicht zugänglich sein.
8. Spielsachen, die das Baby als Stufe zum Hinausklettern benützen könnte, sollten aus dem Bett entfernt werden, sobald es sich an der Seite hochziehen kann.
9. Das Kinderbett sollte nicht vor einem Fenster stehen, nicht in Reichweite von herunterhängenden Schnüren (z. B. von Rollos) und nicht in der Nähe von Möbelstücken, die das Kind zum Hinausklettern verwenden könnte. Stellen Sie das Bett so, dass das Kind, falls es doch einmal hinausfallen sollte, dabei nicht auf scharfkantige Gegenstände fallen oder zwischen Bett und Wand oder Möbelstücke eingeklemmt und möglicherweise erdrosselt werden kann.
10. Mit Bändern und Schnüren, die länger als etwa 17 cm sind, kann sich das Kind erdrosseln. Achten Sie darauf, dass nichts dergleichen (an Spielzeug, an Mobiles, Schnullern oder an Kleidungsstücken) im Bett oder sonst in Reichweite des Kindes ist.
11. Vermeiden Sie Betten mit gefährlichen Verzierungen. Es haben sich schon Kinder in aufwändig gestalteten Zwischenräumen stranguliert.
12. Wenn sich das Kinderzimmer nicht in Hörweite befindet (Mütter haben zwar normalerweise ein ganz ausgezeichnetes Gehör), kann eine Gegensprechanlage wertvoll für die Sicherheit des Kindes sein.
13. Die Knöpfe eines Kleidungsstückes können sich in den Schlingen verfangen, wenn das Kinderbett (oder auch ein Laufgitter) mit einem Netz ausgerüstet ist.

Auch eine Spielwiese

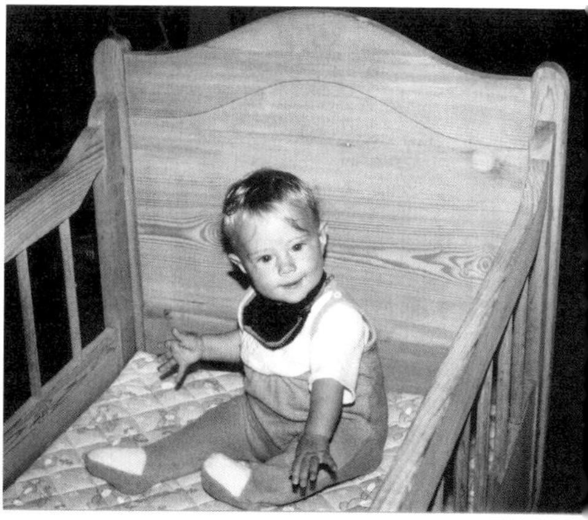

14. Kinderbetten sollten (wenn überhaupt) mit ungiftigen Farben oder Lacken behandelt sein.
15. Und zuletzt: Lassen Sie das Baby nie unbeaufsichtigt aus einer fixierten Flasche trinken.

Was auch noch nützlich ist

1. Verstellbare Schrauben ermöglichen eine beliebige Einstellung der Matratzenhöhe. So kann diese dem ständig wachsenden Baby angepasst werden. (Die Höhe des Seitengitters sollte mindestens drei Viertel der Grösse des Babys betragen.)
2. Gitter zum Herunterlassen auf beiden Seiten des Bettes ermöglichen Ihnen, bei der Wahl des Standortes flexibler zu sein. Die Seitengitter sollten leicht zu entfernen sein, damit man das Kinderbett auch als ein ans Elternbett gerücktes Beistellbett benützen kann. Gute Kinderbetten sind an beiden Seiten mit einer Verstrebung ausgerüstet, damit die Stabilität des Bettes auch ohne Seitengitter gewährleistet ist.
3. Die Gittersperren sollten mit einem Sicherheitsmechanismus ausgerüstet sein, bei dem das Seitengitter etwas angehoben werden muss, um die Sperre zu lösen und das Gitter herunterlassen zu können.
4. An der Oberkante der Seitengitter angebrachte Kunststoffstreifen lassen sich leichter reinigen und verhindern, dass das Baby ins Holz beisst.
5. Durch geräuschlose Lager können das Quietschen und andere störende Geräusche beim Anheben und Herunterlassen des Seitengitters vermieden werden. Das ganze Einschlafritual kann durch das Anheben eines quietschenden Seitengitters unmittelbar nach dem Hinlegen Ihres schlafenden Babys zunichte gemacht werden.
6. Wenn Kopf- und Fussteil des Bettes mit grossen frei beweglichen Rollen ausgestattet sind, vereinfacht dies das Verschieben des Kinderbettes und macht es auch möglich, das Kind durch leichtes Hin- und Herschieben in den Schlaf zu schaukeln.
7. Die wichtigsten Punkte beim Kauf einer Matratze sind die Qualität der Hülle und die Festigkeit. Die Umhüllung sollte leicht zu reinigen und schwer entflammbar sein. Prüfen Sie die Festigkeit mit der ganzen Handfläche und nicht nur mit den Fingerspitzen.

Ein breites Bett ist sehr nützlich

Sicheres Bettzeug

Babys sollten auf einer festen Oberfläche schlafen. Vermeiden Sie Wasserbetten, weiche, durchgelegene Schaumstoffmatten oder andere Oberflächen, die das Kind im schlimmsten Fall bei der Atmung behindern können. Beziehen Sie das Bett straff, sodass es keine grossen Falten gibt. Mit Flanell überzogene Gummiunterlagen sind warm und verhindern das Verschmutzen der Matratze und des Unterleintuches. Verwenden Sie Zudecken, die gross genug sind, damit Sie sie am Fussteil unter die Matratze schieben können. Machen Sie dies aber nicht so straff, dass sich das Baby nicht mehr bewegen kann. Wenn Ihr Baby zu Allergien neigt, vermeiden Sie Bettzeug, das Staub und Fasern anzieht, wie langhaarige Lammfelle oder flauschige Wolldecken. Auch Plüschtiere sind Staubfänger und können Babys mit Allergien der Atmungsorgane zusätzlich reizen.

Schenken Sie der Sicherheit besondere Aufmerksamkeit, wenn das Baby nicht in seinem eigenen Bett schläft. Die meisten Eltern geben sich Mühe, Ihrem Kind zu Hause einen sicheren Schlafplatz zu bieten. Denken Sie aber an die gleichen Vorsichtsmassnahmen, wenn das Kind in einem Kinderwagen schläft oder wenn Sie in einem Hotel oder sonst auswärts schlafen.

Unersetzliche „Einrichtungsstücke" für das Baby

Wenn Sie sich dafür entscheiden, ein Kinderbett zu kaufen, achten Sie darauf, dass dieses sicher ist. Vergessen Sie aber nicht, dass weder Kinderbett noch Wiege ein Muss sind. Eine Mutter sagte mir, dass ihr Kind bis zum Alter von acht Monaten im Elternbett oder in der daneben stehenden Wiege geschlafen habe. Anschliessend akzeptierte es ein Kinderbett, schaffte es aber schon mit neun Monaten – auch bei ganz niedrig gestellter Matratze – daraus herauszuklettern. Es wurde daraufhin auf eine Matratze am Boden bei der älteren Schwester einquartiert. Ein Kinderbett ist eine ziemlich grosse Investition, wenn es nur für einen Monat gebraucht wird! Die wichtigsten „Einrichtungsstücke" sind immer noch ein grosses Elternbett und offene und tolerante Eltern.

Nachts allein für das Kind da sein

15

Wenn Sie nachts allein für Ihr Kind sorgen müssen

Nach dem Tod eines Elternteils, nach einer Scheidung oder auch nur bei längerer Abwesenheit eines Elternteils kommt es bei Kindern häufig zu Schlafstörungen. Wenn eine aus Vater, Mutter und Kind bestehende Familie entzwei geht (auch wenn vorher schon eheliche Zwistigkeiten bestanden haben), hat dies Auswirkungen auf das Verhalten des Kindes, besonders auch auf sein Schlafmuster. Die Schlafenszeiten tagsüber werden unregelmässig, das Einschlafritual wird länger und nachts erwacht das Kind häufiger. Damit umzugehen ist für den nun allein erziehenden Elternteil sehr schwierig, vor allem wenn noch eigene Probleme mit der neuen Situation dazukommen. Jetzt ist es sehr wichtig, dem Kind diese Übergangszeit so weit als möglich zu erleichtern.

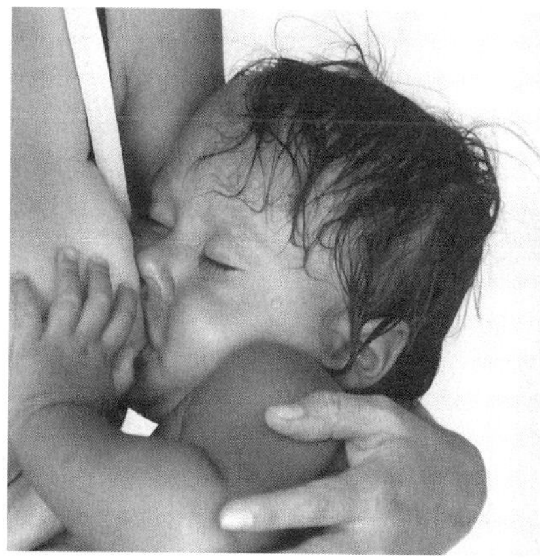

Möglichst wenig Veränderungen

Versuchen Sie, dem Kind möglichst viel aus dem gewohnten Leben zu erhalten: sein Bett, sein Heim, die Nachbarschaft, vertraute Betreuungspersonen. Babys und Kleinkinder gewöhnen sich an eine gewisse Routine des Familienlebens. Zu viele Veränderungen in zu kurzer Zeit führen mit Sicherheit zu nächtlichen Störungen. Dazu kommen meist auch Probleme mit dem Tagesschlaf.
Zu den Veränderungen durch eine Scheidung oder Trennung kommt nun meistens für das Kind noch die Notwendigkeit, sich an zwei verschiedene Haushalte zu gewöhnen und seinen Schlafrhythmus dem jeweiligen Lebensstil anzupassen. Es ist normal, dass Kinder anfangs an beiden Orten schlecht schlafen. Beim Elternteil mit dem Sorgerecht erwacht das Kind, weil es befürchtet, dass dieser es auch verlassen könnte; beim anderen Elternteil erwacht es, weil ihm das Bett noch fremd ist und es vielleicht nicht bei Mutter oder Vater schlafen darf, wie es das im „richtigen" Zuhause möglicherweise gewöhnt ist.

Rechnen Sie mit vermehrter Ängstlichkeit. Wenn eine Partnerschaft auseinandergegangen ist, klammert sich das Kind meistens an den zurückgebliebenen Elternteil, weil es fürchtet, ganz verlassen zu werden. Oft will es nicht mehr allein schlafen, weder tagsüber noch nachts. Manchmal hat es Mühe mit dem Einschlafen, weil es durch seine Ängste wachgehalten wird. Das Kind fragt sich möglicherweise sogar, ob es an der Trennung schuld sei. Auch ganz kleine Babys spüren schon Veränderungen im Familienalltag und reagieren mit Schlafstörungen.

Gehen Sie auf das zusätzliche Sicherheitsbedürfnis des Kindes ein. Es ist ganz normal und eine gesunde Reaktion, wenn ein bisher selbstsicheres Kleinkind seine Mama nicht mehr aus den Augen lässt. Lassen Sie es bei Ihnen schlafen, wenn es das möchte, zumindest für einige Monate, bis es sich an die neue Situation gewöhnt hat. Für ein älteres Kind reicht es oft schon, wenn Sie ihm eine Matratze neben Ihr Bett legen. Vergessen Sie aber nicht, dass ein Kind kein Ersatz für einen fehlenden Partner ist und nicht in diese Rolle gedrängt werden darf. Das gemeinsame Schlafen sollte vor allem dem Kind helfen und nicht Ihnen selbst. Ältere Kinder sind besonders sensibel dafür, wenn sie dem betreuenden Elternteil Sicherheit geben sollten, wenn sie doch selbst Hilfe nötig hätten. Natürlich ist ein gewisses Mass an gegenseitiger Unterstützung normal und nicht schädlich – es braucht aber ein gutes Gespür für das nötige gesunde Gleichgewicht.

Wir fühlen uns sicher

Wenn das Kind beim nicht sorgeberechtigten Elternteil übernachtet, hilft es, wenn es einen vertrauten und geliebten Gegenstand mitnehmen kann, ein Lammfell, seine Lieblingsdecke oder den Teddybär. Wenn es an gemeinsames Schlafen gewöhnt ist, sollte dies wenn möglich an beiden Orten so beibehalten werden. Es ist wichtig, dass sich die Eltern darüber verständigen, wann das Kind seinen Nachmittagsschlaf macht, um welche Zeit es abends ins Bett geht und wo es schläft.

Meistens schläft das Kind in der ersten Nacht nach einem Wechsel am schlechtesten. Der Elternteil mit dem Sorgerecht berichtet häufig, dass das Kind nach einem Besuch beim anderen Elternteil mehrere Nächte braucht, bis es wieder normal schläft. Für das kleine Kind ist es sehr schwierig, sich an unterschiedliche Lebensstile und Erwartungen anzupassen. Oft ist es so, dass es bei der Mutter lebt. Diese muss ihm auch Grenzen setzen, den Kontakt zum Vater fördern und ist vielleicht strenger in Bezug auf Schlafenszeiten. Wenn es dann beim Vater auf Besuch ist, spielt dieser häufig die Rolle des „Traumvaters“, bei dem vom ungesunden Essen bis zu den hinausgeschobenen Schlafenszeiten alles erlaubt ist. Für das Kind ist es aber sehr wichtig, dass die Eltern sich über gewisse, in beiden Haushalten geltende Regeln einigen können.

Gut geschlafen?

Nächtliche Betreuung in besonderen Situationen

16

Nächtliche Betreuung in besonderen Situationen

Es gibt viele Situationen, die sich direkt auf die Schlafgewohnheiten eines Kindes auswirken. Auch wenn die Gesellschaft sich ändert (ein Argument, das übrigens oft benutzt wird, um sehr unterschiedliche Erziehungsmassnahmen zu rechtfertigen) – die Bedürfnisse von Kindern bleiben gleich. Kinder sind zwar grundsätzlich sehr anpassungsfähig, aber nicht alle im gleichen Mass. Wenn Sie sich der Bedürfnisse Ihres Kindes bewusst sind, können Sie ihm helfen mit speziellen Situationen umzugehen und Sie werden auch nachts weniger Störungen haben.

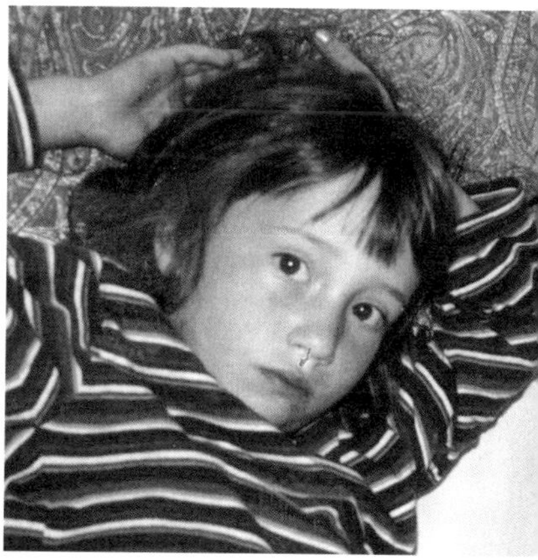

Berufstätige Mütter

Wenn eine Mutter wieder ganz- oder teilzeitlich ins Berufsleben zurückkehrt, sollte sie mit einigen Veränderungen im Schlafmuster ihres Kindes rechnen. Folgende Situation ist typisch: Die Mutter nimmt ihre Erwerbstätigkeit wieder auf, wenn das Kind etwa einjährig ist. Sie holt es abends bei der Betreuerin ab und diese lobt es: „So ein braves Baby! Den ganzen Nachmittag hat es geschlafen." Zu Hause will das Kind dann nicht ins Bett gehen. Es erwacht auch nachts häufig und schläft schlecht wieder ein. Dies ist für die Mutter überaus anstrengend, vor allem da sie durch ihre Arbeit zusätzlich belastet ist und eigentlich mehr Schlaf als vorher benötigt. In diesem Fall blendet das Kind den Babysitter ganz einfach aus und holt nachts die versäumte Zeit mit der Mutter nach. Babys haben ein Talent dafür, sich auf irgendeine Art zu holen was sie brauchen. Berufstätige Mütter stellen zum Beispiel fest, dass das Kind jetzt plötzlich im Elternbett oder zumindest im Elternschlafzimmer schlafen will. Auf jeden Fall sollte ein solches Arrangement, wenn es der ganzen Familie zu mehr Schlaf verhilft, nicht ausgeschlossen werden. In dieser Situation sollten Sie tagsüber tun, was Sie für nötig halten, und die Nächte entsprechend gestalten. Studien zeigen vermehrte

Schlafprobleme bei Kindern ausserhäuslich tätiger Mütter (Campbell 1981). Ich rate Müttern dazu, nachts tolerant auf die Bedürfnisse ihrer Kinder einzugehen, genau so wie sie tagsüber von diesen erwarten, dass sie flexibel und anpassungsfähig die neue Situation bewältigen.

Wenn die Nacht zum Tag wird

„Unser neun Monate altes Baby schläft tagsüber sehr gut, aber abends will es nicht ins Bett gehen, erwacht auch häufig und will dann nicht wieder einschlafen. Seit kurzer Zeit bin ich wieder berufstätig. Könnte das einen Einfluss haben?"

Ein Baby, das tagsüber viel schläft, ist dafür nachts oft wach. Wenn es am späten Nachmittag noch ein Schläfchen macht, ist es unrealistisch zu erwarten, dass es schon um acht Uhr wieder ins Bett gehen möchte. Seien Sie flexibler mit der Schlafenszeit. Bringen Sie es zu Bett, wenn es müde ist und nicht wenn *Sie* denken, dass es nun schlafen sollte. Mit etwa neun Monaten machen viele Kinder eine Phase der Trennungsangst durch. Wenn Ihr Kind nachts aufwacht, möchte es nicht von Ihnen getrennt und allein ins Bett gelegt werden. Es weiss noch nicht, dass Sie – auch wenn es Sie nicht sieht – gleich nebenan sind. Für seine Begriffe haben Sie aufgehört zu existieren, wenn es Sie nicht mehr sehen kann. Kinder in diesem Alter haben allgemein Mühe damit, sich von ihren Müttern zu trennen, sowohl tagsüber wie nachts. Es ist sehr gut möglich, dass dieses Problem durch Ihren Wiedereinstieg in den Beruf noch verstärkt wird. Das Baby braucht nachts mehr Zuwendung, wenn es tagsüber von Ihnen getrennt ist.

Nächtliche Betreuung durch eine Ersatzperson

Viele Eltern fragen sich, ab welchem Alter es möglich ist, das Kind für einige Nächte jemand anderem zu überlassen. Dies hängt von der Beantwortung folgender drei Fragen ab:

1. Wie dringlich ist es, dass Sie weggehen?
2. Wie empfindlich reagiert Ihr Kind auf Trennungen?
3. Welche Fähigkeiten besitzt die Betreuungsperson?

Im Allgemeinen rate ich Eltern, zu dritt zu reisen, wenigstens in den ersten Jahren. Wenn es doch dazu kommt, dass Sie einige Tage von Ihrem Kind getrennt sein wollen oder müssen, denken Sie an Folgendes:

- Versuchen Sie den Tagesablauf des Babys so wenig wie möglich zu ändern.
- Geben Sie der Betreuungsperson detaillierte Anweisungen darüber, wie sie Ihr Baby tagsüber und nachts betreuen soll.
- Wenn das Kind daran gewöhnt ist, bei Ihnen zu schlafen, sollte es auch wenn Sie weg sind, bei jemandem schlafen können.
- Wenn Ihr Kind ein bestimmtes Einschlafritual gewöhnt ist, sollte dies die Betreuungsperson unbedingt beibehalten.

Oft haben Betreuungspersonen andere Ansichten über die nächtliche Betreuung als Sie. Gehen Sie dennoch keine Kompromisse ein! Beschreiben Sie zum Beispiel ganz genau, was getan werden muss, wenn das Baby nachts weinend aufwacht.

Reisen mit Kindern

Eltern berichten oft, dass das Baby während einer Familienreise schlecht geschlafen hat und erst Wochen nach der Heimkehr wieder zu seinen ursprünglichen Schlafgewohnheiten zurückfindet. Manche Kinder haben weniger Mühe mit Veränderungen; besonders Babys mit starken Bedürfnissen können sich aber schlecht anpassen und fühlen sich am wohlsten in der Sicherheit und Beständigkeit der gewohnten Umgebung. Andere Eltern sagen, dass ihre Babys während der Familienferien besser schlafen als gewöhnlich. Ich vermute, dass dies auf die grössere Akzeptanz und Entspanntheit der Eltern zurückzuführen ist, wenn sie weniger Stress und mehr Zeit als im Alltag haben. Es kommt auch vor, dass Eltern erzählen, ihr Kind habe besser geschlafen, weil es mangels Kinderbett im Hotel bei ihnen im Elternbett schlafen musste.

Das Baby mit einem schwierigen Start

Frühgeborene

Bei Frühgeburten ist zu erwarten, dass sie zumindest in den ersten Monaten häufiger als andere Kinder erwachen. Dies muss so sein – das nächtliche Aufwachen ist für ihr Überleben und ihre Entwicklung notwendig.

Frühgeborene Kinder haben einen höheren Anteil an aktivem oder REM-Schlaf. Sie brauchen häufigere Mahlzeiten und die Regulierung ihrer Atemtätigkeit und ihres Kreislaufsystems ist noch unreif. Daher *müssen* sich diese Babys die meiste Zeit in einem Zustand befinden, aus dem sie leicht erwachen, damit sie gefüttert und versorgt werden. Es wird auch angenommen, dass ein höherer Anteil an REM-Schlaf für die Entwicklung des Gehirns förderlich ist.

Babys mit einer schwierigen Geburtserfahrung

Untersuchungen ergaben Hinweise darauf, dass Babys, die eine schwierige Geburt, eventuell mit langen schweren Wehen hinter sich haben, später eher zu Schlafproblemen neigen (Bernal 1973). Möglicherweise verliert das Gehirn des Neugeborenen durch den Stress während der Geburt die Fähigkeit, den tiefen ruhigen Schlaf über längere Zeit aufrecht zu erhalten.

Kranke Kinder

Mama ist da

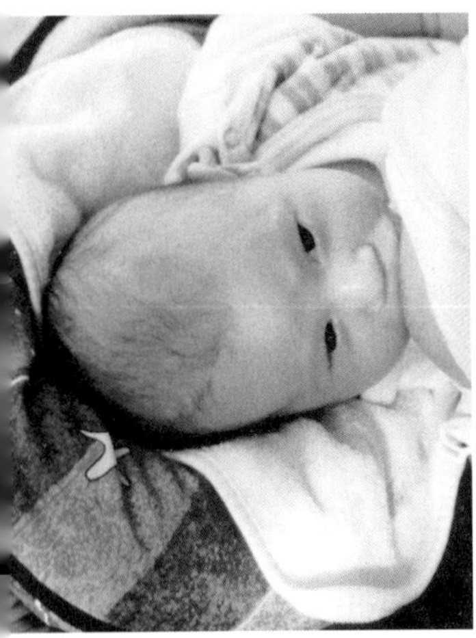

Wenn sich Ihr Kind im Krankenhaus befindet, so bleiben Sie wenn immer möglich nachts bei ihm. Die meisten Krankenhäuser haben mittlerweile erkannt, wie wichtig die vertrauten Bezugspersonen nachts für ein Kind sind und bieten Eltern an, bei ihrem Kind zu übernachten. Es ist unbestritten, dass Kinder schneller gesund werden, wenn sie ihre Eltern bei sich haben.

Haben Sie ein krankes Kind zu Hause, so kann der Schlaf ein paar Nächte lang gestört sein. Ein Kind, das aufwacht, weil es sich übergeben muss, weiss nicht wie ihm geschieht – es ist eine grosse Hilfe, wenn die Eltern sofort zur Stelle sind und es trösten. Ein Schluck Wasser oder ein bisschen Stillen und Kuscheln sind beruhigend, sodass alle wieder einschlafen können.

Störender nächtlicher Husten kann durch Hustensirup, den der Arzt/die Ärztin verschrieben hat, gelindert werden. Ist kein Hustensirup zur Hand, kann auch ein Teelöffel Honig in etwas warmem Wasser helfen (kein Honig für Kinder unter einem Jahr!).

Hohes Fieber in der Nacht kann besorgniserregend sein. Bei Dunkelheit erscheint alles schlimmer. Eine Dosis eines Fieber senkenden Mittels beim

Zubettgehen und nochmals, wenn das Kind aufwacht (aber frühestens nach drei Stunden), kann das Fieber in Schach halten. Wecken Sie das Kind aber nicht, um ihm ein Medikament zu geben. Wenn die Temperatur rektal gemessen mehr als 39 Grad beträgt und durch Medikamente nicht gesenkt werden kann, hilft ein lauwarmes Bad von 20 bis 30 Minuten in den frühen Morgenstunden. Wenn das Kind durcheinander ist, beruhigen Sie es. Aufregung und Weinen kann das Fieber noch erhöhen.

Ein nächtlicher Anfall von falschem Krupp (bellendem Husten) ist beängstigend, besonders wenn er zum ersten Mal auftritt. Es erleichtert die Atmung und bekämpft die Panik, wenn Sie heisses Wasser in die Badewanne oder ein grosses Gefäss laufen lassen und sich mit dem Kind im dampfenden Badezimmer aufhalten. Erzählen Sie ihm dazu eine Geschichte, damit es sich entspannen kann.

Ohrinfektionen sind nachts quälender, da beim Liegen die Flüssigkeit stärker auf das schmerzende innere Ohr drückt. Es hilft, wenn Sie das Kind halbsitzend, gestützt von Kissen, schlafen lassen. Lassen Sie sich Medikamente von Ihrem Arzt/Ihrer Ärztin verschreiben. Auch hier ist es für das Kind leichter, die Schmerzen zu ertragen, wenn Sie bei ihm sind.

Eine Gute-Nacht-Geschichte

17

Eine Gute-Nacht-Geschichte

Es war einmal ein kleines Baby

„Bevor ich geboren wurde“, dachte das Baby, „da freute ich mich auf die Nächte. Mama war weg von all dem Lärm von aussen und ich konnte mit all den Geräuschen, an die ich mich gewöhnt hatte und die ich liebte, gut einschlafen. Mama-Geräusche. Vor der Geburt schliefen wir gemeinsam und alles war gut. Als ich geboren wurde, änderte sich mein Schlafplatz, aber meine Mutter nicht. Wir sind immer noch nachts zusammen, wie in den neun Monaten vorher. Ich bin manchmal etwas verängstigt in dieser neuen Welt, die ich noch nicht so gut kenne, aber nachts fürchte ich mich nicht. Mama und ich sind zusammen und so fühle ich mich wohl. Ich liebe die Nächte. Tagsüber hat Mama viel zu tun, aber nachts ist sie nicht so beschäftigt. Sie ist immer da, und ich kann mich an sie kuscheln und jedes Mal trinken, wenn ich hungrig bin. Mein Magen ist noch sehr klein und Mamas Milch ist so leicht zu verdauen, dass er nicht lange voll bleibt. Ich brauche sehr oft Mamas Milch. Aber weil wir immer zusammen sind, bin ich nie sehr lange hungrig und das ist schön. Ich weiss keinen besseren Platz zum Schlafen als bei Mama. Meine Tante hat mir zwar ein schönes Bettchen gekauft. Es gibt dort Tiere, die sich bewegen, wenn ich sie berühre und Glöckchen, die klingen, wenn ich daran ziehe. Manche Leute glauben, dass Babys in Kinderbetten schlafen sollten, aber ich glaube nicht, dass mir das gefallen würde. Ein solches Bett kann sich nicht bewegen, kann nicht sprechen oder singen. Es quietscht nur. Und es ist finster und hart und einsam dort. Wer ist dann da, wenn ich aufwache? Ich mag es, wenn ich nachts meine Mama spüren kann und höre wie sie spricht. Meine Tante ist wirklich lieb. Wir sagen ihr nicht, dass ich keine Bettchen mag. Mama meint, ich kann dort meine Spielsachen versorgen, wenn ich grösser bin. Es wird einen guten Stall für meine Stoffbären und Elefanten abgeben. Ich werde weiterhin bei Mama schlafen. Das gefällt mir besser.

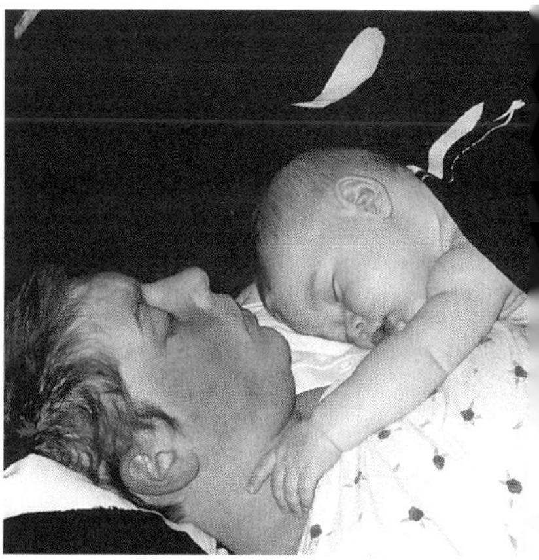

Ich bin nun schon ziemlich gross. Man braucht viel Energie zum Wachsen und deshalb esse ich jetzt mehr. Zum Glück ist Mama nachts immer da, weil ich diese gute Milch wirklich brauche. Sie schmeckt nachts besser, vielleicht weil Mama so entspannt ist. Manchmal wache ich auch nur auf, um sicherzugehen, dass alles in Ordnung ist. Dann sauge ich ein bisschen, aber ich störe niemanden dabei. Ich kann ganz schnell wachsen, weil ich keine Energie dafür verschwenden muss, mich zu ängstigen. Kleine Kinder wie ich sollten sich überhaupt nicht ängstigen müssen. Ausserdem gibt es für mich überhaupt keinen Grund Angst zu haben, weil ich ja immer bei Mama schlafe und mir dort nichts passieren kann.
Manchmal hat Mama einen schlechten Tag und kann nicht gut einschlafen. Aber dann beginne ich zu trinken und was geschieht? Sie wird schläfrig und manchmal schläft sie schon vor mir ein. Wir helfen einander einzuschlafen. Meine Mama fühlt sich gut, weil ich bei ihr schlafe.

In Kontakt

Ich habe auch manchmal schlechte Tage und schlechte Nächte. Ich bin nervös und durcheinander. Meine neuen Zähne schmerzen, mein Po brennt, meine Nase ist verstopft. Zum Atmen brauche ich aber unbedingt eine freie Nase. Wenn es mir nicht gut geht, dann hilft es mir, wenn ich meine Mama und meinen Papa neben mir spüre. Ich trinke ein wenig und schlafe dann wieder ein. Es geht uns dann wieder besser.
Die Freundinnen meiner Mama geben ihr dauernd Bücher zum Lesen und sagen ihr, dass sie nicht jedes Mal rennen soll, wenn ich weine. Sie gebrauchen dann schwierige Wörter wie Manipulation. Mama lacht nur darüber und sagt, sie liest mich, anstatt ein Buch. Ich bin so froh, dass sie auf mich hört. Mit jedem Tag wird sie eine bessere Mutter. Wir schlafen gemeinsam, wir vertrauen einander und wir fühlen uns gut dabei.
Ich gehe gern ins Bett. Dort bekomme ich so viel Aufmerksamkeit. Es ist niemand sonst da, nur Mama, Papa und ich. Unser Bett ist nicht besonders elegant, aber es hat genug Platz für uns alle. Mama hat zu Grossmama gesagt, dass sie nicht so viel Geld für modische Spielsachen

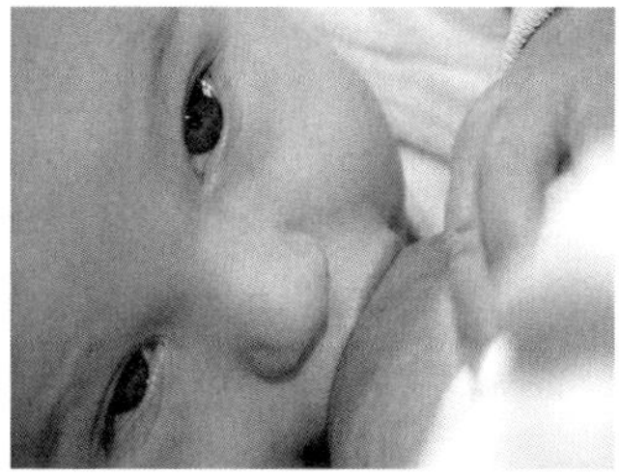

für mich ausgeben soll. Sie brachte mir einen Teddybären, der Geräusche macht wie irgendeine Mutter. Er klingt nicht, wie meine Mama und wenn man ihn hält, tut er gar nichts. Warum sollte sich ein Baby an die Geräusche einer anderen Mutter gewöhnen? Mein Lieblingsteddy ist meine Mama. Sie hält mich fest, wenn ich mich an sie schmiege. Und nachts schlafen wir beieinander und berühren uns und es geht uns gut.

Jetzt lerne ich auch Papa besser kennen. Ich bin nicht sicher, dass er von Anfang an gern bei mir geschlafen hat. Er ist so gross und ich bin so winzig. Wir hatten beide ein bisschen Angst. Ausserdem war ich vor einigen Monaten noch ziemlich laut. Einmal in der Nacht sagte Papa sogar zu Mama, es wäre an der Zeit, dass ich endlich in meinem Bettchen schlafen würde. Ich schlafe wirklich gerne bei Papa und jetzt schläft er auch gerne bei mir. Am Tag sehe ich nicht sehr viel von ihm. Er ist sehr beschäftigt. Es ist schön, wenigstens in der Nacht mit ihm zusammen zu sein. Papa und ich schlafen beieinander und wir geniessen es jetzt.

Ich muss nie laut oder lange weinen, um Aufmerksamkeit zu bekommen, wenn ich etwas brauche, selbst wenn ich nur möchte, dass mich jemand hält oder mit mir spricht. Ich verbringe den grössten Teil des Tages in Mamas Armen oder bei ihr im Babytuch. Sie weiss, dass ich am glücklichsten bin, wenn ich mit den Menschen, die ich liebe, zusammen sein kann. Ich weiss nicht, was ich tun würde, wenn Mama mich nicht aufnehmen würde, wenn ich weine. Vielleicht einfach aufgeben und ganz still da liegen. Aber ich weiss, dass die Welt nicht so schrecklich ist. Wie könnte ich mich so gut fühlen, wenn mich Mama im Dunkeln allein lassen würde? Alles ist in Ordnung, wenn wir gemeinsam schlafen.

Einmal werde ich erwachsen sein, von zu Hause weggehen, heiraten und auch Babys haben. Wo diese schlafen werden? Natürlich bei mir. Oder gibt es eine andere Möglichkeit? Wir werden gemeinsam schlafen und alles wird gut sein."

Anhang der
La Leche League Schweiz

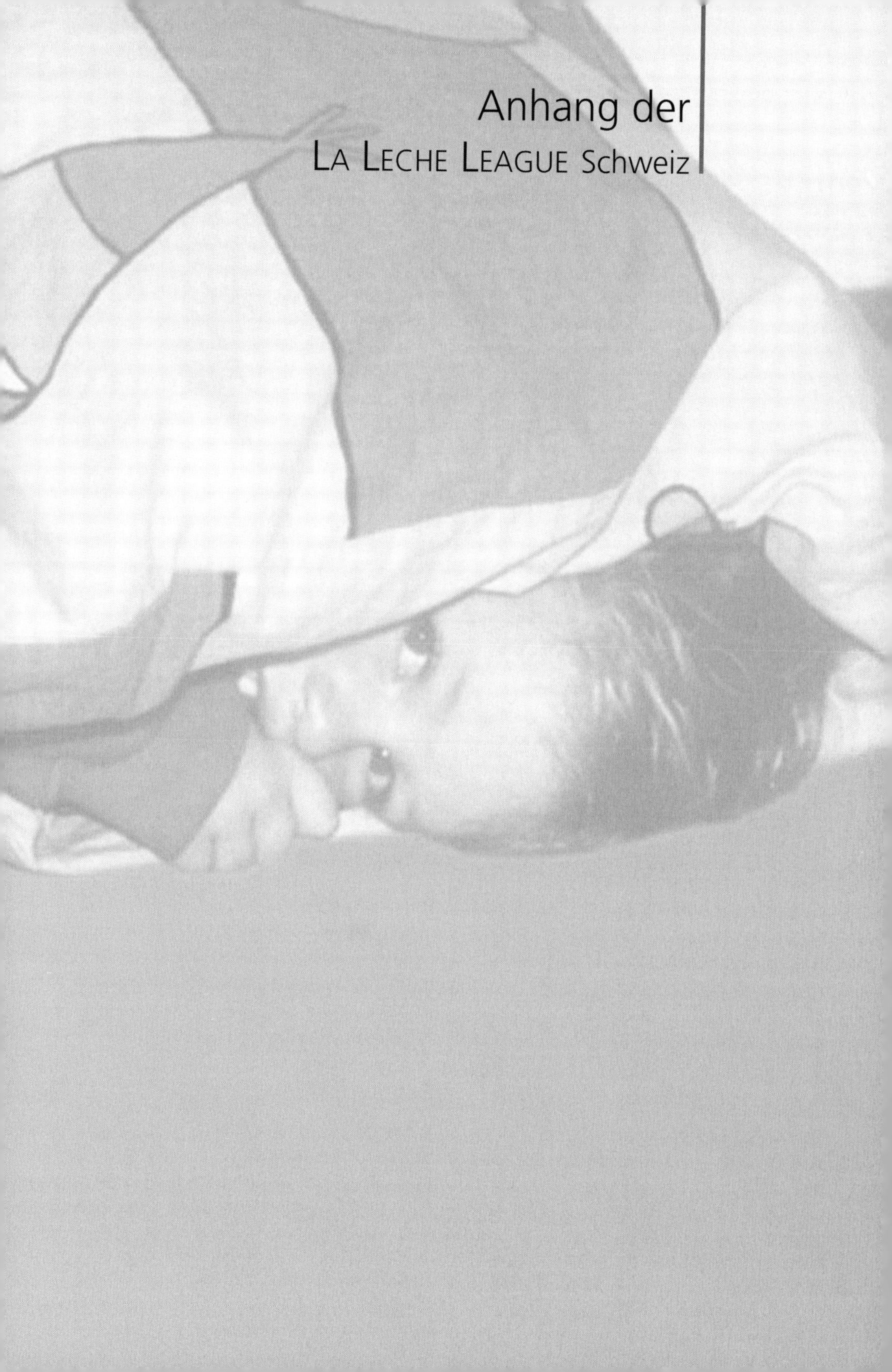

Schlafgewohnheiten

Ein historischer Rückblick

Um einen historischen Rückblick auf Schlafgewohnheiten von Familien geben zu können, müssen wir die Tatsache berücksichtigen, dass die Familie im heutigen Sinn und die Kindheit erst im Laufe der letzten Jahrhunderte zu einem beachtenswerten Gegenstand innerhalb der Gesellschaft wurden. Schlafgewohnheiten hängen eng mit den jeweils üblichen Erziehungsgrundsätzen zusammen.

Kindheit wird entdeckt

Die Entwicklungsphase, die wir Kindheit nennen, gab es im Verständnis der Gesellschaft nicht immer. Die Abgrenzung zwischen Kindern und Erwachsenen kannte das Mittelalter nicht: Kinder lebten, sobald sie sich allein fortbewegen und verständlich machen konnten, mit den Erwachsenen, waren kleine Erwachsene. In den oberen Schichten wurden Kinder auch wie kleine Erwachsene gekleidet, wie Bilddarstellungen zeigen.

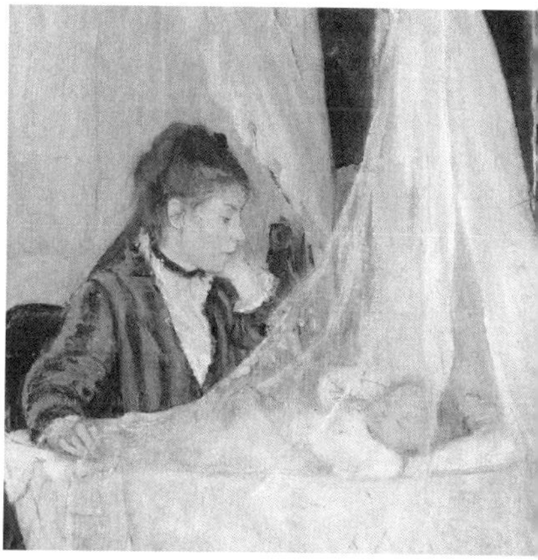

„Im Mittelalter und am Anfang der Neuzeit – in den unteren Schichten auch noch viel länger – waren die Kinder mit den Erwachsenen vermischt, sobald man ihnen zutraute, dass sie ohne die Hilfe der Mutter oder der Amme auskommen konnten, d.h. wenige Jahre nach einer spät erfolgten Entwöhnung, also mit etwa sieben Jahren. In diesem Augenblick traten sie übergangslos in die grosse Gemeinschaft der Menschen ein, teilten Freunde, die jungen wie die alten, die täglichen Arbeiten und Spiele mit ihnen … Innerhalb dieser sehr intensiven, in hohem Masse kollektiven Lebensformen, gab es keinen Raum für einen privaten Sektor. Diese mittelalterliche Zivilisation … hatte keine Vorstellung von Erziehung."
(aus Philippe Ariès „Die Geschichte der Kindheit", 1960.)

Die Kindheit wird im 18. Jahrhundert als eigene Lebenszeitspanne entdeckt und ihr zugrunde liegt die Idee, dass der Mensch nicht schon fertig geboren wird, sondern sich entwickelt und zwar je nach Umwelteinflüssen

zum Guten oder zum Schlechten. Dabei geht es während des Aufwachsens nicht nur um die Bewahrung vor schädigenden Überforderungen, sondern auch um Form- und Bildbarkeit. Es ist der Beginn des Zeitalters der Aufklärung, die Geburtsstunde der Pädagogen.
Die Schule als Mittel der Erziehung wird zum primären Ort, an dem sich die Entdeckung der Kindheit vollzieht. Aber es geht nicht nur darum, die Kinder zur Raison zu bringen, sondern auch darum, ein neues affektives Verhältnis aufzubauen. Dies wird die Aufgabe der sich gleichzeitig neu formierenden bürgerlichen Kleinfamilie sein, die sich nun über die Funktion von Ehe und Arbeit hinaus als Liebesgemeinschaft versteht. Zärtlichkeit ist das neue Motto, mit dem sich die Eltern ihren Kindern zuwenden sollen. Höhepunkt dieser Tendenz ist das romantische Liebes- bzw. Familienideal.
In diesem Sinne verhilft die Entdeckung der Kindheit vor allem zwei Berufszweigen zum Durchbruch: den Pädagogen und den Dichtern. Während die einen Körper und Geist der bildsamen Zöglinge zu ihrem Experimentierfeld machten, war es den anderen vorbehalten, den Traum von der Kindheit in allen fiktionalen Konsequenzen auszuspinnen. Das Ergebnis war im 18. Jahrhundert die Erfindung einer neuen literarischen Gattung, nämlich des Bildungsromans, in dem der Schauplatz der psychischen und physischen Entwicklung des Menschen seine poetische Reflexion erfuhr. In der Praxis etablierten sich die theoretischen Entwürfe seit der Aufklärung auch in konkreten pädagogischen Institutionen (Pestalozzi). Die „Bibel" der neuen Pädagogik wurde Rousseaus „Emile oder Über die Erziehung", der für alle Kinder (vornehmlich die Knaben) dasselbe Recht auf Erziehung und Bildung postulierte:
„Wir werden schwach geboren und brauchen die Stärke. Wir haben nichts und brauchen Hilfe; wir wissen nichts und brauchen Vernunft. Was uns bei der Geburt fehlt und was wir als Erwachsene brauchen, das gibt uns Erziehung." (J.J. Rousseau ebenda)

Vor gut hundert Jahren (1902) übergab die schwedische Pädagogin Ellen Key ihr Hauptwerk „Das Jahrhundert des Kindes" der Öffentlichkeit. An der Schwelle des anbrechenden 20. Jahrhunderts formulierte sie ein noch heute bewegendes Plädoyer für den Glauben an die Zukunft der Menschheit in den Kindern. Ausgehend von den naturwissenschaftlichen Erkenntnissen ihrer Zeit, dass „wir physisch und psychisch noch immer

im Werden begriffen sind", erklärte Ellen Key das 20. Jahrhundert zum Jahrhundert des Kindes, um die kommende Generation an ihr Verantwortungsbewusstsein gegenüber der Zukunft zu erinnern.
Mit der Entdeckung der Kindheit als eigene Lebenszeitspanne und der damit verbundenen Psychologisierung und Pädagogisierung verloren die Mütter aber auch einen Grossteil des ihnen eigenen Mutterinstinktes. Pädagogen, meist männliche Kapazitäten, bestimmten, was für ein Kind gut und richtig war und was die Mütter unter keinen Umständen praktizieren durften (z.B. das Kind jedes Mal auf den Arm nehmen, wenn es weinte, es durch zuviel Streicheleinheiten übermässig verwöhnen und damit lebensuntüchtig machen).

Heute erleben die meisten Kinder der Industriegesellschaften eine recht unbeschwerte und behütete Kindheit. Aber noch immer bestimmen überwiegend äussere gesellschaftliche Normen, nach welcher Fasson Kinder zu glücklichen Menschen heranwachsen sollen. Dazu gehört auch die Vorstellung, das Kind sei mit Teddybär und Kuscheldecke im eigenen Gitterbett glücklich.

Schlafgewohnheiten im Mittelalter bis 1700

Was wir »Familie« nennen – die Gemeinschaft von Eltern und Kindern – entwickelte sich in Europa erst im 15. und 16. Jahrhundert allmählich aus den grösseren Sippen- und Stammesverbänden. Die heutige Bedeutung des Wortes „Familie" hat sich erst im 18. Jahrhundert durchgesetzt. Das Wort hatte ursprünglich eine andere Bedeutung. Man meinte damit immer das Haus, die Gesamtheit der im Haus lebenden Personen. Der Vorsteher des Hauses war der „Pater familias". Mit leiblicher Vaterschaft hatte das wenig zu tun. Der „Pater" war einfach Herr des Hauses und die Gesamtheit der Personen bildete die „familia". Onkel, Tanten und Grosseltern gehörten zur Familie ebenso, wie Dienstboten, Knechte, Mägde. Klar geregelt wurden die Funktionen der einzelnen Männer und Frauen. So ist es auch nicht verwunderlich, dass das Haus nicht in private und gemeinschaftliche Räume aufgeteilt war.

Zeichnung: Ludwig Vogel (1788-1879): Schlafen und Wohnen sind nicht getrennt

In einem Haus lebten immer mehrere Generationen miteinander, meist auf sehr engem Raum. Für die Dreiheit der primitiven Wohnbedürfnisse: Kochen, Essen, Schlafen, musste ein einziger Raum genügen, wie er sich bis heute in den einfachen Alphütten erhalten hat. Erst langsam, gegen das 15. Jahrhundert, wurde die Schlafstube ausgegliedert, diente aber oft weiterhin auch als Wohnraum. Die Trennung vollzog sich langsam über Jahrhunderte hinweg. In grösseren Haushalten lebten meist auch die Angestellten, Mägde, Knechte, Diener, Haushälterinnen. Diesen wurde, wenn es die wirtschaftlichen Verhältnisse zuliessen, eine Mansarde oder eine Stube zugestanden, die sie häufig miteinander teilten. Später dienten dann als Schlafzimmer unbeheizbare Mansarden, die durch eine Aussentreppe im oberen Stock erreichbar waren.

Schlafordnung einer Familie

Schlafgewohnheiten waren vor allem geprägt von der gesellschaftlichen Stellung, die man innehatte. Der einfache Bauer und Tagelöhner gab sich mit sehr wenig zufrieden. Geschlafen wurde auf einer einfachen Stroh- oder Laubmatratze, die von einem Rahmen auf Viereck-Pfosten zusammengehalten wurde. Die nächste Stufe führte zum freistehenden Bett.

Kurze, massiv gezimmerte Bettstatt (Holzschnitt 1509)

Die Schlafgewohnheiten von Land zu Stadt, wie auch von Land zu Land unterschieden sich beträchtlich. Michel Montaigne, der die meisten europäischen Länder besucht hat, bemerkt um 1580: „Der Deutsche wird krank, wenn er auf einer Matratze schlafen muss, der Italiener auf Federn, der Franzose ohne Vorhang und Feuer."
Herrschaftshäuser besassen Betten, sogar Himmelbetten und versuchten sich mit einer stattlichen Anzahl Leintücher zu übertrumpfen. Sie waren der Inbegriff für Reichtum. Der Himmel über dem Bett sollte Staub und Ungeziefer fernhalten. Geschlossene Vorhänge sollten Luftzug und Kälte abhalten. Himmelbetten eroberten gegen 1800 auch den bäuerlichen

Bereich. Dort wurden auch Bettschränke verwendet. Es ist unvorstellbar, wie bei dieser schlechten Luft ein geruhsamer Schlaf gefunden werden konnte.

Barockes Himmelbett (18. Jh.)

Das eigene Bett wurde zum Inbegriff von Wohlstand und hohem Stand. Dies zu erreichen wünschte sich jeder – es war aber nur wenigen beschieden, wenn sie nicht schon in besseren Verhältnissen zu Hause waren. Weil verschiedene Generationen zusammenlebten, wurde auch die Kinderbetreuung aufgeteilt. War die Mutter am Arbeiten, schaute automatisch jemand anderes zu den Kindern. Nachts teilten sich Erwachsene mit den Kindern die Lagerstätten. Ein Säugling schlief bis zur Entwöhnung (mit etwa zwei Jahren) sowieso bei der Mutter. Verliess das Kind das mütterliche Bett, kam es bei einem der Geschwister unter oder bei der Dienerschaft.

Wandel von 1700 bis 1900

Eine Veränderung trat ein – die Kindheit wurde entdeckt. Eltern sahen es allmählich als ihre Pflicht an, in jedem Punkt zu bestimmen, was für das Kind das Beste sei. Die Unschuld der Kinder und der Jugend wurde in Frage gestellt. Darum rieten die mit diesen Dingen vertrauten studierten Pädagogen und Pfarrer – der eigenen Zeit weit voraus – zum getrennten Schlafen der Familie. Christliche Prüderie und der Kampf gegen die Promiskuität wurden gefördert, was natürlich mit dem damaligen Verständnis von Sittlichkeit und Christlichkeit zusammenhing. Eltern wurde geraten, sich vor ihren Kindern nicht mehr nackt zu zeigen.

Was über Jahrhunderte hinweg als unbedenklich und natürlich galt, wurde nun zum Thema gemacht: die Sexualität. Aber nur hinter vorgehaltener Hand – und unter dem Blickwinkel, dass Sex und Berührung als sündig betrachtet wurden.

Im erwachenden Bürgertum fielen diese Ratschläge und Vorstellungen auf fruchtbaren Boden. So wurde alles unternommen, damit die sündhaften Menschen in ordentliche Bahnen gelenkt wurden. Die Jugend wurde belehrt, dass Masturbation oder Onanie schädlich und sündig sei. Das hatte Auswirkungen auf die Schlafgewohnheiten: Das Neugeborene durfte zwar noch bei der Mutter schlafen, sollte aber spätestens nach der Entwöhnung an ein eigenes Bett in einem anderen Zimmer gewöhnt werden. Auf das Schreien des Kindes durfte nicht sofort reagiert werden, da sonst die Gefahr bestand, das Kind zu verwöhnen, es durch Zärtlichkeiten zu verweichlichen. Erzieher und Kirche diskutierten darüber, was der allgemeinen Moral zuträglich sei und was darum bei den Kindern geschehen müsse, um sie auf die Gesellschaft vorzubereiten. Um die Kinder zu schützen, mussten sie, nach Möglichkeit, in einem eigenen Bett schlafen. Das war aber nur in wohlhabenden Familien der Fall, und so blieb es allgemein üblich, dass zwei (oder gar drei) Kinder gemeinsam in einem Bett schliefen.

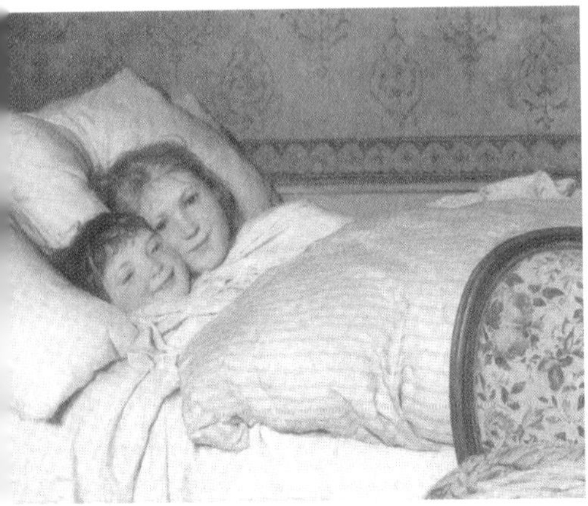

Erwachende Kinder (Albert Anker)

Auch die Industrialisierung hatte Einfluss auf das wirtschaftliche Leben einer Familie. Spätestens mit der Industriellen Revolution wurde aus der Grossfamilie eine Kernfamilie mit Vater, Mutter und Kindern. Grosseltern waren nicht mehr automatisch im selben Haus untergebracht und Tanten und Onkel, die ledig blieben, suchten ihr Glück ausserhalb der Herkunftsfamilie. Das hatte zur Folge, dass die Mütter alle Pflichten selbst zu übernehmen hatten: Kindererziehung, Haushaltsführung und Ehefrau sein. Die möglichst frühe Unabhängigkeit des Kindes wurde zur Tugend erhoben. Die Industrialisierung im 19. Jahrhundert veränderte das Familienleben der breiten Arbeiterschicht wesentlich.
Die Zunahme wissenschaftlicher Erkenntnisse hatte eine weitere Auswirkung auf die Kindererziehung. Krankheiten wurden in Beziehung zu Schmutz gebracht, was eine Sauberkeitserziehung nach sich zog. Gemeinsames Schlafen im Familienbett wurde damit als unhygienisch angeschaut. Ein Kinderzimmer musste her – wenn möglich zwei, eines als Schlaf- das andere als Aufenthaltsraum. Im Haus entstanden so Räume für die Privatsphäre und solche, die für das gesellschaftliche Leben zugänglich waren. Wieder war es die obere Mittelschicht, das Bürgertum, das durch diese Erkenntnisse von Sauberkeit und Reinlichkeit, seine Ansichten von der Kindererziehung, grundlegende Änderungen in Gang brachte. Die Mütter der Arbeiterschicht waren nun gezwungen, durch Lohnarbeit ausser Haus

zum Unterhalt der Familie beizutragen. Dadurch gerieten sie in einen unvereinbaren Widerstreit mit den Forderungen der Zeit: Zu Hause zu Mann, Kindern und Familie zu schauen und gleichzeitig erwerbstätig zu sein. Nur das Bürgertum konnte sich Bedienstete leisten und den Luxus aufrechterhalten, dass die Mutter vollumfänglich für die Erziehung und das Leiten des Haushaltswesens zuständig war.
Das Bürgertum blieb Vorbild und die Arbeiterschaft strebte diesen hohen Idealen nach. Wer dazugehören wollte, nicht als schlechte Mutter gelten wollte, richtete getrennte Schlafstätten ein, reduzierte das eigene Stillen, blieb zu Hause, wenn die wirtschaftlichen Verhältnisse es zuliessen. Frauen, die im 19. und noch im 20. Jahrhundert „unter die Haube" kamen, legten mit dem Eheversprechen automatisch ihre Erwerbstätigkeit ab. So wurden Ehen nach Möglichkeit erst dann geschlossen, wenn der Ehemann als Alleinverdiener die Familie ernähren konnte. Immer aber gab es eine Unterschicht, die sich das alles nicht leisten konnte.

Es ist eine Errungenschaft der letzten zwei Jahrhunderte, dass jedem Menschen in der so genannt westlichen Gesellschaft, ob gross oder klein, ein eigenes Bett zum nächtlichen Schlaf zur Verfügung steht. Die kulturellen Unterschiede sind in den Schlafgepflogenheiten enorm gross. Das hat auch damit zu tun, dass diese mit den jeweils üblichen Erziehungsüberzeugungen und -methoden in einem engen Zusammenhang stehen.

Schlaftraining

Machen Schlaftrainings Sinn?

Das vorliegende Buch ist selbstverständlich nicht der einzige Ratgeber für Eltern, die mit Schlafproblemen ihrer Kinder kämpfen. In einer Kultur, die es als richtig propagiert, die Kinder so früh wie möglich an ein „selbständiges" Schlafen im eigenen Bett zu gewöhnen, kommt es logischerweise zu Konflikten zwischen elterlichen Erwartungen und kindlichen Bedürfnissen und damit zu „Erziehungsproblemen". Bücher über Schlaftrainings überschwemmen derzeit den Markt.

Ein bekannter Name auf dem Gebiet des Schlaftrainings von Kindern ist Prof. R. Ferber, USA, der selber ein Elternbuch herausgegeben hat („Schlaf, Kindlein, schlaf") und dessen Methode auch von anderen Autoren übernommen wurde („Jedes Kind kann schlafen lernen", von Annette Kast-Zahn und Hartmund Morgenroth).

Prof. Ferber selbst hat sich allerdings längst von einigen seiner eigenen Aussagen und einer unkritischen Anwendung seiner Methode distanziert. Nachdem er in seinem Buch noch vor dem Familienbett gewarnt und das Alleine-Schlafen des Kindes dringend empfohlen hatte, sagte er in einem Interview zu John Seabrook (8. November 1999 „Sleeping with your baby", in THE NEW YORKER MAGAZINE):

„Ich wollte, ich hätte diese Sätze nicht geschrieben." Es seien Pauschalaussagen aus der herkömmlichen Literatur, die so nicht stimmten. Im gleichen Interview meinte er weiter, gemeinsames Schlafen sei eine absolut akzeptable Alternative, die Eltern müssten selber entscheiden, was sie wollten. Es mache ihn sehr traurig, dass manche Leute seine Methode als Rechtfertigung dafür benützten, ihre Kinder endlos schreien zu lassen. Er erachte es als grausam, wenn Eltern über Wochen erfolglos versuchten, mit seiner Methode ihre Kinder zum Schlafen zu bringen oder wenn sie ihr Kind für eine Stunde oder mehr schreien liessen. Seine Methode funktioniere NICHT für jede Familie und sei viel mehr, als nur ein kontrolliertes Schreien lassen des Kindes.

Prof. Ferbers Methode hat sich unterdessen leider längst selbständig gemacht und wird weiterhin unkritisch gelesen und befolgt.
Wenn wir hier kritisch auf diese gängigen Schlafratgeber hinweisen, so geht es uns nicht darum, Mütter zu verurteilen, die sich verzweifelt Hilfe von einem Schlaftraining erhoffen. Was uns betroffen macht, ist die Lockerheit mit der oftmals mit solchen Methoden umgegangen wird. Eltern und auch manche Fachleute übernehmen fraglos kulturelle Muster, die keine biologische Begründung haben. Das Kind soll „trainiert" und den elterlichen Erwartungen „angepasst" werden. Nach Ursachen für sein Verhalten wird oftmals nicht genügend gesucht.
Wir sind uns aber auch bewusst, dass es Situationen gibt, in denen der Ratschlag: „Nach Bedarf stillen und die eigenen Erwartungen neu überdenken" zynisch wirkt und an der Realität einer verzweifelten, überforderten Familie völlig vorbeigeht. In dieser Situation ist ein wohldurchdachtes Schlaftraining mit professioneller Unterstützung möglicherweise das kleinere Übel. Siehe auch Seite 111 in diesem Buch. Es ist uns ein Anliegen, dass Eltern verantwortliche Entscheidungen treffen, die für ihre Familie und ihre Situation richtig sind und die Bedürfnisse aller Beteiligten berücksichtigen.
Im Folgenden lesen Sie einen Erfahrungsbericht einer Mutter, die ein Schlaftraining versucht hat.

Erfahrungen mit der Ferber-Methode

Als unser Sohn Jan sechs Monate alt war, hatten wir das „Problem", dass er alleine nicht einschlafen konnte und je älter er wurde, desto länger konnte dies dauern. So lange sass meistens ich neben ihm und wartete sehnsüchtig darauf, dass ich endlich gehen konnte. Meine einzige Freizeit bestand aus der Zeit, in der er schlief, wobei er aber auch oft im Schlaf noch nach mir verlangte. Für einen Menschen, der früher sehr selbständig gearbeitet und gelebt hat, ist es schwierig, sich plötzlich in einer derartigen Abhängigkeit zu einem anderen Menschen zu befinden. Leider schlief mein Sohn zudem tagsüber nur sehr wenig und diese wenigen Minuten wurden mir daher immer kostbarer. Mein ganzes Denken begann sich nur noch darauf zu richten, was ich alles machen könnte, wenn er eingeschlafen wäre. Ich war damals mit den Nerven ziemlich am Ende und konnte nur noch denken: „Schlaf doch endlich! Ich brauche doch auch etwas Freiheit!". Ich hatte „Jedes Kind kann schlafen lernen" gelesen und auch meine Umwelt fand, dass ein sechs Monate altes Kind alleine einschlafen lernen müsse. Also entschied ich in einem besonders verzweifelten Moment, ihm dies mit der Ferber-Methode beizubringen. Beim ersten Mal lenkte ich mich mit Geländerputzen ab, das Buch aufgeschlagen neben der Uhr, auf die ich dauernd starrte, bloss nicht denkend. Mein Verstand hämmerte mir dauernd ein, dass ich das Richtige täte, dass alles zum Wohle meines Kindes sei, mein Herz dagegen krampfte sich zusammen. Mein Kind weinte, schrie und jammerte insgesamt 20 Minuten, in denen ich viermal bei ihm war. Am nächsten Tag beruhigte er sich schon nach zehn Minuten. Ich hielt dies für einen „schnellen Erfolg" und fühlte mich bestätigt. Ab diesem Zeitpunkt schlief Jan alleine ein. Meist war dies problemlos, er jammerte kurz und war innerhalb von fünf Minuten eingeschlafen, aber es gab auch Zeiten in denen er wieder zehn Minuten jammerte, schrie, weinte, jammerte, einschlief. Ich hielt das immer noch für einen Erfolg. Meine Umwelt bestätigte mich darin. Endlich gab es keine Diskussionen mehr, mein Vorgehen wurde als „richtig" gewertet. Wir verhielten uns „normgerecht" – abgesehen vom Familienbett, aber das verschwiegen wir meist.

So blieb es vier Monate lang und dann kam der Augenblick, in dem mein Kleiner, in dem Moment als ich das Zimmer verlassen wollte, anfing zu schreien. Das war kein Jammern oder Weinen. Mein Kind schrie in höchster Panik! Das KONNTE nicht richtig sein! Ich lief sofort zurück, schloss ihn in die Arme und liess ihn nicht mehr los. Alles, was ich mir für die Zeit, in der er schlief, vorgenommen hatte, war plötzlich uninteressant. Mein Kind brauchte mich und das war alles was zählte. Seitdem musste Jan nie wieder alleine einschlafen.
Erst da fiel mir auch etwas anderes auf: Hatte Jan früher nur ein paar leise Geräusche von sich gegeben, wenn er nachts gestillt werden wollte oder der Schnuller weg war, so fing er jetzt sofort an, „seine Sirene einzuschalten". Er hatte durch die Ferber-Methode gelernt, dass Jammern nichts brachte. Also legte er gleich richtig los. Nacht für Nacht standen wir senkrecht im Bett. Es dauerte zwei Monate, bis Jan wieder das Vertrauen hatte, dass ich auch auf das leiseste Geräusch reagieren würde. Dieses wieder gewonnene Vertrauen spielte dann auch in vielen anderen Alltagssituationen eine Rolle. So fing er an einer Tankstelle nicht an zu weinen, wenn ich ohne ihn bezahlen ging. Er wusste, ich komme sofort wieder.

Auch mit 14 Monaten musste Jan noch nicht alleine einschlafen und schlief bei uns im Familienbett. Ich hatte meine Denkweise geändert und meine Prioritäten neu gesetzt: Was meine Umwelt denkt, ist mir egal, ich höre auf mein Kind. Hilfreich war aber auch, dass wir zusammen relativ feste Einschlafzeiten entwickelten, zu denen er dann auch müde ist und so schnell einschläft. Manchmal braucht er etwas länger, aber wir passen dann das Einschlafritual danach an.
Inzwischen ist Jan dreieinhalb Jahre alt und hat vor ein paar Wochen selbst vom Familienbett in sein eigenes Zimmer gewechselt. Nach dem Einschlafritual kann er sehr gut alleine einschlafen, muss es aber nicht. Für ihn ist wichtig, dass wir da sind, wenn er uns braucht und er jederzeit in unser Bett wechseln darf. Jans kleiner Bruder Lars, anderthalb Jahre, schläft neben uns im Babybalkon. Er musste noch nie alleine einschlafen und schläft meist schnell ein, wobei er viel weniger Körperkontakt als sein älterer Bruder braucht. Auch tagsüber ist er sehr selbständig und zeigt viel Vertrauen in uns. Seine Durchschlafprobleme (alle 2 Stunden wollte er an den Busen, einen Schnuller wollte er nie) haben wir sanft und ohne die Ferber-Methode gelöst.
Das Buch „Jedes Kind kann schlafen lernen" verstaubt langsam in meinem Regal. Es war mir hilfreich zu verstehen, wie ein Mensch schläft, was im Schlaf passiert, was Nachtschreck ist und was ein Albtraum. Es hat mir aufgezeigt, was für Fehler (verschobener Tag-Nacht-Rhythmus etc.) sich einschleichen können und der Tipp, einen Tag-Nacht-Rhythmus zu etablieren, in dem man immer gegen 23 Uhr stillt, hat uns sehr geholfen. Die Ferber-Methode jedoch sollte nur als allerletztes Mittel eingesetzt werden, wenn alles andere nicht fruchtet und die Familie am nervlichen Abgrund steht. Sie hat in Laienhänden nichts zu suchen und sollte eigentlich nur Experten vorbehalten sein.

Literaturhinweise

Kapitel 1

und weitere Kapitel haben keine Literaturhinweise.
Sie wurden ausgelassen.

Kapitel 2

Corner, M. A. 1980. *Does REM sleep play a role in brain development?* Prog Brain Res 53:347

Dement, W. C. 1972. *Some Must Watch While Some Must Sleep.* San Francisco: W. H. Freeman and Co.

Freemon, F. R. 1972. *Sleep Research: A Critical Review.* Springfield, IL: Charles C. Thomas.

Moore, T. and Ucko, L. 1957. *Night-waking in early infancy.* Arch Dis Child 32:333

Rahilly, P. M. 1980. *The effects of sleep state and feeling on cranial blood flow of the human neonate.* Arch Dis Child 55:265

Roffwarg, F. R. et al. 1966. *Ontogenetic development of the human sleep-dream cycle.* Science 15:604

Kapitel 3

Institute for Reproductive Health. 1994. *Guidelines: Breastfeeding, Family Planning, and the Lactational Amenorrhea Method -LAM.* Washington, DC: Georgetown University

International Childbirth Education Association. 1969. *ICEA News* 8 (1):4

Klaus, M. H. and Kennell, J. H. 1976. *Maternal-Infant Bonding.* St. Louis: C. V. Mosby Co.

Madansky, D. and Edelbrock, C. 1990. *Cosleeping in a Community Sample of 2- and 3-Year-Old Children.* Pediatrics 86: 197-203

Montagu, A. 1978. *Touching: The Human Significance of the Skin.* New York: Harper

Thevenin, Tine. 1987. *The Family Bed.* Wayne, NJ: Avery publishing Group.

Kapitel 4

Chavin, W. 1980. *Children with sleep difficulties.* Health Visitor 53:447

Kales, A. C. 1970. *Hypnotic drugs and their effectiveness.* Arch Gen Psychiatr 23:226

Mitchell, E. A. 1991. Sleeping position and cot deaths. Lancet 338:192
Verny, T. 1981. *The Secret Life of the Unborn Child.* New York: Dell

Kapitel 5

Bell, S. M. and Ainsworth, M. D. 1972. *Infant crying and maternal responsiveness.* Child Development 43:1171

Kapitel 6

Bourne, M. 1983. *The sleep of a mother after birth.*
Midwives Chron August, p. 27
Carey, W. B. 1975. *Breastfeeding and night waking.* J Pediatr 67:327
Graf, M. V. et al. 1984. *Presence of delta-sleep-inducing peptide-like material in human milk.* J Clin Endocrinol Metab 59:127
Hofer, M. 1982. *Some Thoughts on "The Transduction of Experience" from a developmental perspective.* Psychosom Med 44:19
Hofer, M. and Shair, H. 1982. *Control of sleep-wake states in the infant rat by features of the mother-infant relationship.* Devel Psychobiol 15:229
International Childbirth Education Association. 1969. *ICEA News* 8(1):4
Hopkinson, J. et al. 1992. *Milk production by mothers of premature infants: Influence of cigarette smoking.* Pediatrics 90:934
Jelliffe, D. B. and Jelliffe, E. F. P. 1978. *Human Milk in the Modern World.* Oxford: Oxford University Press.
Mansbach, I. et al. 1991. *Onset and duration of breastfeeding among Israeli Mothers: Relationships with smoking and type of delivery.*
Soc Sci Med 1991;33:1391
Lucas, A. et al. *Breast milk and subsequent intelligence quotient in children born preterm.* Lancet 339:261
Nybor, A. et al. 1982. *Suppressed prolactin levels in cigarette smoking breastfeeding women.* Clin Endocrinol 17:363
Parmlee, A. 1964. *Infant sleep patterns: from birth to 16 weeks of age.*
Pediatrics 65:576
Raphael, D. 1976. Night waking: a normal response? J Pediatrics 88:169
Rogan, W. Et al. 1993. *Breastfeeding and cognitive development.* Early Hum Dev 31:181

Kapitel 8

Busby, K. et al. 1981. *Sleep patterns in hyperkinetic and normal children.*

Sleep 4:366
Campbell, K. 1981. *Association of the domestic set-up with sleeping difficulties in children under three years of age.* Med J Austr 2:254
Carey, W. 1974. *Nightwaking and temperament in infancy.*
J Pediatr 84:756
Montagu, A. 1978. *Touching: The Human Significance of the Skin.* New York: Harper
Thomas, A. et al. 1968. *Temperament and Behavior Disorders in Children.* New York: University Press
Weissbluth, M. 1981. *Sleep duration and infant temperament.*
J Pediatr 99:817
Weissbluth, M. 1982. *Chinese-American infant temperament and sleep durations.* J Dev Behav Pediatr 3:99
Weissbluth, M. 1983. *Sleep patterns, attention span, and infant temperament.* J Dev Behav Pediatr 4:34

Kapitel 10

Andersen, A. and Schioler, V. 1982. *Influence of breastfeeding pattern on pituitary-ovarian axis of women in an industrialized community.*
Am J Obstet Gynecol 143:673
Elias, M. F. et al. 1986. *Nursing practices and lactation amenorrhoea.*
J Biosoc Sci 18:1-10
Giosia, R. 1955. *Incidence of pregnancy during lactation in 500 cases.*
Am J Obstet Gynecol 70:162
Howie, P. W. and McNeilly, A. S. 1982. *Effect of breastfeeding on human birth intervals.* J Reprod Fertil 65:545
Howie, P. W. et al. 1982a. *Fertility after childbirth: Infant feeding patterns, basal PRL levels and postpartum ovulation.* Clin Endocrinol 17:315
Howie, P. W. et al. 1982b. *Fertility after childbirth: Postpartum ovulation and menstruation in bottle and breastfeeding mothers.*
Clin Endocrinol 17:323
Institute for Reproductive Health. *Guidelines: Breastfeeding Familiy Planning, and the Lactational Amenorrhea Method-LAM.* Washington, DC: Georgetown University, 1994
Jeliffe, D. B. and Jeliffe, E. F. P. 1978. *Human Milk in the Modern World.* Oxford: Oxford University Press
Kippley, J. F. and Kippley, S. K. 1984. *The Art of Natural Family Planning.*

3d ed. Cincinnati: Couple to Couple League
Kippley, S. 1989. *Breastfeeding and Natural Child Spacing.*
2d ed. Cincinnati: Couple to Couple League
Knauer, M. 1982. *Postpartum fertility and breastfeeding.* Paper presented at the 10th annual meeting of the Canadian Association for Physical Anthropologists, Guelph, Ontario
Konner, M. and Worthman, C. 1980. *Nursing frequency, gonadal function, and birth spacing among !Kung hunter-gatherers.* Science 207:788
Lewis, P. et al. *The resumption of ovulation and menstruation in a well nourished population of women breastfeeding for an extended period of time.* Fertil Steril 1991; 55:529
Winstein, M. *Your Fertility Signals: Using Them to Achieve or Avoid Pregnancy Naturally.* St. Luis, MO: Smooth stone Press, 1994

Kapitel 11

Anders, T. F. and Weinstein, P. 1972. *Sleep and its disorders in infants and children: A review.* Pediatrics 50:312
Broughton, B. 1968. *Sleep disorders: Disorders of arousal.*
Science 159: 1070
Campbell, K. 1981. *Association of the domestic set-up with sleeping difficulties in children under three years of age.* Med J Aust 2:254
Ozturk, M. and Ozturk, O. M. 1977. *Thumbsucking and falling asleep.* Brit J Med Psychol 50:95

Kapitel 12

Baker, T. L. and McGinty, D. J. 1977. *Reversal of cardiopulmonary failure during active sleep in hypoxic kittens: Implications for sudden infant death.* Science 198:419
Carey, W. B. 1974. *Night waking and temperament in infancy.*
J Pediatr 84:756
Carpenter, R. G. and Emory, J. L. 1977. *Final results of study of infants at risk of sudden infant death.* Nature 268:724
Elias, M. F. 1986. *Sleep-wake patterns of breastfed infants in the first two years of life.* Pediatrics 77:322-39
Fleming, P. J. 1994. Proceedings of the Forth Annual SIDS Alliance National Conference, Orlando, November 9-12
Guillemmault, C. et al. 1981. *Sleep parameters and respiratory variables in*

near-miss sudden infant death syndrome infants. Pediatrics 68:354
Guntheroth, W. 1982. *Crib Death.* Mount Kisco, NY: Futura Publishing Co.
Harper, R. M. et al. 1981. *Periodicity of sleep states is altered in infants at risk for the sudden infant death syndrome.* Science 213:1030
Harper, R. M. et al. 1982. *Developmental patterns of heart rate and heart rate variability during sleep and waking in normal infants and infants at risk for the sudden infant death syndrome.* Sleep 5:28
Hoffman, H. et al. 1988. *Risk for SIDS: Results of NICHD SIDS cooperative epidemiological study.* Ann NY Acad Sci 533:13-30
Jelliffe, D. and Jelliffe, E. F. P. 1978. *Human Milk in the Modern World.* Oxford: Oxford University Press
Keens, T. G. and Van der Hol, A. L. 1984. *Use of hypoxic and hypercarbic arousal responses in evaluation of infant apnea.* Perinatol Neonatol 8:32
Leistner, H. L. et al. 1980. *Heart rate and heart rate variability during sleep in aborted sudden infant death syndrome* J Pediatr 97:51
McCulloch, K. et al. 1982. *Arousal responses in near-miss sudden infant death syndrome and in normal infants.* J Pediatr 101:911
McKenna, J. J. et al. 1993. *Infant-parent co-sleeping in an evolutionary perspective: Implications for understanding infant sleep development and SIDS.* Sleep 16:263-82
McKenna, J. J. and Mosk, S. S. 1994. *Sleep and arousal, synchrony and independence, among mothers and infants sleeping apart and together (same bed): An experiment in evolutionary medicine.* Acta Paediatr Suppl 397:94-102
Mitchell, E. A. et al. 1991. *Results of the first year of the New Zealand cot death study.* NZ Med J 104:72-76
Naeye, R. L. 1976. *Sudden infant death temperament before death.* J Pediatr 88:511
Sears, W. 1995. SIDS: *A Parent's Guide to Understanding and Preventing Sudden Infant Death Syndrome.* Boston: Little, Brown
Weissbluth, M. 1982. *Sleep apnea, sleep duration and infant temperament.* J Pediatr 101:307
West, L. J. 1969. *Foreword to Dream Psychology and the New Biology of Dreaming.* Ed. Melton Kramer. Springfield, Illinois: Charles C. Thomas

Kapitel 14

Sears, W. 1995. *SIDS: A Parent's Guide to Understanding and Preventing Sudden Infant Death Syndrome.* Boston: Little, Brown

Kapitel 16

Bernal, J. F. 1973. *Nightwaking in infants during the first 14 months.* Develop Med Child Neurol 15:760

Campbell, K. 1981. *Association of the domestic set-up with sleep difficulties in children under three years of age.* Med J Aust 2:254

Popper, B. 1998. *Babies and Children in the Hospital* (pamphlet). Schaumburg, IL: La Leche League International.

Schulte, F. et al, 1972. *Maternal toxemia, fetal malnutrition.* In Sleep and the Maturing Nervous System, ed. D. D. Clement. New York: Academic Press

Index

A

B

H

I

K

L

M

N

O

Guter Schlaf, das Beste
für Mutter und Kind
HÜSLER
NEST®
Hüsler Nest AG, Murmeliweg 6, CH-4538 Oberbipp
Tel. 032 636 53 60, www.huesler-nest.ch

Lassen sie sich von uns beflügeln

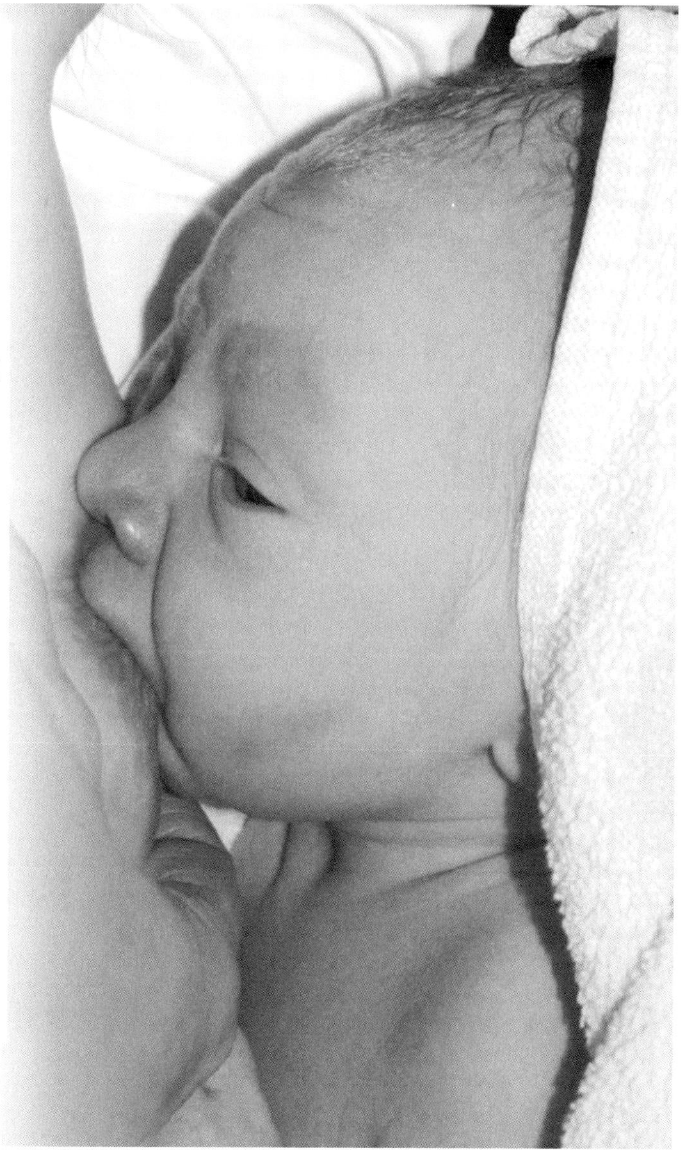

Natürliche Pflege
für die wertvollste Zeit.
eu:
abywash &
hampoo
NEU
WELEDA
Baby
Calendula
Babywash & Shampoo
Shampooing corps
et cheveux
Shampoo corpo
e capelli
WELEDA
Baby
Calendula
Gesichtscreme
Crème pour
le visage
Crema
per il viso
WELEDA
Baby
Calendula
Pflegemilch
Lait soin
Latte trattante
Die Haut Ihres Babys ist noch besonders empfindlich und sensibel auf äussere Reize. Die Baby-Pflegelinie von Weleda spendet Schutz und Wärme und vertraut dabei allein auf die wertvollsten Stoffe der Natur: auf natürliche Pflanzenöle, auf Auszüge aus Calendula und Kamillenblüten und auf mineralische Substanzen. Weleda Baby enthält weder synthetische Farb-, Duft- und Konservierungsstoffe noch Mineralöle.
Jetzt neu: das Weleda Calendula Babywash & Shampoo für die schonende Pflege und Reinigung von Köpfchen bis Füsschen.
WELEDA
Baby